A CONSTRUÇÃO DO MITO
MÁRIO PALMÉRIO

FUNDAÇÃO EDITORA DA UNESP

Presidente do Conselho Curador
Herman Jacobus Cornelis Voorwald

Diretor-Presidente
José Castilho Marques Neto

Editor Executivo
Jézio Hernani Bomfim Gutierre

Conselho Editorial Acadêmico
Alberto Tsuyoshi Ikeda
Áureo Busetto
Célia Aparecida Ferreira Tolentino
Eda Maria Góes
Elisabete Maniglia
Elisabeth Criscuolo Urbinati
Ildeberto Muniz de Almeida
Maria de Lourdes Ortiz Gandini Baldan
Nilson Ghirardello
Vicente Pleitez

Editores Assistentes
Anderson Nobara
Fabiana Mioto
Jorge Pereira Filho

ANDRÉ AZEVEDO DA FONSECA

A CONSTRUÇÃO DO MITO MÁRIO PALMÉRIO
UM ESTUDO SOBRE A ASCENSÃO SOCIAL E POLÍTICA DO AUTOR DE *VILA DOS CONFINS*

© 2012 Editora UNESP

Direitos de publicação reservados à:
Fundação Editora da UNESP (FEU)
Praça da Sé, 108
01001-900 – São Paulo – SP
Tel.: (0xx11) 3242-7171
Fax: (0xx11) 3242-7172
www.editoraunesp.com.br
feu@editora.unesp.br

CIP – Brasil. Catalogação na fonte
Sindicato Nacional dos Editores de Livros, RJ

F742c

Fonseca, André Azevedo da, 1975-
A construção do mito Mário Palmério: um estudo sobre a ascensão social e política do autor de *Vila dos Confins* / André Azevedo da Fonseca. São Paulo: Editora Unesp, 2012.

Inclui bibliografia
ISBN 978-85-393-0268-0

1. Palmério, Mário, 1916-1996 – Crítica e interpretação. 2. Políticos – Brasil. 3. Política e cultura. 4. Política social. 5. História social. 6. Escritores brasileiros. I. Título.

12-5555   CDD: 320.981
                                                     CDU: 32(81)

Este livro é publicado pelo projeto Edição de Textos de Docentes e Pós-Graduados da UNESP – Pró-Reitoria de Pós-Graduação da UNESP (PROPG) / Fundação Editora da UNESP (FEU)

Editora afiliada:

Asociación de Editoriales Universitarias
de América Latina y el Caribe

Associação Brasileira de
Editoras Universitárias

AGRADECIMENTOS

A aventura de se lançar a um livro envolve muita gente. Em primeiro lugar, sou grato à minha orientadora, professora Teresa Malatian, pela paciência, firmeza e seriedade. Compartilho todos os acertos com ela. E quando errei, fiz pelas minhas próprias pernas. Assumir riscos e admitir desacertos faz parte dos caminhos do aprendizado.

A toda família Palmério, sou muito grato pela absoluta confiança e pelo apoio decisivo manifestado na liberdade para a consulta sem restrições aos documentos do acervo pessoal de Mário Palmério. Essa pesquisa não teria sido possível sem o financiamento direto da Universidade de Uberaba (Uniube). Sou grato também à Capes, que me concedeu uma bolsa de estudos e permitiu que eu mergulhasse com todas as energias no meu tema.

Obrigado a todos os colegas do curso de Comunicação Social da Uniube, sobretudo Márcia Beatriz, Cíntia Cunha, Celi Camargo e Indiara Ferreira, que se dispuseram a ler, ouvir ou comentar trechos deste trabalho, assim como aos meus alunos que ouviram minhas longas especulações sobre os caminhos da tese. Devo uma menção especial a Raul Osório Vargas, então coordenador do curso, e à pró-reitora Inara Barbosa, que confiaram no trabalho e o apoiaram de modo incondicional. Agradeço aos colegas Hugo Prata, Luís Newton Mamede, Maria Tuychi, Sultan Mattar, Ricardo Aidar, Maria Aura

6 ANDRÉ AZEVEDO DA FONSECA

Aidar e Guido Bilharinho pelas dicas na pesquisa. E, de modo muito particular, agradeço imensamente ao Décio Bragança, decisivo na minha trajetória acadêmica. Eu não teria chegado à metade do caminho sem ele.

Obrigado aos colegas historiadores Eliane Marquez, Sandra Mara Dantas e Mozart Lacerda pelos encontros inspirados. Sou grato aos professores da especialização na PUC-MG, especialmente Edgar De Decca, José Carlos Reis, Carla Anastasia e Mário Cléber Martins Lanna Júnior. E sou muito grato aos professores do *campus* de Franca da Unesp, especialmente Alberto Aggio, Evaldo de Mello (*in memoriam*), Márcia Naxara, Ana Raquel Portugal, Marisa Saenz Leme e Suzeley Kalil Mathias, que foram brilhantes em sala de aula ou nas bancas de qualificação e de defesa.

No levantamento da documentação, tive muita sorte e contei com a colaboração de diversas pessoas e instituições, tais como o jornalista Tulio Michelle e o pesquisador Amir Salomão Jacob, assim como a de equipes do Arquivo Público de Uberaba, Arquivo Público Mineiro, Hemeroteca Histórica de Minas Gerais e Arquivo da Câmara dos Deputados.

E por fim, sou grato também aos colegas do Departamento de Comunicação do Centro de Educação, Comunicação e Artes (Ceca) da Universidade Estadual de Londrina (UEL), que confiaram no trabalho e contribuíram com um ambiente estimulante para a pesquisa.

Este livro é dedicado aos meus pais. Sem a liberdade anárquica conferida por eles, certamente eu seria uma pessoa pior. E é claro, não só o livro, mas minha vida é dedicada à Cristiane Ferreira e à Ana Clara, minhas companheiras de mil e uma aventuras!

SUMÁRIO

Introdução   9

Primeiro ato – Mário Palmério na
   escalada do reconhecimento social   19

1 O prestígio familiar   21
2 A socialização de Mário Palmério   33
   De volta a Uberaba   40
3 A ascensão profissional   45
   O Liceu Triângulo Mineiro   45
   O Ginásio Triângulo Mineiro   70
   A Escola de Comércio do Triângulo Mineiro   82
   O Colégio Triângulo Mineiro   87
   A Faculdade de Odontologia   105
4 A consagração pública   125
   A encenação do requinte   126
   Circuitos de amabilidades   143
   A virtude estética   157

8 ANDRÉ AZEVEDO DA FONSECA

Segundo ato – A consagração do mito 171

5 O tempo da espera 179

6 As crises 185

A crise social 186

A crise econômica 195

A crise política 201

A crise identitária 206

O separatismo no pós-guerra 215

7 O anúncio do herói 223

O manifesto fundador 229

A jornada 245

A conspiração 266

O triunfo 281

Conclusões 285

Referências bibliográficas 293

INTRODUÇÃO

Nas primeiras décadas do século XX, o município de Uberaba, localizado no interior de Minas Gerais, era uma localidade cuja economia dependia basicamente da criação de gado. A cidade já havia experimentado um período de relativo dinamismo comercial no século XIX, quando foi elevada ao patamar de centro político da região do Triângulo Mineiro. Contudo, diversos fatores a levaram à derrocada econômica, de modo que o processo de modernização foi interrompido, a área urbana sofreu um sensível processo de decadência e a cidade acabou por perder parte de sua influência regional.

A partir dos anos 1940, contudo, um incipiente processo de modernização despertou em alguns círculos sociais um crescente orgulho nostálgico que logo seria expresso por meio de um ufanismo ávido por recuperar a proeminência da cidade no cenário do interior mineiro. Entusiasmados por esse novo estado de espírito, esses atores sociais simplesmente ignoraram a extrema precariedade urbana e se empenharam em convencer todos e a si mesmos de que Uberaba estava prestes a se tornar o principal polo irradiador de civilização de toda a região central do Brasil. Desse modo, com o auxílio da imprensa e das associações locais, os integrantes das elites econômicas, agrárias, políticas e ilustradas passaram a encenar uma autêntica dramaturgia social para firmar o conceito de que eles eram os líderes naturais dessa

10 ANDRÉ AZEVEDO DA FONSECA

espécie de metrópole embrionária. E no intuito de provocar o fascínio e a adoração das pessoas comuns, esses personagens se tornaram cúmplices em uma verdadeira ficção social que procurou transformar toda a vida pública em um engenhoso espetáculo teatral.

Para isso, inicialmente, essas figuras procuraram montar uma cenografia deslumbrante para que pudessem atuar com plena desenvoltura no imaginário daquela cidade empobrecida. Assim, passaram a realizar festas "luxuosas" e jantares "magníficos" para atribuir aos seus espaços privativos um aspecto de prosperidade e exuberância. Em seguida, no intuito de povoar esse cenário com a imagem de uma elite virtuosa, culta e civilizada, esses personagens passaram a teatralizar um ideal de altruísmo, requinte e sofisticação, inspirado nos modelos de civilidade e bom-tom expressos nos principais manuais de etiqueta da época. Por fim, esse grupo instituiu uma espécie de circuito de amabilidades para que cada um confirmasse o prestígio do outro, de modo que eles pudessem ser beneficiados por essa seleta distribuição de símbolos e de privilégios sociais.

Nesse contexto, um jovem professor, filho de um imigrante italiano, em uma complexa atuação profissional que jamais deixou de lado a busca pela consagração pública, aprendeu a transitar com muita desenvoltura nos circuitos de elite de sua cidade e, operando com habilidade os principais símbolos de *status* daquela cultura, alcançou uma posição privilegiada no imaginário regional. Assentado em um capital de prestígio acumulado em dez anos de atuação profissional, em meio às crises sociais, econômicas, políticas e identitárias que passaram a afligir aquela região e ameaçar a auto imagem que as elites queriam construir, esse personagem se empenharia de forma consciente para encarnar o papel de um verdadeiro herói, pronto para conduzir o seu povo a uma nova era de prosperidade. Por fim, ao expressar em um discurso vibrante todo um conjunto de crenças, valores e aspirações históricos de sua região, ele acabaria eleito deputado federal em uma campanha espetacular que o elevaria à condição de verdadeiro mito político regional. Esse personagem é Mário Palmério, professor, político e escritor que, mais tarde, alcançaria renome nacional com o lançamento do romance *Vila dos Confins* (1956).

A CONSTRUÇÃO DO MITO MÁRIO PALMÉRIO 11

Publicado em 1956 pela Editora José Olympio, essa obra trouxe uma relevante contribuição para a literatura brasileira. A autenticidade no uso do vocabulário sertanejo, o cuidado na descrição geográfica e a intimidade com o cotidiano do homem interiorano se entrelaçaram em um testemunho legítimo da cultura rústica dos recônditos do Brasil. Em paralelo à exuberância impressionista na descrição do sertão, o autor se dedicou a relatar as mais surpreendentes lutas e conspirações políticas que ocorriam em currais eleitorais do interior. E ele tinha muito a dizer: quando publicou *Vila dos Confins*, já havia cumprido seis anos de mandato como deputado federal e passara por duas campanhas eleitorais na região do Triângulo Mineiro. O próprio escritor garantia que a obra "nasceu relatório, cresceu crônica e acabou romance". Mário Palmério lançaria ainda, em 1965, o romance *Chapadão do Bugre*, inspirado em uma chacina política ocorrida no começo do século XX, na cidade de Passos (MG). A descrição linguística e o relato minucioso dos costumes políticos regionais mais uma vez foram bem recebidos pela crítica. Em 1968, ele foi eleito para a vaga de Guimarães Rosa na Academia Brasileira de Letras (ABL), endossando assim o reconhecimento de sua contribuição para a história da literatura brasileira.

A obra de Mário Palmério passou a ser considerada referência para ilustrar a brutalidade da cultura política do interior. No entanto, apesar da relevância do escritor para a literatura brasileira, não existiam pesquisas no campo da história que investigassem com profundidade as vivências políticas que antecederam sua produção literária. Além disso, tampouco havia trabalhos que analisassem as condições históricas regionais que favoreceram a emergência de um líder político com as suas características. Este livro, fruto de uma investigação minuciosa no campo da História Cultural, explica a atuação social e política de Mário Palmério no Triângulo Mineiro na década de 1940 e procura preencher essa lacuna.

É preciso observar que, em nosso recorte, não nos interessamos em investigar a questão da intimidade do autor com caçadas, pescarias e com a vegetação sertaneja, e tampouco o seu envolvimento na criação de diretórios partidários no Triângulo Mineiro nos anos 1950 – duas experiências fundamentais que forneceriam inspiração para *Vila dos*

12 ANDRÉ AZEVEDO DA FONSECA

Confins. O que nos atraiu, acima de tudo, foi a percepção de que, antes de se revelar um escritor de talento, Mário Palmério aprendeu a tecer toda uma simbologia de *status* e prestígio em torno de seu nome, de modo que, tal como um personagem de si mesmo, sentiu-se à vontade para desempenhar, com todo desembaraço, um papel social supervalorizado que ele mesmo, com apoio das elites locais, elaborara para si. Assim, esse livro analisa as estratégias simbólicas que esse ator político operou no imaginário do interior mineiro para teatralizar uma imagem pública, conquistar distinção social, legitimar-se como portador de aspirações populares e consagrar-se como um verdadeiro mito da cultura política regional.

A imaginação social, ensina Baczko (1985), possui funções complexas na organização da vida coletiva. Longe de ser um mero ornamento da vida material, os espaços simbólicos se configuram como campos estratégicos de qualquer força política. Através dos imaginários uma coletividade constrói uma representação de si, qualifica a sua identidade, exprime e impõe crenças comuns, organiza a distribuição dos papéis sociais e traça uma espécie de código de bom comportamento. A partir daí, consolida-se uma representação da sociedade como uma "ordem" em que cada elemento encontra o seu "lugar". O controle do imaginário torna-se, portanto, uma das principais forças reguladoras da vida coletiva. Assim, ao lado das relações de força e de poder que toda dominação comporta, acrescentam-se as relações de sentido.

Se no início do século o controle político local fora efetuado pelos coronéis por meio de violência explícita, tal como narram Sampaio (1971), Mendonça (1974), Pontes (1978) e outros memorialistas regionais, o fato é que a centralização administrativa efetuada pelo Estado Novo, a emergência de novos atores urbanos e as transformações socioeconômicas da época exigiram que os aspirantes ao poder local criassem novos métodos para o exercício da política. Deste modo, a cultura do mandonismo se atualizou em uma prática de controle social mais sutil, em uma sistemática de violência simbólica mais refinada, invisível, fundada sobretudo na distinção e no prestígio das lideranças. Assim, as elites se empenharam na criação de um verdadeiro teatro social para dirigir a sociedade por meio de uma permanente encena-

A CONSTRUÇÃO DO MITO MÁRIO PALMÉRIO 13

ção. Na tese que deu origem ao livro há um capítulo específico para a análise dessa dinâmica. Contudo, optamos por deixá-lo fora deste livro para nos concentrarmos em nosso personagem. O estudo sobre essa teatralização social será publicado oportunamente.

Como mostrou Balandier (1982) subjacente a todas as formas de arranjo da sociedade e de organização dos poderes, encontra-se sempre presente, governando nos bastidores, o que ele chama de "teatrocracia" – um dispositivo de poder destinado a produzir efeitos, dentre os quais os que se comparam às ilusões criadas pelo teatro. "O grande ator político comanda o real através do imaginário." Para Balandier, todo poder procura obter subordinação por meio da encenação. O governo estabelecido unicamente pela força parece ter sua existência constantemente ameaçada. O poder organizado exclusivamente pela razão, por sua vez, não possui caráter mobilizador. Por isso, na tentativa de conferir legitimidade às lideranças, técnicas dramáticas do teatro são sistematicamente empreendidas na direção política da cidade. O controle social não se mantém apenas pelo "domínio brutal" ou pela "justificação racional", mas também pela "produção de imagens" e pela "manutenção de símbolos e sua organização em um quadro cerimonial".

Deste modo, ao utilizarmos os termos "teatro social", "cena política", "palco", "ator político", "atuação social", "papel social", ou ao nos expressarmos através de verbos como "encenar", "representar", "atuar" ou "desempenhar", não estaremos recorrendo a metáforas explicativas em simples analogia à arte teatral, mas procuraremos empregar essas noções ao modo de Balandier (1982) e Goffman (1996) – antropólogos que analisam o caráter teatral da vida social. Um teatro da consagração pública, tal como sugerimos, se constitui por meio de uma permanente encenação coletiva de um conjunto de atores sociais que, em uma verdadeira construção literária da realidade, se enredam em uma dramaturgia coletiva para disputar o privilégio de representar determinados papéis e, consequentemente, de receber a maior parte dos aplausos. Esse empreendimento implica em construir o cenário, armar o palco, elaborar personagens, acomodar os atores, articular a trama e definir o público, estabelecendo, assim, as condições objetivas da confabulação.

É interessante perceber que, com muita frequência, os imaginários produzidos a partir das circunstâncias objetivas da realidade valem tanto quanto as situações concretas que deram origem a essas representações. Em outras palavras, os acontecimentos, por um lado, e as subjetividades, por outro, podem ter pesos semelhantes na constituição da imaginação social. Considerando-se que essas representações, muitas vezes, se tornam mais importantes do que os próprios fatos na composição da percepção pública, compreende-se a obsessão do poder em dominar essa simbologia. É por isso que, nas sociedades contemporâneas, os governantes se esforçam sobremaneira para controlar ou regulamentar os meios de comunicação de massa, que são sistematicamente utilizados na fabricação e difusão de representações da vida social.

Devido ao caráter da pesquisa, fomos conduzidos naturalmente à perspectiva da História Cultural. Para Darnton (1986), ao estudar a maneira como as pessoas comuns entendiam o mundo, ao tentar descobrir suas cosmologias, mostrar como organizavam a realidade em suas mentes e a expressavam em seus comportamentos, a História Cultural demonstra um nítido caráter etnográfico. Em outras palavras, o método da História Cultural parte da premissa de que a expressão individual ocorre sempre dentro de um idioma geral; ou seja: os contemporâneos aprendem a classificar as sensações e a conceber o mundo por meio de uma estrutura de pensamento fornecida pela própria cultura. Ao historiador cultural cabe, portanto, "descobrir a dimensão social do pensamento".

Chartier (2002) aponta que um dos interessantes caminhos de pesquisa na História Cultural diz respeito ao estudo das "classificações, divisões e delimitações" que organizam a apreensão do mundo social em uma determinada época: "São esses esquemas intelectuais incorporados que criam as figuras graças às quais o presente pode adquirir sentido, o outro tornar-se inteligível e o espaço ser decifrado". Chartier (2002, p.17) observa que as representações do mundo social são sempre determinadas pelos interesses do grupo que as elabora, pois o objetivo é produzir práticas que procuram impor autoridade, legitimar um projeto ou justificar escolhas e condutas: "As lutas de

A CONSTRUÇÃO DO MITO MÁRIO PALMÉRIO 15

representações têm tanta importância como as lutas econômicas para compreender os mecanismos pelos quais um grupo impõe, ou tenta impor, a sua concepção do mundo social, os valores que são os seus, e o seu domínio". O conceito de "cultura política" se tornou uma referência fundamental na elaboração deste estudo. A princípio, partimos da noção de Mergel (2003, p.11), quando ele defende que a história cultural da política busca justamente aqueles temas que a história política tradicional buscava, mas se particulariza porque procura analisar os interesses, o poder e os conflitos como "fenômenos comunicativamente construídos e simbolicamente representados". Para Berstein (1998), a cultura política pode ser compreendida como uma espécie de código e de um conjunto de referentes difundidos em uma tradição política, formando, assim, um sistema mais ou menos coerente de normas e valores que acabam por determinar a representação que uma sociedade faz de si mesma, do seu passado e do seu futuro. Em geral, essa visão de mundo se forma por meio de uma base doutrinal e de uma leitura comum do passado, expressa também em vulgatas, estereótipos, palavras-chave, fórmulas repetitivas, ritos e símbolos. Como argumenta Michel Winock (2003), as ideias políticas que influenciam as coletividades não vêm apenas dos filósofos e teóricos, mas também do homem comum, de pensadores secundários, jornalistas notórios e romancistas de grandes tiragens, que se tornam interessantes justamente devido ao seu sucesso e ao caráter de representatividade de seu pensamento. Além disso, ao criticar a "história pelos pináculos", Winock (2003, p.278) defende uma abordagem que não despreze a expressão corriqueira dos temas políticos, como "os clichês, as ideias prontas, os preconceitos, as crenças coletivas, os mitos, as palavras de ordem, os *slogans*", e todo um conjunto de representações ordinárias. Por tudo isso, Remond (2003, p.42) nota o crescente interesse historiográfico na análise das campanhas eleitorais e das eleições em nível municipal e regional, anteriormente muito desprezadas pela história política tradicional.

Para estudar o processo de ascensão social e consagração política de Mário Palmério, estruturamos este livro em duas partes. No primeiro

16 ANDRÉ AZEVEDO DA FONSECA

ato, procuramos analisar o prestígio da família Palmério naquela cidade, situando a posição social do jovem Mário diante da notoriedade do pai e dos irmãos e investigando os elementos de sua formação escolar e profissional. A partir daí, efetuamos um estudo detalhado sobre sua ascensão social por meio da análise sobre a consolidação empresarial das escolas criadas por ele, pois temos consciência de que a fabulação de um imaginário não está desvinculada da trajetória material dos sujeitos. Por isso, explicamos em detalhes como foi que, em menos de dez anos de atuação profissional, Mário Palmério conseguiu criar uma escola primária, um ginásio secundarista, uma escola de comércio, um colégio com curso científico e uma faculdade de Odontologia com sede monumental – considerando contexto da época.

Em seguida, o leitor vai se deparar com uma experiência metodológica interessante. Aquela mesma trajetória profissional é revisitada a partir de uma nova análise documental. Essa análise é efetuada sob outra perspectiva, de modo que, mudando as perguntas, aqueles mesmas fontes acabaram por revelar novos dados. March Bloch (2002, p. 79) já argumentava que mesmo aqueles documentos "aparentemente mais claros e mais complacentes, não falam senão quando sabemos interrogá-los". Assim, um novo questionamento no mesmo conjunto de documentos permitiu que encontrássemos uma série de novos dados;da busca por prestígio social: das amizades com proprietários de jornais, incentivadas por contatos comerciais na compra de espaço publicitário para divulgar seu colégio; passando pelas grandes entrevistas de capa em que aparecia rodeado de livros para promover sua imagem de intelectual empreendedor; chegando, enfim, à consagração por meio de uma representação heroica e sagrada de seu nome, observamos como o jovem Mário palmilhou o caminho de sua ascensão social manejando com habilidade a propaganda pessoal e os códigos de prestígio da cidade.

No segundo ato, empreendemos um estudo sobre o contexto histórico local no período pós-guerra e procuramos situar a ascensão propriamente política de Mário Palmério em sua sociedade. Com isso, identificamos uma série de crises de teor social, econômico, político e identitário que ofereceram todas as condições para a efervescência de uma mitologia política no cenário regional. Como mostram Baczko (1985), Girardet (1987) e Balandier (s. d.), o estudo das crises é essencial em um trabalho que procura compreender a criação de um mito político, pois essas perturbações são ocasiões naturalmente propícias para a elaboração da figura de um herói salvador capaz de superar as angústias históricas e conduzir o seu povo a uma nova era. Com isso, veremos que Mário Palmério, lançando mão do prestígio que acumulara nos últimos anos, se empenhou para assumir o papel de "herói salvador" e, recuperando elementos da cultura política regional, efetuou uma campanha eleitoral de caráter espetacular, que parecia uma consequência espontânea de sua própria trajetória social. Operando elementos da cultura regional e da mítica getulista, o professor atraiu para a sua figura um carisma que reverberou elementos muito preciosos da cultura regional.

Evidentemente, os adversários não deixaram de travar lutas de representações para tentar deslegitimá-lo. Para citar um exemplo, ao mesmo tempo em que era descrito através de um vocabulário sagrado na imprensa, Mário Palmério chegou a ser acusado de ser mandante de um atentado violento contra a vida do prefeito. Contudo o sucesso eleitoral nas eleições de 1950 o consagraria como um legítimo mito político regional, consumando um roteiro fabuloso que ele havia concebido para a narrativa pública de sua trajetória.

PRIMEIRO ATO
MÁRIO PALMÉRIO NA ESCALADA
DO RECONHECIMENTO SOCIAL

1
O PRESTÍGIO FAMILIAR

Figura 1 – Retrato de Francisco Palmério.

22 ANDRÉ AZEVEDO DA FONSECA

O imigrante italiano Francesco Luigi Vittorio Palmério, pai de Mário Palmério, era um homem instruído, politizado e extremamente católico que, no começo do século XX, desfrutou de considerável prestígio social na região do Triângulo Mineiro. Nascido na comuna italiana de Torre de Passeri, na Itália, em 19 de julho de 1867 ("Atto di nascito", 1890), Francesco cursou faculdade de engenharia e decidiu procurar emprego no Brasil. Não se sabe a data certa de seu desembarque, mas o fato é que, em março de 1893, ele obteve o registro de engenheiro perante o Ministério da Viação, Indústria e Obras Públicas do governo federal (*Cidade do Sacramento*, 1902).[1] Em novembro desse ano, Palmério morou em São João Nepomuceno (MG) e se casou com a brasileira e filha de portugueses Maria da Glória Ascenção no município vizinho de Rio Novo (MG), região da Zona da Mata mineira ("Certidão de casamento...", 1989). Segundo o filho José Palmério, Francesco também teria residido em São João Del-Rei e em Barbacena, na região de Campo das Vertentes. No final do século XIX, o italiano já havia se movimentado ao centro-oeste mineiro para executar a planta do município de Dores do Indaiá, em um trabalho que serviu de ponto de partida para a remodelação da cidade, empreendida na gestão do agente executivo Antônio Zacarias da Silva (de 1894 a 1905).[2] Algum tempo depois, Palmério trabalharia em Carmo do Paranaíba, na região do Alto Paranaíba, onde nasceriam os filhos Francisco de Paulo (1896) (Anais do Colégio Diocesano, 1902-1917), José (1900) e Félix (1901). Nesse período, o italiano obteve uma autorização para atuar como advogado – profissão que, mais tarde, ocuparia a maior parte de seu tempo. Porém, continuando o itinerário rumo ao oeste, em novembro de 1901, o italiano transferiu-se para Sacramento, no Triângulo Mineiro (Palmério, 1903). Lá nasceriam os filhos Maria Eliza (1903), Maria Lourencina (1904) e Eduardo (1906). A primeira morreria aos dois meses de idade, devido a uma "influenza rebelde" (*Cidade do Sacramento*, 18.4.1903, p.3).

---

1 Recorte de jornal danificado, com data provável de 18 dezembro de 1902.
2 Mais informações em Oliveira, 2008, p.43.

A CONSTRUÇÃO DO MITO MÁRIO PALMÉRIO 23

Em pouco tempo, o imigrante se tornaria um homem de prestígio em Sacramento. Logo que chegou, o engenheiro propôs a execução do desenho da planta cadastral do território da cidade, assim como o planejamento orçamentário das obras de abastecimento de água do município (Jacób, 2006, p.197). Além disso, seu escritório de engenharia e advocacia prestava serviço em toda a região nas áreas "cíveis, comerciais, orfanológicas e criminais" (*Cidade do Sacramento*, 20.11.1902, p.3). Por fim, um elemento que bem simbolizou o *status* social alcançado por esse italiano foi a obtenção de uma patente na Guarda Nacional, conquistada em fins de 1902 (ibidem). A partir daí, o engenheiro e advogado Francisco Palmério – com "i", como passara a assinar – ostentaria o título de tenente-coronel até mesmo no papel timbrado de seu escritório (ibidem).

Uma dimensão particularmente representativa da personalidade desse imigrante foi o seu envolvimento na vida política local. Em novembro de 1902, Palmério (1903) foi convidado para assumir o cargo de diretor e redator do jornal *Cidade do Sacramento*, um semanário situacionista criado para defender o grupo ligado ao Partido Republicano Mineiro (PRM) de Sacramento. Evidentemente, o lançamento desse semanário acirrou a hostilidade do grupo de opositores que se expressavam de forma exaltada por meio da *Gazeta do Sacramento*. No auge das disputas partidárias, no dia 1º de agosto de 1903, Francisco Palmério chegou a sofrer um atentado à bala (*Cidade do Sacramento*, 8.8.1903, p.2-3). O italiano parece ter ficado muito abalado com o caso, de modo que, pouco tempo depois, ele deixaria a direção do jornal (ibidem, 15.11.1903, p.3). Contudo, no âmbito regional, o italiano conquistou *status* e consideração social – primeiramente por causa de suas atividades como engenheiro, agrimensor e advogado, e, também, devido à visibilidade advinda do cargo de diretor do jornal *Cidade do Sacramento*. Assim, Palmério participou de uma animada rede de relacionamentos da imprensa regional e não deixou de desfrutar do circuito de amabilidades dos jornais interioranos.

Em 1911, as elites agrárias regionais planejaram a realização de um grande evento agropecuário em Uberaba e encomendaram ao engenheiro Francisco Palmério a construção de uma vila de exposições.

24 ANDRÉ AZEVEDO DA FONSECA

Segundo Lopes e Rezende (2001), as obras foram concluídas em apenas quarenta dias. A vila caracterizou-se por uma arquitetura inspirada em traços orientais, contou com luz elétrica e foi adornada com um chafariz e uma cascata luminosa. Palmério aproveitou o pretexto e mudou-se com a família para Uberaba, onde nasceriam as filhas Lídia, Maria Dolores e Maria Elisa.[3] Porém, Francisco foi logo contratado pela Companhia Mogiana de Estradas de Ferro e transferiu-se com a família para Monte Santo, no sul de Minas, provavelmente para trabalhar nas obras do trecho Itiguassu-Monte Santo (1913). No ano seguinte, quando a ferrovia chegou a São Sebastião do Paraíso (1914), mais uma vez ele teve que se mudar. Nessa cidade, atuou também como advogado e professor de matemática no mesmo ginásio onde os filhos Félix e José estudavam.

Em princípios de 1916, aos 48 anos, Francisco foi morar em Monte Carmelo, no Triângulo Mineiro. Nesse município, em 1º de março, nasceu Mário, o filho caçula. No entanto, pouco tempo depois, novas oportunidades de trabalho o levaram novamente a Uberaba, onde a família acabou por se instalar definitivamente. O italiano chegou a edificar pelo menos dois palacetes de pecuaristas, como o de Arthur Castro Cunha, na Praça Rui Barbosa, e de Antônio Pedro Naves, na Rua Coronel Manoel Borges (Fontoura, 2003).

Para garantir o exercício da advocacia, Francisco decidiu matricular-se na Faculdade de Direito no Rio de Janeiro. Segundo o relato do filho, Francisco ingressou na faculdade no início de 1919, pouco antes de completar 52 anos, e se formou em 1924, aos 57 anos. Em princípios da década de 1930, Palmério prestou concurso para juiz de direito e passou a exercer a profissão em Monte Carmelo. Entre 1934 e 1935, sabemos que atuava como juiz da comarca de Ituiutaba (*Lavoura e Comércio*, 1º.3.1935). Entretanto, no início de 1937, quando estava prestes a completar 70 anos, ele já estava aposentado e havia se fixado definitivamente em Uberaba (ibidem, 1º.3.1937), onde passaria a velhice. Francisco Palmério faleceria em 25 de julho de 1947 ("Certidão

---

3 Os pais batizaram esta nova filha com o mesmo nome daquela que morrera em 1903, aos dois meses de idade, em Sacramento.

de óbito", 1988), deixando os filhos José, Félix, Maria Lourencina, Eduardo, Maria Dolores, Maria Elisa, Lídia e Mário.[4] Na nota de falecimento publicada em *O Triângulo* (25.7.1947, p.3), Palmério foi lembrado como um "magistrado íntegro e capaz", portador de "um alto espírito de justiça e de idoneidade", cujos filhos também haviam se tornado "pessoas altamente conceituadas nos círculos sociais de Uberaba e de São Paulo". No jornal *Lavoura e Comércio* (25.7.1947, p.5) o tom foi ainda mais apologético: o "ilustre morto" foi descrito como "uma das mais veneradas figuras da sociedade uberabense" e "um dos ornamentos da magistratura, em nosso Estado".

Figura 2 – Família Palmério reunida para comemoração do noivado de Lídia Palmério e Rui Marquez. Da esquerda para a direita, em pé: Félix Palmério, Maria Lourencina Palmério, Mário Palmério, Santinha, Eduardo Palmério, José Palmério, Lídia Palmério, Rui Marquez. Da esquerda para a direita, sentados: Maria Dolores Palmério, Maria da Glória Ascenção Palmério (mãe), Francisco Palmério e Maria Elisa Palmério. Uberaba/MG. Foto provavelmente da década de 1930.

---

4 O filho mais velho, Francisco de Paulo, havia falecido algum tempo depois de concluir o ginásio.

Devido à distinção do pai, os descendentes já nasceram desfrutando de algum *status* nos meios sociais uberabenses. Uma medida desse legado simbólico pode ser deduzida pela leitura das colunas sociais, por ocasião do aniversário ou da colação de grau dos filhos.

Em princípio, notamos que os membros da família Palmério eram citados no *Lavoura e Comércio* não propriamente por suas conquistas individuais, mas sim por causa da filiação. Eis um exemplo: "O sr. dr. José Palmério, filho do sr. dr. Francisco Palmério, diplomou-se em medicina no Rio, com notas distintas, defendendo uma tese brilhantíssima", noticiou o *Lavoura e Comércio* em 10 fevereiro de 1924. Ou seja, antes de ser um jovem médico, José era, sobretudo, o filho de Francisco Palmério. E fora por isso que alcançara destaque no jornal, a despeito da "tese brilhantíssima" – sobre a qual nada mais se falou.

Figura 3 – *Lavoura e Comércio* noticia diplomação de José Palmério em 1924.

Em geral, as mulheres eram apresentadas sob a sombra do pai ou do marido. No início dos anos 1940, Maria da Glória, descrita como uma "dama de acrisoladas virtudes morais e domésticas", era sobretudo a

A CONSTRUÇÃO DO MITO MÁRIO PALMÉRIO 27

"muito digna esposa" de Francisco Palmério (*Lavoura e Comércio*, 9.6.1942, p.5). Elisa era apresentada como a "digna filha" de Francisco e esposa de Carlos Salge (ibidem, 26.7.1940, p.2). Lígia, "dama de peregrinas virtudes pessoais e familiares", era a "digníssima esposa" de Rui Marquez (ibidem, 27.6.1942, p.5). Santinha Rosa, "dama de peregrinas virtudes morais e domésticas", era acima de tudo a "digna esposa" de Eduardo Palmério (ibidem, 1°.11.1940, p.3). Todas ocupavam "lugar de saliência" em Uberaba e figuravam entre "os mais ditosos ornamentos" da sociedade local. O patriarca, por sua vez, era descrito como "venerada figura" social e "chefe exemplar de numerosa e tradicional família" (ibidem, 19.7.1943, p.3).

A notável exceção entre as mulheres era Maria Lourencina, que dirigia o seu curso de datilografia e ainda trabalhava na prefeitura. Naquele tempo, Lourencina já tinha brilho próprio e participava com naturalidade, ainda que com certa discrição, do circuito de amabilidades na imprensa local. Em 1940, quando a prefeitura realizou uma campanha para a confecção de um monumento em homenagem a Benedito Valadares, por exemplo, Lourencina fez questão de participar, de modo que seu nome foi devidamente relacionado naquelas indefectíveis listagens de beneméritos publicadas no jornal (ibidem, 11.7.1940, p.5). Em outra ocasião, por ter tido a gentileza de cumprimentar Quintiliano Jardim em seu aniversário, o nome de Lourencina também foi incluído nas tradicionais listas de personalidades que o próprio *Lavoura e Comércio* (11.2.1941, p.5) publicava em homenagem ao seu diretor.

Maria Lourencina anunciava os seus cursos havia muitos anos no *Lavoura* e era antiga conhecida da família Jardim. Por isso, na data de seu próprio aniversário, o jornal publicava um breve panegírico adicionado de uma fotografia – sinal eloquente da distinção, pois, na época, o processo de confecção gráfica de imagens não era propriamente barato – e a descrevia como um "elemento de grande destaque em nossos meios sociais e educacionais":

> Pelas suas grandes qualidades de coração e caráter e pela maneira eficiente com que tem incentivado o ensino técnico em nossa cidade a

28 ANDRÉ AZEVEDO DA FONSECA

distinta aniversariante goza aqui de especial conceito e admiração por parte daqueles que têm a oportunidade de privar com sua pessoa e lhe apreciar os incomuns dotes pessoais. (*Lavoura e Comércio*, 10.8.1940, p.2)

Por causa da cultura personalista e do caráter familiar do *Lavoura e Comércio*, nem sempre é fácil distinguir um registro factual de um informe publicitário ou uma matéria paga de uma mera gentileza comercial. Ou seja, quando os amigos da família Jardim compravam espaço para anunciar os seus empreendimentos, já estava implícita uma espécie de retribuição que o jornal deveria redigir em forma de elogios extras à competência e ao espírito de iniciativa do amigo-anunciante. Assim, em uma notícia sobre a turma de diplomados oriundos da escola de Lourencina, por exemplo, o *Lavoura e Comércio* (25.6.1940, p.3) enalteceu a diretora nos seguintes termos:

> É inegável a importância que os "Cursos Lourencina Palmério" dia a dia mais adquirem nos meios educacionais uberabenses.
> Devido ao esforço da sua digníssima diretora, a vitoriosa instituição cresce, alarga os seus âmbitos e impõe-se decididamente, no conceito de toda a cidade.
> As lições ministradas nos "Cursos Lourencina Palmério", nas suas diversas seções especializadas, são de real benefício aos meios estudantinos de Uberaba, principalmente no que diz respeito ao preparo técnico dos que desejam conhecimentos práticos, para enfrentar a vida.
> Ora, a profissão de datilógrafo, além de ser geralmente rendosa, é dessas que habilitam a um emprego seguro e imediato, em qualquer parte do Brasil.
> E nesse particular, os "Cursos Lourencina Palmério", que mantêm uma acreditada escola de datilografia, vêm conquistando verdadeiro *record* de diplomas distribuídos.

Essa cordialidade foi ainda mais visível quando o irmão Eduardo Palmério reabriu sua clínica odontológica em 1943. No dia 18 de maio, o *Lavoura* noticiaria esse fato com muito destaque: em cinco parágrafos de texto, Eduardo foi descrito como "um dos mais abalizados profissionais que já tem exercido essa delicada profissão nesta cidade".

A CONSTRUÇÃO DO MITO MÁRIO PALMÉRIO **29**

Profissional de longo tirocínio, formado pela melhor escola de odontologia do país, que é a Faculdade de Odontologia da Universidade do
Brasil, tendo instalado um moderníssimo consultório com rica e abundante
aparelhagem, está o distinto odontólogo fadado a reocupar em poucos
dias a brilhante posição em que sempre se colocou no seio da sua classe.
(ibidem, 18.5.1943, p.3)

Pois bem. No dia seguinte, Eduardo mandaria publicar no *Lavoura
e Comércio* o seguinte anúncio publicitário:

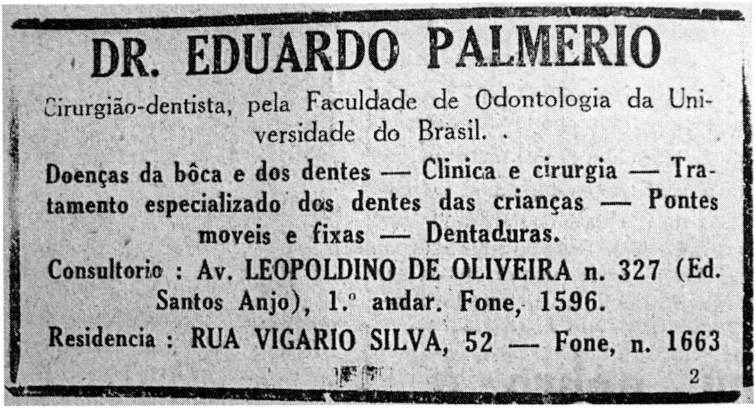

DR. EDUARDO PALMÉRIO

Cirurgião-dentista, pela Faculdade de Odontologia da Universidade do Brasil.

Doenças da bôca e dos dentes — Clínica e cirurgia — Tratamento especializado dos dentes das crianças — Pontes
moveis e fixas — Dentaduras.

Consultorio : Av. LEOPOLDINO DE OLIVEIRA n. 327 (Ed.
Santos Anjo), 1.º andar. Fone, 1596.

Residencia : RUA VIGARIO SILVA, 52 — Fone, n. 1663

Figura 4 – Anúncio da clínica odontológica de Eduardo Palmério publicado em 19 de maio
de 1943.

A propósito, entre os homens, Eduardo Palmério, como vimos, era
aquele que se movimentava com mais desenvoltura nos circuitos de
amabilidades de Uberaba. Naqueles primeiros anos da década de 1940,
ele já era um ator consciente do bom desempenho de seu papel social.
Para circular nos grupos de *status* ligados às elites intelectuais, Eduardo
atuava como orador em reuniões do Rotary Clube ao lado de figuras
como José Mendonça, Carlos Terra, Tomaz Bawden, Santos Guido e
Odilon Fernandes, entre outros, lisonjeando com muita habilidade as
figuras eminentes que participavam do círculo. Em um dos registros
de reuniões do clube, por exemplo, sua intervenção restringiu-se a
lembrar que se aproximava o aniversário de José Mendonça (ibidem,
14.3.1940, p.6).

30 ANDRÉ AZEVEDO DA FONSECA

A nota de seu próprio aniversário na coluna social do *Lavoura e Comércio* (24.5.1941, p.2) é um bom indicador de seu prestígio:

Marca o dia de hoje a data natalícia do sr. dr. Eduardo Palmério, conceituado sócio da firma proprietária da "Livraria A.B.C." e pessoa muito estimada e relacionada em nossos meios sociais, onde conta com um dilatado círculo de amigos e admiradores de suas qualidades de coração caráter [sic], e de sua formosa inteligência de humorista dos mais apreciados.

Pelos seus dotes personalíssimos o distinto aniversariante desfruta de geral estima e consideração em nossa cidade devendo, por isso mesmo, receber hoje as mais expressivas homenagens, às quais nos associamos.

Mais tarde, quando passou a publicar seus livros, Eduardo sempre foi entusiasticamente resenhado pelos pares. Por ocasião do lançamento de *A grande mamata* (1948), Ruy Novais louvou sua "vigorosa personalidade literária" e a sua "agilidade mental" (ibidem, 26.8.1948, p.2), Santino Gomes de Matos celebrou sua "verve rica e copiosa" e sua "veia incomparável de humorista" (ibidem, 25.9.1948, p.1), e José Mendonça afirmou que o autor pertencia "à estirpe gloriosa dos satíricos, dos que sabem, com jocosidade, mas, também, com energia e indignação, fustigar os vícios e açoitar os inimigos do povo" (ibidem, 21.9.1948, p.2). Em 1949, quando Eduardo lançou *100 comentários*, Ruy Novais estamparia no título: "É uberabense um dos maiores humoristas do Brasil" (ibidem, 21.7.1949, p.3).

Na década de 1940, José Palmério, o irmão mais velho, evidentemente sobressaía sozinho e também já alcançara proeminência social, ainda que não residisse em Uberaba. Nessa época, o *Lavoura e Comércio* (25.9.1941, p.6) se referia a ele como o "abalizado médico" em uma "concorrida clínica" em São Paulo ou como o "ilustrado especialista em doenças mentais e nervosas" e "figura das mais destacadas dos meios sociais e culturais da terra bandeirante" (ibidem, 28.4.1942, p.5). Em 1942, José Palmério foi convidado pela Sociedade de Cirurgia e Medicina de Uberaba para proferir uma conferência sobre a questão da comercialização de remédios, pois, na época, ele acabara de publicar um trabalho sobre o tema. Segundo o jornal, o palestrante tinha todas

A CONSTRUÇÃO DO MITO MÁRIO PALMÉRIO   31

as credenciais para propor uma "radical reforma" no comércio de produtos farmacêuticos e, desse modo, traria reflexões muito oportunas à comunidade médica local (ibidem, 12.11.1942, p.4). No noticiário do *Lavoura*, a conferência fora "brilhante" e "magnífica". O "ilustrado médico" estabelecera importantes reflexões sobre a interdependência entre a ética médica e a indústria farmacêutica, e, por isso, recebera do presidente da Sociedade de Medicina as "mais encomiásticas palavras" (ibidem, 13.11.1942, p.3).

Assim, vemos que, se os primeiros filhos, de início, foram beneficiários do prestígio do pai, eles não deixaram, contudo, de conquistar gradualmente sua própria reputação, de modo que, em 1940, já eram respeitados principalmente por seus méritos pessoais. Assim ocorreria com o caçula, que, além da notoriedade do pai, cresceria ao redor do renome dos irmãos mais velhos.

2
A SOCIALIZAÇÃO DE MÁRIO PALMÉRIO

Mário Palmério nasceu em Monte Carmelo, no Triângulo Mineiro, no dia 1º de março de 1916. Contudo, como ele mesmo dizia, se havia nascido em Monte Carmelo, engatinhara em Uberaba, pois, naquele mesmo ano, a família se mudaria definitivamente para essa cidade. Palmério costumava dizer que crescera em um ambiente familiar repleto de livros e de conversas sobre leitura, política e cultura geral: "Meu pai lia muito. Meu irmão mais velho, médico, lia muito também, bem como meus outros irmãos mais velhos. Tive a felicidade de nascer nessa casa, o que me proporcionou – apesar de eu não ser muito agarrado a livros – excelentes leituras" (Quintella, 1970, s. p.).

De fato, segundo seus próprios relatos, do que o garoto gostava mesmo era de vagabundear pelos quintais dos amigos da família, tal como a Chácara das Mangueiras, de Alexandre Barbosa, que fascinava o pequeno Mário por causa da criação de abelhas e principalmente devido ao fabuloso pomar de mangas que, como diziam, haviam sido trazidas "em semente, na bagagem dos uberabenses que andaram pelas Índias em busca do gado zebu" (*Lavoura e Comércio*, 9.9.1986, p.5). Essa imagem do moleque que gostava de pomares marcou profundamente a figura de Mário Palmério nos seus círculos de amizade familiar.

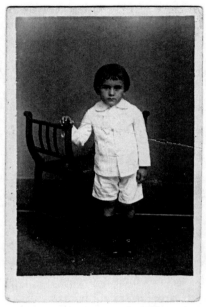

Figura 5 – Retrato de Mário Palmério no final da década de 1910.

Figura 6 – Retrato de Mário Palmério na década de 1920.

A CONSTRUÇÃO DO MITO MÁRIO PALMÉRIO 35

O ensino secundário formal de Mário Palmério efetuou-se em duas instituições de orientação católica, ambas localizadas no Triângulo Mineiro. Em 1929, ele iniciou os estudos no Ginásio Diocesano de Uberaba e permaneceu até 1931. No ano seguinte, cursou a 4ª série no Ginásio Regina Pacis, em Araguari, porém, em 1933, retornou ao Diocesano para concluir os estudos do segundo ciclo. Naquela época, a fama do Colégio Diocesano era a da instituição onde se formava a totalidade das elites sociais e políticas de toda a região. Assim, esse foi, na prática, o seu primeiro signo de prestígio social.

Ao concluir os estudos secundários, o pai decidiu que o garotão de 17 anos deveria se inscrever na temida Escola Militar do Realengo, no Rio de Janeiro. É muito provável que o jovem Mário tivesse alguma consciência do que estava por vir: eram célebres os níveis de rigor disciplinar e sobretudo de exigência física dos extenuantes exercícios de guerra. Dizia-se que até mesmo alunos oriundos de escolas militares sentiam dificuldade para adaptar-se à dureza dos treinamentos "frequentemente desumanos", no dizer de um ex-cadete (Távora, 1973, p.86). No entanto, desde o final do século XIX, as escolas militares não serviam apenas ao treinamento dos futuros oficiais, mas eram também muito importantes para os projetos de ascensão social das camadas médias. Desse modo, muitos jovens buscavam o Exército não por causa de um pretenso senso patriótico, mas pela conveniência de alcançar os estudos superiores.

Entre os 17 e 18 anos, Mário Palmério conta que chegou a fazer um curso preparatório, tendo em vista a concorrência dos exames de admissão à escola. Para custear essas despesas, ministrou algumas aulas de matemática ainda em Uberaba (Quintella, 1970). E assim, em 1936, esse jovem interiorano, que nos últimos anos tomara gosto por caçadas e pescarias, acabou se transferindo para o Rio de Janeiro para fazer seus estudos superiores naquela rigorosa escola militar.

Em 25 de abril de 1935, Mário Palmério ingressou como cadete efetivo na Escola Militar do Realengo, aos 19 anos de idade. No entanto, sua permanência foi inesperadamente breve: uma certidão emitida posteriormente pela Academia Militar das Agulhas Negras resume seu histórico escolar da seguinte maneira:

A vinte e dois de maio foi público ter baixado ao Hospital Central do Exército. A dois de julho foi público ter tido alta do Hospital Central do Exército. A doze de julho foi público ter faltado ao exame do dia dez. A dezessete de julho foi público ter faltado ao exame do dia 15 (Sociologia). A vinte e três de julho foi público ter faltado ao exame de habilitação de analítica. Ainda em vinte e três de julho, em face do que estabelece o Artigo cinquenta e sete e seus parágrafos, do Regulamento de mil novecentos e trinta e quatro, foi desligado da Escola e excluído do Corpo de Cadetes, por ter completado trinta pontos – perdidos por motivo de moléstia. O seu tempo computado naquele Estabelecimento é de zero ano, dois meses e vinte e nove dias. ("Certidão", 1974)

Ou seja, um mês depois de ingressar na escola, Palmério foi hospitalizado devido a uma moléstia não identificada. Ele permaneceu sob cuidados médicos por seis semanas, de 22 de abril a 2 de julho. Por tudo isso, faltou aos exames subsequentes e foi compulsoriamente excluído. No total, como visto, foram três meses de experiência em Realengo, mas, na prática, sua rotina como cadete não passou de seis ou sete semanas.

Figura 7 – Da direita para a esquerda: Mário Palmério e o colega Newton Belfort no Rio de Janeiro, em meados da década de 1930.

A CONSTRUÇÃO DO MITO MÁRIO PALMÉRIO 37

No segundo semestre de 1935, após a exclusão da Escola Militar, Mário Palmério, aos 19 anos, decidiu tentar a vida na capital paulista. Durante um período, ele chegou a morar em um pequeno quarto de pensão na Rua Aurora, dividindo o espaço com Walter Campos de Carvalho, amigo e ex-colega do Ginásio Diocesano (*Lavoura e Comércio*, 12.12.1956, p.6). No final de 1936, a filial paulistana do Banco Hipotecário e Agrícola do Estado de Minas Gerais precisou de um escriturário em seu quadro de funcionários. Não sabemos se Mário Palmério obteve a vaga por influência do pai ou se por méritos próprios, mas o fato é que, em novembro de 1936, ele foi admitido e, pela primeira vez na vida, passou a exercer um trabalho regular. No entanto, mais uma vez, ele não seria um empregado muito assíduo: foram computados vinte dias de falta em um ano e um mês de atividades – algumas por doença, outras por motivos particulares ("Atestado", 1968). Mário Palmério pediu a exoneração em 21 de dezembro de 1937. Ainda assim, o serviço proporcionou uma experiência sistemática com a rotina burocrática e administrativa de uma instituição – práticas que seriam muito valiosas nos seus futuros empreendimentos.

Naquele tempo, muitos de sua geração ainda comentavam a bem--sucedida criação da Faculdade de Filosofia de São Paulo (FFCL) em 1934. Essa iniciativa havia sido pioneira no Brasil no estabelecimento de cursos específicos voltados à formação de professores secundários – ainda que os fundadores tenham instituído uma nítida separação entre os cursos de bacharelado e de licenciatura. "Os bacharéis que se graduavam na FFCL poderiam receber licença para o magistério secundário somente após terem concluído o bacharelado em qualquer das seções e haverem completado o curso de formação pedagógica no Instituto de Educação", explica Silva (2000), notando, porém, que os próprios professores desvalorizavam o estudo da didática por entenderem que a melhor regra para um bom docente é conhecer bem a matéria.

Mário Palmério ficou mais uma vez entusiasmado com a possibilidade de cursar o ensino superior – sobretudo em uma área em que já tivera alguma experiência – e decidiu preparar-se para o concurso de admissão. Consta que o exame geral não era fácil: entre as etapas, havia inclusive um exame oral de uma hora e meia de duração. Porém,

38   ANDRÉ AZEVEDO DA FONSECA

Palmério foi bem-sucedido, passou nas provas e, em 1939, matriculou--se na subseção de Ciências Matemáticas da Faculdade de Filosofia de São Paulo.

A seção de Matemática da FFCL havia sido constituída principalmente por meio de professores italianos liderados por Luigi Fantappiè (1901-1956), um jovem cientista já reconhecido internacionalmente. Contudo, Fantappiè ministrou Análise Matemática para todas as séries até 1939, quando deixou São Paulo para assumir um posto de catedrático na Universidade de Roma. Mas um dos professores que provavelmente lecionaram a Mário Palmério foi Giacomo Albanese, um pesquisador de geometria algébrica que se preocupava também com as questões do ensino de matemática. Ele defendia, por exemplo, que, nos primeiros contatos dos alunos com a disciplina, era interessante exercitar sobretudo a intuição, deixando as operações dedutivas para as etapas posteriores de aprendizagem.

O fato é que as ideias desses matemáticos italianos influenciariam toda uma geração de cientistas e professores formados naquela instituição. Silva (2000) sintetizou com precisão o ideário que insuflou desses professores:

> Albanese via a Geometria como um modelo de ciência racional, capaz de desenvolver o gosto estético, desenvolver a intuição e a capacidade especulativa, sendo assim o orgulho do pensamento humano. Previa, para esse nível, um ensino mais intuitivo e menos preso a árduos teoremas. Recomendava enfaticamente o uso de materiais concretos que auxiliassem a visualização espacial, sugerindo para esse fim a criação de laboratórios nas faculdades. Por sua vez Fantappiè criticava os programas muito carregados de conteúdos, sugerindo a diminuição da quantidade de regras e teoremas. Considerava nefasta a prática da memorização de regras e fórmulas e sugeria que se possibilitasse ao aluno estabelecer uma conexão entre as partes do conhecimento matemático, pois só assim ele poderia alcançar novas aquisições e teria o espírito preparado para a descoberta de novos fatos.

Albanese era um siciliano de temperamento explosivo, mas tido pelos alunos como professor brilhante. O relacionamento dos italianos

A CONSTRUÇÃO DO MITO MÁRIO PALMÉRIO 39

com os alunos era muito aberto e nem mesmo a língua trazia muitos problemas: segundo o relato de um ex-aluno, os professores falavam em italiano, os alunos em português, e todos se entendiam. O espírito científico de Fantappiè e Albanese aboliu as antigas aulas expositivas e sem diálogo dos velhos professores sem formação acadêmica e instituiu os seminários em sala, onde a contestação e a crítica faziam parte da formação do conhecimento. Essa dinâmica disseminou uma nova forma de ensino que permitia aos alunos vivenciar a matemática como uma ciência viva, inacabada e em constante transformação. Ainda assim, permanecia implícita a crença de que o professor, tal como o artista, tinha um dom inato e não precisava de formação específica: "Nessa concepção, ou o professor tem talento para o ensino e é um bom professor a vida toda ou não é talentoso e deve se resignar a ser um mau professor" (ibidem, 2000).

Aparentemente Mário Palmério foi um bom aluno e chegou a se destacar já nos primeiros meses. Não é certo ainda se a escola exigia uma espécie de estágio, mas o fato é que, no dia 2 de maio de 1939, Palmério foi nomeado para o cargo de professor interino da 12ª Cadeira do Colégio Universitário, anexo à Escola Politécnica, ligada à Universidade de São Paulo.[1] Tendo em vista a data da nomeação, podemos supor que essa oportunidade ao aluno de matemática tenha surgido por causa de alguma vaga aberta inesperadamente entre o corpo docente da escola. As disciplinas dessa cadeira eram Complementos de Matemática Elementar, Álgebra Superior e Elementos de Geometria Analítica, Plana e no Espaço. É muito provável também que, nessa escola, Palmério tenha exercitado a prática de ensino mais aberta e intuitiva, tal como aprendia na faculdade.

---

1 Para mais informações, ver *Diário Oficial do Estado de São Paulo*, de 11 maio 1939. Disponível em: <http://www.imprensaoficial.com.br/PortalIO/DO/BuscaGratuitaDODocumento.aspx?pagina=1&SubDiretorio=&Data=19390511&dataFormatada=11/05/1939&Trinca=NULL&CadernoID=0/4/1/0&ultimaPagina=64&primeiraPagina=0001&Name=&caderno=Diário Oficial&EnderecoCompleto=/PortalIO/diario1890-1990/Entrega_2007-06-22/OCRFaltante/001584/i05_04_01_06_06_025/1939/DIÁRIO OFICIAL/maio/11/Scan_1136.pdf>. Acesso em: 29 jan. 2009.

40 ANDRÉ AZEVEDO DA FONSECA

Em 13 de outubro de 1939, Mário Palmério se casou na cidade de Santos (SP) com a uberabense Cecília Arantes, filha do próspero fazendeiro Cacildo Arantes e de Maria Pimenta Arantes ("Certidão de casamento", 1939). Contudo, naquela época, tal como vimos, Uberaba acelerava o seu processo de urbanização no governo de Whady Nassif. A imprensa publicava relatos entusiasmados das possibilidades da cidade, o gado alcançava preços assombrosos e um surto de construções parecia confirmar os melhores prognósticos para o desenvolvimento local. Mário Palmério se convencia a cada dia de que as potencialidades econômicas celebradas pela retórica dos distantes uberabenses de fato poderiam oferecer oportunidades inigualáveis para um ambicioso professor.

Por tudo isso, em dezembro de 1939, aos 23 anos, o irrequieto Mário Palmério abandonou a faculdade, pediu sua exoneração do colégio ("Certificado", 1968) e, depois de cinco anos morando longe, voltou à pacata Uberaba. Chegando à cidade cheio daquela petulância típica dos jovens interioranos que passam uma temporada de estudos nas capitais, Mário aprenderia rapidamente e manejaria com muita desenvoltura os signos de prestígio daquela cidade. Além disso, a experiência cosmopolita parecia impulsioná-lo a vencer a modorrenta rotina interiorana, ou melhor, para utilizar os termos do jornalista Orlando Ferreira (1927), a lamentável "resignação mineira" e sobretudo as persistentes "forças do atraso" que ainda emperravam o desenvolvimento local. É o que veremos a seguir.

De volta a Uberaba

Até 1939 observamos que Mário Palmério basicamente gravitava em torno do prestígio do pai. Ou seja, ele aparecia na coluna social porque era o filho do juiz. Somente a partir de 1940, quando retornaria a Uberaba para fundar o Liceu Triângulo Mineiro, é que Mário viria a obter sua própria distinção. A sequência de menções na coluna social do *Lavoura e Comércio* por ocasião de seu aniversário entre 1934 e 1940 mostra com bastante clareza essa emancipação simbólica.[2]

---

2 O diário não registrou o aniversário de Mário Palmério em 1936 e 1938.

A CONSTRUÇÃO DO MITO MÁRIO PALMÉRIO 41

Fazem anos hoje [...] o talentoso moço Mário Palmério, filho do Sr. Dr. Francisco Palmério, íntegro juiz de direito de Ituiutaba. (*Lavoura e Comércio*, 1°.3.1934)

Fazem anos hoje [...] o talentoso jovem Mário Palmério, filho do sr. dr. Francisco Palmério, íntegro juiz de Direito de da Comarca de Ituiutaba. (ibidem, 1°.3.1935)

Fazem anos hoje [...] o distinto jovem Mário Palmério, querido filho do Sr. Dr. Francisco Palmério, ilustrado juiz de direito aposentado, e funcionário do Banco Hipotecário e Agrícola de Santos [sic]. (ibidem, 1°.3.1937)

Fazem anos hoje [...] o distinto e estimado moço Sr. Mário Palmério, competente professor e jovem de apreciáveis prendas de caráter e cultura, ora residente na capital paulista, filho do Sr. Dr. Francisco Palmério, acatado juiz de direito aposentado residente nesta cidade. (ibidem, 1°.3.1939)

Fazem anos hoje [...] o distinto e estimado moço sr. Mário Palmério, jovem de apreciáveis qualidades de coração e caráter a que alia uma formosa inteligência. Muito estimado em nossa cidade onde dirige um bem organizado "Curso de Madureza", o distinto aniversariante será alvo, nesta data, de significativas homenagens de consideração e apreço às quais nos associamos desejando-lhe longa e próspera existência. (ibidem, 1°.3.1940)

Ou seja, aos 18 e 19 anos, Mário era apenas o "talentoso moço" ou "talentoso jovem" filho do "íntegro juiz" Francisco Palmério. Aos 21 anos, em São Paulo, ele já era "distinto", mas, evidentemente, o fato de ser filho do "ilustrado juiz" era mais relevante do que o cargo de funcionário do Banco Hipotecário. Aos 23 anos, ocorre um considerável deslocamento na sua arquitetura biográfica. Nessa ocasião, ele passou a ser mais do que "distinto", mas também "estimado", e, mais importante, seu papel como "competente professor" e "jovem de apreciáveis prendas de caráter e cultura" veio antes do fato de ser ele o filho do "acatado juiz". Finalmente, aos 24 anos, ele continuava distinto e estimado, acrescentara ao caráter e à "formosa inteligência" as "apreciáveis qualidades de coração", mas a grande novidade é que finalmente Mário Palmério emancipara-se simbolicamente do pai, que nem sequer foi mencionado. Pela primeira vez, o renome de que desfrutava advinha de sua própria atuação social.

Como podemos facilmente notar, até mesmo o progressivo acréscimo do número de palavras que o jornal empregou para se referir a ele no decorrer desse período é um indício relativamente preciso para medir a ascensão de seu prestígio social. Vejamos: em 1934, não era necessário mais do que 17 palavras para fazer menção ao seu aniversário. No ano seguinte, foram 20. Em 1937, Mário mereceu 26. Em 1939, o jornal já se dignava a publicar 38 palavras para lisonjeá-lo. Por fim, em 1940, o prestígio de Mário Palmério alcançara o índice de 58 palavras na concorrida coluna social do *Lavoura e Comércio*.

Um pequeno gráfico desse período de seis anos evidencia a trajetória ascendente da consideração social expressa pelo aumento das deferências do diário.

Gráfico 1 – Número de palavras utilizadas na coluna social do *Lavoura e Comércio* por ocasião do aniversário de Mário Palmério entre 1934 e 1940.

A CONSTRUÇÃO DO MITO MÁRIO PALMÉRIO   43

O prestígio do jovem Mário, no entanto, ainda não estava à altura da publicação de sua fotografia na data de seu aniversário. Em geral, no dia 1º de março, essa honraria era destinada ao aniversariante Santino Gomes de Matos. Para conquistar esse privilégio, Mário teria ainda que trabalhar bastante. E foi isso que ele fez.

3
A ASCENSÃO PROFISSIONAL

O Liceu Triângulo Mineiro

"Faça seu curso ginasial, á noite, e em 3 anos!" – anunciava, no dia 15 de fevereiro, o Curso de Madureza "Triângulo Mineiro", dirigido por Mário e Lourencina Palmério. Essas aulas noturnas voltadas aos adultos foram a primeira iniciativa conjunta dos irmãos Palmério no campo da educação. Naquela cidade que celebrava antecipadamente o seu iminente e formidável progresso, uma irresistível intuição convenceu os Palmério de que havia uma forte demanda ainda latente de trabalhadores ansiosos por completar os estudos para ingressar nessa propalada era de prosperidade. Desse modo, provavelmente convencida pelo entusiasmo do irmão, Maria Lourencina, então com 35 anos, firmou a parceria, e os dois inauguraram o curso em um cômodo na própria casa dos pais, na Rua Vigário Silva, n° 48.

Os cursos de madureza eram cursos preparatórios não oficiais que ofereciam aulas livres com os conteúdos do ensino secundário para que os adultos com o primário completo pudessem prestar exames especiais de habilitação (aplicados no Colégio Pedro II ou nos ginásios equiparados), obtendo, assim, a certificação do ensino secundário fundamental. Segundo a legislação (Brasil, 1932), essa oportunidade era facultada aos maiores de 18 anos residentes em localidades em que não existissem cursos noturnos de ensino secundário em quantidade suficiente. Entretanto, não era incomum que essas iniciativas fossem, de certo modo, estigmatizadas, pois ninguém se iludia com a ideia de que um curso compacto oferecido a trabalhadores pudesse manter a qualidade de um ginásio regular com jovens alunos. Um artigo publicado no *Lavoura e Comércio* (17.6.1940, p.2) argumentava que esses empreendimentos eram louváveis, pois amparavam os "desprotegidos" que não tinham condições de realizar "um curso longo, caro e absolutamente absorvente", tal como o ginásio regular. Ainda que desconfiemos fortemente de que esse texto tenha sido, no mínimo, digamos, encorajado pelo próprio Mário Palmério, não deixa de ser interessante observar os argumentos que se utilizavam na época para legitimar esse tipo de instrução.

Figura 8 – Anúncio do Curso de Madureza "Triângulo Mineiro", no dia 15 de fevereiro de 1940.

A CONSTRUÇÃO DO MITO MÁRIO PALMÉRIO 47

Sob o pretexto de discutir a futura reforma de ensino anunciada pelo governo,[1] o artigo faz alguns circunlóquios até chegar ao seu objetivo central: a defesa dos cursos de madureza. O texto (não assinado) garantia que o próprio Gustavo Capanema, o ministro da Educação e Saúde, aconselhara a matrícula nesses cursos, mencionando, na ocasião, o pequeno número de ginásios noturnos no país. "Esse apelo do sr. Ministro dá a entender a simpatia que gozam do organizador da grande e patriótica reforma de ensino", argumentou o redator.

> A nova reforma do ensino amparará os cursos de madureza. São os seus frequentadores, geralmente, rapazes e mesmo homens já feitos que, após um trabalho árduo e diário, vão buscar, nas horas do descanso, possibilidades para a realização de melhores ideais. São proletários que querem, com mais cultura, produzir melhor. São trabalhadores que aspiram a um curso técnico e que precisam dos preparatórios para poderem realizá-lo. São moços que já trabalham mas que não se esqueceram de que "Nunca é tarde para aprender". (*Lavoura e Comércio*, 17.6.1940, p.2)

Por tudo isso, se o Estado Novo – prosseguia o artigo – tinha como diretriz política o amparo aos assalariados, os cursos de madureza serviriam para abrir as portas a todos aqueles que "aspiram melhor lugar ao sol" e que "trabalham pelo engrandecimento do Brasil". Tendo em vista a notória sintonia da família Jardim (proprietária do *Lavoura*) com os irmãos Palmério (anunciantes no jornal), podemos inferir que essa era precisamente a argumentação que animava o jovem Mário nessa sua empreitada.

Para instituir o corpo docente do curso de madureza, Mário e Lourencina se valeram das amizades e acabaram convidando professores renomados na cidade, tais como Santino Gomes de Matos, Juarez de Souza Lima, Homero de Freitas, Milton Grandineti e Francisco Coeli. Para as aulas de língua estrangeira, eles chamaram Suzane de Chirée – filha de Quintiliano Jardim, que vez ou outra se dava ao requinte de publicar poemas de sua autoria, em francês, no jornal do pai. Incluindo

---

1 Trata-se do Decreto-lei n° 4.244, de 9 de abril de 1942. Lei orgânica do ensino secundário, conhecida como Reforma Capanema.

os próprios Mário e Lourencina, o curso estrearia com oito professores. E segundo um registro no *Lavoura e Comércio* (9.5.1940, p.2), em uma daquelas suspeitas matérias repletas de amabilidades, a primeira turma contaria com "cerca de 30 alunos".

A despeito de ter sido o curso de madureza o primeiro a ser anunciado, o fato é que já em 1940 Mário e Lourencina tinham interesse em fundar o Liceu "Triângulo Mineiro" – ou seja, uma escola que oferecesse ensino primário, secundário e profissionalizante. Entretanto, naquele primeiro semestre, o estabelecimento de ensino dos Palmério se tornou, acima de tudo, um educandário de instrução propedêutica. Ou seja, o empenho dos irmãos se direcionou no sentido de instalar cursos preparatórios aos exames de admissão exigidos pelos ginásios, pelas escolas comerciais, pelas escolas normais e pelos próprios cursos de madureza. Além disso, o Liceu já planejava um curso de preparação à carreira bancária – reflexo direto da experiência de Mário Palmério como escriturário. E foi assim que, em 16 de março de 1940, Mário e Lourencina publicaram o primeiro de uma série de 26 anúncios consecutivos de sua recém-criada casa de ensino.

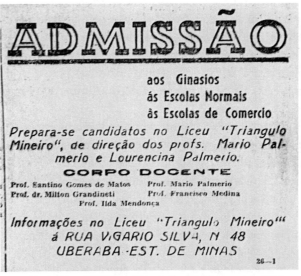

Figura 9 – Anúncio do Liceu "Triângulo Mineiro", em 16 de março de 1940

A CONSTRUÇÃO DO MITO MÁRIO PALMÉRIO 49

Em todo início de ano, o *Lavoura e Comércio* era palco de uma pequena batalha de anúncios de escolas particulares de Uberaba e da região que se empenhavam em atrair alunos para os seus internatos e externatos. Em 6 de janeiro, o jornal noticiou, com aquele ufanismo que já estudamos, a planta das novas obras do tradicional Colégio Santa Terezinha, fundado em 1925: "O surto de construções em Uberaba é simplesmente impressionante. Dia a dia surgem novos edifícios a rasgar os céus uberabenses, como um índice do grande progresso dessa gente que povoa esse belo rincão triangulino" (*Lavoura e Comércio*, 6.1.1940, p.5). Em 12 de janeiro, o Ginásio Diocesano (ibidem, 12.1.1940, p.1) começou a anunciar, sobriamente, os seus próprios cursos de admissão ao ginásio. O Colégio Oliveira, o Colégio Santa Terezinha e o Ginásio Brasil publicariam seus anúncios a partir do dia 13 de janeiro de 1940; e o Colégio Souza Novais, a partir do dia 19. O Colégio Nossa Senhora das Dores começaria em 30 de janeiro, junto com a Escola de Comércio José Bonifácio.

Em 1940, três outras escolas da região anunciavam no *Lavoura* em busca de alunos internos. O Colégio Nossa Senhora das Lágrimas, de Uberlândia, ofereceu os seus serviços já no dia 2 de janeiro, antes mesmo das escolas uberabenses. A peça publicitária era admirável: em cinco colunas, o anúncio continha uma bela reprodução da imponente fachada do colégio. A instituição oferecia o ensino ginasial, a escola normal e o seu próprio curso de férias para os exames de admissão. Por fim, os ginásios São José, em Batatais (SP), e São Luiz, na cidade do Prata (MG), passaram a ser anunciados no *Lavoura* a partir de 20 de janeiro. É importante assinalar que esse investimento publicitário indica o grau de competitividade dos colégios na região e sugere o potencial que os proprietários enxergavam no negócio da educação.

Naquela época, já era de responsabilidade do governo estadual a criação dos grupos escolares, cujos modelos de ensino primário deveriam servir de padrão para a iniciativa particular (ibidem, 20.6.1940, p.2). O município de Uberaba, que em 1940 tinha uma população de 58.984 habitantes – sendo 31.259 na área urbana (Instituto Brasileiro de Geografia e Estatística, 1948), contava com cerca de cinco mil crianças (*Lavoura e Comércio*, 12.4.1940, p.4) em idade escolar e apenas

50 ANDRÉ AZEVEDO DA FONSECA

um grupo estadual. "O único estabelecimento de ensino que Uberaba possui não tem capacidade para receber o enorme número de jovens que ali comparecem para pedir as águas lustrais da instrução" – lamentava o *Lavoura e Comércio* (12.4.1940, p.4). Um enciumado redator mencionou a vizinha Uberlândia, que com população menor[2] já tinha dois grupos escolares, e saudou a promessa do governo estadual de instalar uma nova instituição para servir aos uberabenses. "Devemos convir que felizmente para nós, Uberaba não deixa a sua população infantil sem escolas", assegurou o jornal. "O que o Estado não pode fazer, a iniciativa particular o realizou" (ibidem). É claro que essa afirmação não passava de uma mera gentileza subserviente ao poder público, pois, na verdade, a oferta de ensino em Uberaba não supria a demanda estudantil, principalmente das crianças pobres.

Na verdade, nem mesmo os colégios particulares locais pareciam suficientes para o crescente número de alunos. No ensino primário, voltado às crianças de 7 a 11 anos, Uberaba contava com quatro escolas de pequeno porte: Colégio Santa Terezinha, para mulheres; Colégio Souza Novais, para os homens; Colégio Oliveira, de turmas mistas (que também oferecia um curso comercial-bancário, alguns cursos preparatórios e o de madureza); e Colégio Santa Catarina.[3] Para se ter uma ideia da dimensão dessas escolas, a turma que concluiu o primário no Colégio Souza Novais em 1940 contava com 30 alunos (ibidem, 7.12.1940, p.2).

O ensino secundário (ou ginasial) era ministrado nas três instituições locais oficialmente reconhecidas ou em prerrogativas de inspeção preliminar.[4] As duas mais prestigiadas e tradicionais escolas particula-

---

2 Uberlândia contava com 42.179 habitantes, sendo 21.530 na cidade (Instituto Brasileiro de Geografia e Estatística, 1948).

3 O Colégio Santa Catarina não anunciava com frequência nos jornais, mas foi listado em um anúncio de uniformes escolares das Casas Pernambucanas, no início de 1941 (*Lavoura e Comércio*, 3.2.1941, p.1).

4 Em 1940, o ginásio compreendia duas etapas seriadas: o secundário fundamental, com duração de cinco anos; e o secundário complementar, de dois anos. Este último era obrigatório para aqueles que desejavam matricular-se em institutos de ensino superior: os alunos faziam disciplinas distintas, de acordo com a área de interesse (Brasil, 1932).

A CONSTRUÇÃO DO MITO MÁRIO PALMÉRIO   51

res de ensino secundário em Uberaba eram o Ginásio Diocesano, para os homens, e o Ginásio Nossa Senhora das Dores, para as mulheres. Ambos ofereciam os ensinos primário e secundário em regime de internato e externato, além de contarem com os seus próprios cursos preparatórios. Essas eram as escolas de elite, que de certa forma se completavam. Em segundo lugar, estava o Ginásio Brasil, criado em 1938, que mantinha os cursos primário, secundário e preparatório, todos em regime misto (ibidem, 30.1.1940). Entretanto, esse ginásio sofreria uma série de problemas financeiros, resultando no seu precoce fechamento. Estudaremos isso adiante.

Ainda pela iniciativa privada, uma oportunidade mais ou menos acessível para prosseguir os estudos profissionalizantes em Uberaba era oferecida pela Escola de Comércio José Bonifácio (ibidem, 3.2.1949, p.2), fundada em 1924, que oferecia o curso técnico de contador e o curso propedêutico – que deveria obrigatoriamente preceder à formação em contabilidade. Para que o candidato pudesse realizar os exames de admissão, exigia-se apenas a conclusão do primário. "O curso propedêutico, onde em três anos se dão ao aluno os conhecimentos básicos necessários ao seu ingresso no curso técnico, corresponde mais ou menos ao período das séries ginasiais realizadas nos estabelecimentos secundários" – explicava a escola (ibidem, 21.12.1940, p.2). Em geral, os alunos eram "moços trabalhadores, bancários e comerciários" (ibidem) que procuravam aperfeiçoar sua prática profissional. Porém, o número de concluintes era muito pequeno: em 1940, por exemplo, a turma de diplomados contou com apenas 13 alunos.

Finalmente, a cidade dispunha de dois tradicionais cursos de datilografia na Escola Remington, de Dolores Ponce, fundada em 1921 (ibidem, 8.7.1940); e os cursos Lourencina Palmério, criados em 1924, que também ofereciam caligrafia e taquigrafia. Naquele tempo, como já pudemos observar, dizia-se que a destreza nas máquinas de escrever garantia "emprego seguro e imediato, em qualquer parte do Brasil" (ibidem, 25.6.1940, p.3). Nas palavras do *Lavoura e Comércio* (9.7.1940, p.5), o sucesso dos cursos Lourencina Palmério podia ser mensurado pelas "várias dezenas de turmas de diplomados seus que

52 ANDRÉ AZEVEDO DA FONSECA

hoje se espalham em todas as esferas de nosso comércio se revelando auxiliares quase insubstituíveis". As formaturas de datilógrafos eram eventos solenes e contavam até mesmo com paraninfos (ibidem, 14.12.1940, p.2).

No que diz respeito ao ensino público, os dados são confusos e contraditórios. Uberaba contava, tal como vimos, com apenas um grupo escolar e mais 12 pequenas escolas municipais urbanas e rurais (ibidem, 28.1.1941, p.6). Contudo, pelo que pudemos deduzir até agora, a municipalidade auxiliava na criação de classes pertencentes a associações civis, tal como o Sindicato dos Ferroviários de Uberaba (ibidem, 16.2.1940, p.3), de modo que, no total, contabilizava cerca de 30 escolas, algumas delas frequentadas pelos próprios operários em cursos noturnos. Além disso, notamos a existência de pequenos educandários mantidos por outras associações independentes, tais como a Escola Dominical, ligada ao Centro Espírita de Uberaba (ibidem, 5.12.1940, p.2). É muito provável que todas essas iniciativas não passassem de uma ou duas salas com crianças e jovens de diferentes faixas etárias reunidos para aprender princípios de alfabetização e rudimentos de matemática. Na melhor das hipóteses, as escolas públicas ofereciam apenas o ensino primário, ou seja, as crianças que dependiam do ensino público inevitavelmente terminavam os estudos nesse nível elementar. A prefeitura divulgava nos jornais que, em 1940, estavam matriculados 2.893 alunos sob os cuidados de 64 professores (ibidem, 20.3.1940, p.5), sem deixar claro se esses números eram globais ou faziam referência apenas ao ensino público. Sabemos, contudo, que, em 1940, pouco mais de cem alunos concluíram o primeiro grau no Grupo Escolar Brasil (ibidem, 30.11.1940, p.1). Um editorial de *O Triângulo* (12.12.1941, p.2) apontou a superlotação das salas de aula como um dos principais sintomas da carência de escolas na cidade: "Classes numerosíssimas e inquietas, como soem ser as primárias, principalmente as iniciais, são entregues às vezes à professora, que se multiplica em esforços e sacrifícios para manter a ordem e a disciplina e obter um certo aproveitamento para seus alunos" – lamentou o jornal, solidarizando-se com a "pobre normalista" e suas turmas de trinta ou quarenta alunos.

A CONSTRUÇÃO DO MITO MÁRIO PALMÉRIO 53

Naquela época, o governo federal estabelecia um intenso debate a respeito do ensino primário no país. A Constituição de 1937, por exemplo, instituiu que esse nível de ensino deveria ser "obrigatório e gratuito" (Brasil, 1937). Em 1938, o Estado decretou a criação da Comissão Nacional de Ensino Primário que tinha como principal objetivo a organização de uma campanha nacional de combate ao analfabetismo por meio da articulação do governo federal com os governos estaduais, municipais e a iniciativa particular (Brasil, 1938). No entanto, em 1940 ainda se aguardava a "efetiva obrigatoriedade" da educação primária (*Lavoura e Comércio*, 20.6.1940, p.2). Em outras palavras, tendo em vista o altíssimo número de crianças fora das escolas, a percepção pública era de que o ensino primário ainda não se tornara realmente compulsório.

Alguns textos reproduzidos pelo *Lavoura e Comércio* indicam os termos da discussão que se travava no país e na cidade acerca da questão da educação. No artigo "Os analfabetos do Brasil" (ibidem, 17.2.1940, p.2), o redator lamentava que a nação estivesse entre as piores no que dizia respeito à educação pública, ao lado de Portugal e da Colômbia, com uma taxa de analfabetismo[5] em torno de 60%. Poucos países eram ainda menos letrados que o Brasil, tais como a Espanha, com 63,70% de analfabetos; a China, com 80%; e as Índias Inglesas, com 92%. "A verdade, a grande verdade, é que o Brasil precisa de escolas e as crianças brasileiras precisam de recursos para frequentá-las" (ibidem), argumentava o redator. Contudo, o futuro imediato da educação pública no país não era animador. Em outro texto reproduzido, o jornal lamentava que dois terços das crianças brasileiras estavam sem escola (ibidem, 8.4.1940, p.5).

Na verdade, podemos observar que, a despeito do empenho estatal em discutir o sistema nacional de educação, a própria Constituição de 1937 não escondia a necessidade de delegar o ensino público – sobretudo o secundário – aos estabelecimentos privados, pois a política educacional voltada às classes populares enfatizava sobretudo a formação profissionalizante. Dizendo de outro modo, os filhos das elites se

---

5 Segundo Lourenço Filho (1965), em 1940, havia 56,2% de analfabetos com mais de 15 anos.

54 ANDRÉ AZEVEDO DA FONSECA

preparavam para a faculdade e os pobres deveriam ser encaminhados ao curso rural ou ao ensino técnico, pois os imperativos da industrialização exigiam a urgente qualificação dos trabalhadores. Autores como Silva (1969), Romanelli (1978) e Sposito (2002) analisaram essa "dualidade estrutural" ou "bifurcação histórica" dos sistemas de ensino do país, onde o próprio Estado instituía trajetórias educacionais diferenciadas.

Por tudo isso, em Uberaba, as elites ilustradas também passaram a exortar a necessidade da formação de "uma geração de técnicos hábeis" para o Brasil. José Mendonça era um dos defensores desse ideal estado-novista na cidade:

> A necessidade do ensino profissional, no Brasil, torna-se cada vez mais imperiosa e mais indeclinável.
>
> O caráter puramente livresco, puramente especulativo que se tem imprimido à educação da nossa mocidade, vem prejudicando enormemente o nosso progresso. (*Lavoura e Comércio*, 23.1.1940, p.2)

Ruy Novais também escreveu sobre o que considerava "os malefícios dessa cultura despida de senso prático" e afirmou que a intelectualidade brasileira começava a despertar para a mentalidade dos norte-americanos: "O brasileiro culto, que foi durante muito tempo um evadido da realidade, um enamorado da civilização europeia, um estranho dentro de seu próprio país, compreendeu já a sua responsabilidade na formação de nossa grande pátria [...]" (*Lavoura e Comércio*, 20.3.1940, p.2). Entretanto, o ex-deputado Fidélis Reis seria a principal voz do ensino profissionalizante em Uberaba: "Educar as massas, profissionalizar de verdade o ensino, de modo a preparar os verdadeiros técnicos para as múltiplas atividades da vida econômica [...] deve ser o esforço a orientar os destinos nacionais" (ibidem, 25.12.1940, p.8). Para ele, era necessária uma urgente remodelação dos "velhos processos" de ensino, "do primário ao secundário e superior", visando à preponderância do "estudo das ciências experimentais" e "dos conhecimentos que mais úteis possam ser ao homem". Segundo Reis, a cultura de trabalho dos Estados Unidos deveria servir de exemplo ao Brasil.

A América [...] não conhece a hierarquia dos diplomas nem o fetichismo dos diplomas: o homem é ali julgado pelo que é capaz de realizar e produzir. O trabalho prático, inteligente, está ao lado ou acima das capacidades intelectuais, e por detrás de cada americano se encontra o técnico, o operário, quem em suma, no laboratório, na oficina, no *atelier* aprendeu, fazendo. (ibidem, 25.12.1940, p.8)

Com tudo isso, podemos esboçar novas considerações acerca da criação do Liceu Triângulo Mineiro, um estabelecimento que se propunha, naquele primeiro semestre de 1940, a oferecer cursos profissionalizantes e aulas preparatórias para exames de admissão ao ensino secundário e técnico. No que diz respeito ao ensino profissionalizante, o Liceu anunciaria, em 10 de maio, o seu recém-criado curso noturno de preparação ao funcionalismo bancário (ibidem, 10.5.1940, p.5) – uma área aparentemente promissora, tendo em vista os recorrentes concursos bancários na época. As matérias eram português, francês, inglês, correspondência comercial, contabilidade, noções de sociologia, economia política, aritmética financeira, datilografia e taquigrafia – essas três últimas ministradas pelos próprios Mário e Lourencina. O anúncio informava que as aulas começariam já no dia 14 de maio, porém o Liceu continuou anunciando até 5 de junho.

Em julho de 1940, contudo, Mário e Lourencina procurariam o *Lavoura e Comércio* para anunciar uma empreitada verdadeiramente extraordinária na cidade: a instalação da Faculdade de Comércio Triângulo Mineiro. "Ainda este ano, funcionará o Curso de Admissão ao 1° ano do Curso Propedêutico, curso esse destinado ao preparo de candidatos à matrícula no próximo ano letivo" (ibidem, 9.7.1940, p.5) – asseguraram ao jornal. Os irmãos garantiam também que os passos para o reconhecimento oficial já estavam adiantados e certamente naquele mesmo ano obteriam fiscalização federal – medida imprescindível para o início imediato do empreendimento.

E foi assim que os Palmério mandaram publicar no *Lavoura e Comércio* o anúncio do curso de admissão ao curso propedêutico da Faculdade de Comércio Triângulo Mineiro (ibidem). Notemos bem: a despeito do enunciado pretensioso – "Faculdade de Comércio

'Triângulo Mineiro'" –, ainda não se tratava realmente da faculdade em si, mas apenas das aulas preparatórias para os futuros e eventuais exames de um presumido curso propedêutico que anteciparia o curso de contador – ambos ainda inexistentes.

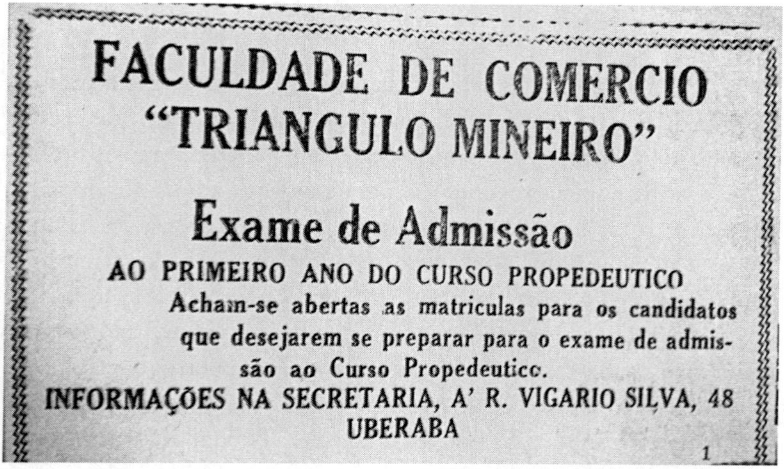

Figura 10 – Anúncio do curso de admissão ao curso propedêutico da Faculdade de Comércio Triângulo Mineiro.

Naquele mesmo mês, Mário Palmério foi pessoalmente ao Rio de Janeiro para tratar, no Departamento Nacional de Educação (DNE), do reconhecimento oficial dos cursos já anunciados. Ou seja, o anúncio fora publicado antes mesmo de a escola obter qualquer fiscalização prévia. Ao *Lavoura e Comércio* (22.7.1940, p.4) Mário dizia que "em breve" as suas casas de ensino teriam amparo legal. Todavia, a licença para o funcionamento de uma escola de comércio não era tão fácil como talvez supusesse o seu entusiasmo.[6]

O Decreto n° 20.158 de 30 de junho de 1931, que organizava o ensino comercial no Brasil, exigia que as escolas fossem reconhecidas

---

6 A propósito, supomos que a expressão "Faculdade de Comércio" era utilizada apenas para impressionar, pois a expressão usual era "Escola de Comércio". A legislação previa apenas a criação do curso superior de Administração e Finanças, cujo pré-requisito era o diploma de perito-contador ou de atuário.

A CONSTRUÇÃO DO MITO MÁRIO PALMÉRIO 57

oficialmente pelo governo federal e prestassem contas à Superintendência de Fiscalização dos Estabelecimentos do Ensino Comercial, órgão diretamente subordinado ao Ministério da Educação e Saúde Pública (Brasil, 1931). A legislação estabelecia que o ensino comercial constava de um curso propedêutico, de um curso técnico (que poderia ser de secretário, de guarda-livros, de administrador-vendedor, de atuário e de perito contador), além de um curso superior de administração de finanças e um elementar de auxiliar de comércio. As disciplinas do curso propedêutico (que durava três anos) e os conteúdos exigidos nos exames de admissão eram muito similares aos do ensino secundário; a diferença estava na ênfase em certos aspectos da disciplina. Em Português, por exemplo, as aulas deveriam evitar assuntos "de caráter meramente literário" e exigir treinamento na produção de textos específicos da vida comercial, tais como requerimentos, cartas e atas.

Ora, tudo isso não parecia um grande problema para o Liceu Triângulo Mineiro, que já se organizava para ministrar esses conteúdos nos cursos de admissão e de madureza. Provavelmente Mário Palmério imaginava que seria possível requerer uma fiscalização prévia e obter a prerrogativa de inspeção preliminar[7] para começar logo o curso propedêutico, até que a escola crescesse e pudesse oferecer, em dois ou três anos, toda a estrutura necessária para obter o reconhecimento oficial. Entretanto, a regulamentação exigia expressamente que os estabelecimentos se equiparassem ao padrão federal: ou seja, as escolas comerciais deveriam contar com "gabinete de física, laboratório de química, museu de merceologia e história natural", além de uma biblioteca; de instalações apropriadas e de "escritório modelo para execução dos respectivos exercícios, observações, experiências e escriturações" (Brasil, 1931). E é claro que o Liceu não tinha nada disso.

---

7 Para obter autorização para o início das atividades, o estabelecimento deveria requerer a fiscalização prévia com vistas à concessão da chamada "inspeção preliminar" – ou seja, uma permissão para o funcionamento até que fosse concedida a oficialização – ou "inspeção permanente".

58 ANDRÉ AZEVEDO DA FONSECA

Pois bem. Três meses depois, o Banco do Brasil publicaria um edital de um concurso para o cargo de auxiliar de primeira classe. O exame contaria com provas eliminatórias de datilografia, português, contabilidade e aritmética, além de uma facultativa de estenografia (*Lavoura e Comércio*, 17.10.1940, p.5). Com isso, um humilde Liceu Triângulo Mineiro voltaria a anunciar aquele bem mais modesto cursinho de preparação bancária, esclarecendo apenas que as matérias obedeciam "rigorosamente às instruções baixadas no edital" (ibidem, 26.10.1940, p.2). Sobre a Faculdade de Comércio, não se voltaria mais ao assunto; nem mesmo o curso propedêutico seria oferecido.

Como vimos, o Colégio Oliveira era o outro estabelecimento que, em 1940, também oferecia os cursos proporcionados pelo Liceu – madureza, comercial-bancário e preparatórios (ibidem, 13.1.1940, p.2). Devemos observar que, em geral, todos os ginásios já contavam com os seus próprios cursos de admissão, geralmente ministrados no período de férias. No entanto, notamos que o Liceu Triângulo Mineiro começaria a anunciar no dia 16 de março. Isso não foi casual, pois tratava-se do início do ano letivo, de modo que os cursos de admissão dos ginásios já haviam encerrado as atividades letivas. Ou seja, Mário e Lourencina visavam àqueles alunos que não haviam passado nos exames de 1940 ou aqueles que queriam se preparar com antecedência para os exames de 1941.

Os exames obrigatórios de admissão ao ginásio eram regidos por legislação específica (Brasil, 1932). As inscrições deveriam ser efetuadas na primeira quinzena de fevereiro, e as provas, realizadas na segunda quinzena, no próprio ginásio onde o aluno pleiteava os estudos. O candidato deveria ter 11 anos e não poderia se inscrever em dois estabelecimentos simultaneamente. Esses exames se constituíam de duas provas escritas: uma de português (redação e ditado) e uma de aritmética (cálculo elementar), além de provas orais sobre essas disciplinas e mais algumas noções de geografia, história do Brasil e ciências naturais. Nos ginásios oficialmente reconhecidos, a banca era constituída por três professores sob a fiscalização de um inspetor. Como mostra Nunes (2000), os "famosos" exames de admissão foram, no imaginário da época, a decisiva linha divisória entre o de-

A CONSTRUÇÃO DO MITO MÁRIO PALMÉRIO 59

preciado ensino primário, voltado às massas; e o prestigioso ensino secundário, destinado "às individualidades condutoras" – nas palavras do próprio ministro Capanema. Esses exames se configuravam como um dos mais respeitáveis ritos de passagem dessa etapa da infância e eram cercados de simbolismos que impunham muita ansiedade aos jovens que enxergavam no curso secundário o primeiro passo para uma vida adulta repleta de triunfos. Não é casual que, nesse mesmo período, entre os 11 e 12 anos de idade, os meninos passassem por outro rito memorável: o direito de usar calças compridas.[8]

Tão importante quanto os exames de admissão, afirma Nunes (2000), eram os cursos preparatórios e o grande e dispendioso livro que reunia o conteúdo a ser estudado para as provas. Muitas vezes, esses compêndios eram comprados com sacrifício pelas famílias; entretanto, as exigências de maior escolaridade motivadas pelas necessidades da industrialização encorajavam a crença familiar de que a privação econômica seria cota de sacrifício temporária e necessária para a obtenção da ascensão social – crença que, a propósito, não tardaria à frustração perante as altíssimas taxas de reprovação e evasão escolar, observa Nunes (2000). Mas essa disposição estimulou uma verdadeira expansão do ensino secundário, tanto em termos da criação de novos estabelecimentos quanto na ampliação das matrículas nas escolas existentes. Em alguns casos, as turmas chegavam a ficar superlotadas, e o ginásio precisava criar novos turnos. Em 1939, por exemplo, o número de alunos internos do Ginásio Diocesano era tão alto, afirma Coutinho (2000, p.117), que foi necessário organizá-los em três divisões: maiores, médios e menores; até que em 1941 os irmãos maristas decidiram construir novos pavilhões.

A expansão da escola primária pública colaborou, de forma indireta, para a expansão do ensino médio privado. Nos anos 1940, 73,3% das escolas secundárias no país eram particulares. "Ao preencher o vazio da iniciativa pública, os ginásios particulares proliferaram sem que o governo federal tivesse pulso para disciplinar seu crescimento, fixando

---

8 Depoimento de Lincoln Borges de Carvalho concedido ao autor em 20 de dezembro de 2009.

60 ANDRÉ AZEVEDO DA FONSECA

seu controle em níveis apenas formais" – explica Nunes (2000). Ou seja, tendo em vista a incapacidade do Estado em promover o ensino público secundário, uma série de reformas se dispôs a regulamentar a atividade das escolas particulares. Uma portaria do Departamento Nacional de Educação atualizou as tabelas de cobrança de taxas, tal como estabelecidas no Decreto n° 21.241 de 1932. "Já não há lugar, no Brasil, para as imoralidades, para as indústrias de diplomas e para o ensino feito indústria e objeto de proveitos materiais para os seus exploradores", registrou um artigo no jornal (*Lavoura e Comércio*, 1°.3.1940, p.4). Um outro decreto (Brasil, 1940) assinado por Vargas regulamentou a profissão de professor, que até então não tinha os seus direitos definidos. Desse modo, foi instituído um salário mínimo e delimitadas as horas de trabalho da categoria: o professor foi obrigado a tirar a sua carteira profissional no Ministério do Trabalho e estaria sujeito a todas as exigências e garantias da lei. Essa regulamentação seria incorporada à Consolidação das Leis do Trabalho em 1943.

Penas severíssimas serão cominadas aos estabelecimentos de ensino que transgredirem as disposições do referido decreto, saO lientando-se entre essas cominações o próprio fechamento do estabelecimento que não tenha seus professores perfeitamente inscritos no Ministério do Trabalho, que não lhes pagarem os ordenados prefixados por aquele departamento, que excederem as horas de trabalho para os referidos professores. O máximo de aulas que um professor poderá dar, consecutivamente, será de três e as horas de descanso estão também determinadas no decreto que regula o assunto. (*Lavoura e Comércio*, 1°.3.1940, p.4)

Nesse contexto, Mário e Lourencina procuraram estruturar a escola de modo que, a partir do segundo semestre de 1940, o Liceu Triângulo Mineiro passaria a anunciar o seu próprio ensino primário. O curso já havia sido prometido desde o início do ano, mas o primeiro anúncio de fato, publicado no dia 25 de junho, informava que as aulas de todos os quatro anos primários começariam em 1° de julho, em "novas instalações em prédio confortável e amplo" (*Lavoura e Comércio*, 25.6.1940, p.2) – o que, na verdade, não se efetuaria, ainda que os irmãos antecipassem que "os trabalhos preparativos para a organização do anteprojeto do futuro prédio próprio" estavam a cargo do engenheiro Alberto Ferreira (ibidem, 9.5.1940, p.2). Na publicidade dessa escola atípica – que começava as suas atividades no meio do ano letivo –, destacava-se o seguinte esclarecimento: "Aceitam-se transferências".

Figura 11 – Anúncio do curso primário do Liceu Triângulo Mineiro em junho de 1940.

Não é muito provável que a escola tenha tido uma procura significativa. Na verdade, não encontramos documentos para analisar o curso primário do Liceu Triângulo Mineiro nesse segundo semestre de 1940 – fato que talvez já indique a sua relativa inexpressividade. Entretanto, os dados de 1941 revelam, de forma inequívoca, o sucesso da iniciativa no próximo semestre.

Em primeiro lugar, em 1941 o Liceu começou a anunciar mais cedo em comparação com o ano anterior. No dia 9 de janeiro, foi publicado o primeiro informe, esclarecendo que as matrículas já estavam abertas e as aulas começariam em 3 de fevereiro (ibidem, 9.1.1941, p.5). Nessa ocasião, a escola ofereceu os cursos pré-primário e primário, além dos de admissão, madureza e preparatórios. Em segundo lugar, o Liceu Triângulo Mineiro foi devidamente mencionado entre as instituições de ensino uberabenses em um anúncio de encomenda de uniformes escolares das Casas Pernambucanas (ibidem, 3.2.1941, p.1). Isso indica, no mínimo, que a escola já era levada em consideração pela cidade.

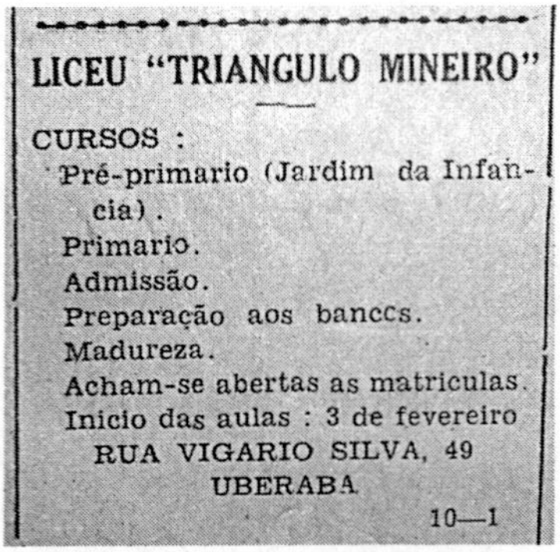

62   ANDRÉ AZEVEDO DA FONSECA

> **LICEU "TRIANGULO MINEIRO"**
>
> CURSOS:
> Pré-primario (Jardim da Infancia).
> Primario.
> Admissão.
> Preparação aos bancos.
> Madureza.
> Acham-se abertas as matriculas.
> Inicio das aulas: 3 de fevereiro
> RUA VIGARIO SILVA, 49
> UBERABA
> 10—1

Figura 12 – Anúncio do Liceu Triângulo Mineiro em 1941.

Figura 13 – Anúncio de uniformes escolares das Casas Pernambucanas em 1941.

A CONSTRUÇÃO DO MITO MÁRIO PALMÉRIO **63**

Entretanto, o dado mais eloquente para mensurar o êxito da escola é o número de estudantes matriculados naquele ano letivo. O livro de registro de mensalidades "Relatório de inspeção...", 1942) contabiliza 206 alunos no total – sendo 40 no jardim da infância, 136 nas quatro séries do ensino primário e 30 nos cursos de admissão. A Tabela 1 esclarece a distribuição desses estudantes em 1941.

Tabela 1 – Número de matrículas no Liceu Triângulo Mineiro, no ano letivo de 1941

	Pré-primário		Primário		Admissão ao curso secundário	
Turno da manhã	Masc.	Fem.	Masc.	Fem.	Masc.	Fem.
Série única	19	21	–	–	14	2
1ª série	–	–	20	19	–	–
2ª série	–	–	30	11	–	–
3ª série	–	–	21	15	–	–
4ª série	–	–	14	6	–	–
5ª série	–	–	–	–	–	–
Turno da noite						
Série única	–	–	–	–	14	–

Esses bons resultados, contudo, não foram fortuitos, mas se deveram a um admirável senso de oportunidade de Mário Palmério diante um evento traumático para a história da educação em Uberaba: trata-se do fragoroso fechamento do Ginásio Brasil – uma escola secundária particular que despertara muitas esperanças nos estratos médios da sociedade local.

Fundado em 1938 pela Associação Uberabense de Ensino, o Ginásio Brasil tinha como principal objetivo a oferta de ensino secundário, em turmas mistas, a preços populares (*Lavoura e Comércio*, 30.1.1940, p.3). Apesar da relutância dos católicos conservadores em relação às escolas mistas, o fato é que a iniciativa foi muito aclamada pela imprensa da época, pois acreditava-se que as famílias uberabenses estavam ansiosas pela instalação de mais um ginásio na cidade. No entanto, se os acionistas esperavam um sucesso arrebatador em termos de matrículas, os primeiros resultados frustraram de imediato

64 ANDRÉ AZEVEDO DA FONSECA

as expectativas. Para se ter ideia, no final do ano letivo de 1938, no que diz respeito ao secundário, o Ginásio Brasil contava com 30 alunos na 1ª série, seis na 2ª série e apenas um na 3ª série ("Atas de promoção", 1938). Esses resultados decepcionantes provocaram no decorrer do ano um sensível desequilíbrio entre receitas e despesas, de forma que muitos subscritores decidiram simplesmente parar de contribuir com a associação, instigando assim uma série de desavenças que agravariam ainda mais o problema. Em busca de uma solução para o imbróglio, os acionistas convidaram o prestigiado ex-deputado Fidélis Reis para presidir a associação, com a expectativa de obter melhores resultados nos anos seguintes.

Entretanto, uma irrefreável desconfiança fez com que as novas matrículas diminuíssem nos anos seguintes, de modo que a situação fiscal do estabelecimento se complicou ainda mais. Em 1939, a turma da 1ª série teve 24 alunos. Além disso, uma espantosa evasão fez com que somente 21 estudantes do ano anterior progredissem para a 2ª série e apenas quatro para a 3ª série – o que contabilizava um total de 49 alunos ("Ata de promoção", 1939). Podemos supor que o ensino primário tinha pouco mais que isso (*Lavoura e Comércio*, 30.1.1940, p.3). Mais um ano se passou e a escola novamente viu as matrículas de ingressantes declinarem: em 1940, a 1ª série contou com apenas 20 alunos; a 2ª, com 21, e a 3ª, com 10 apenas ("Boletim de médias...", 1940). Considerando o baixíssimo crescimento do número total de alunos e o alto nível de evasão, não parecia haver futuro em uma escola com tal histórico decrescente de novas matrículas. E para piorar, sem caixa para pagar até mesmo as obrigações legais, o governo cassou a fiscalização e o ginásio perdeu a prerrogativa de inspeção preliminar (*Lavoura e Comércio*, 22.6.1940, p.1, 3).

Tabela 2 – Número de alunos do ensino secundário do Ginásio Brasil

	1ª série	2ª série	3ª série	Total
1938	40	6	1	47
1939	24	21	4	49
1940	20	21	10	51

A CONSTRUÇÃO DO MITO MÁRIO PALMÉRIO   65

O próprio Mário Palmério expôs a sua interpretação sobre o caso do Ginásio Brasil:

Sempre desaprovei a forma por que foi criado o nosso extinto Ginásio Brasil. Uma empresa desse gênero não pode depender de contribuições problemáticas. Houve boa vontade do povo uberabense, mas não houve lealdade nos compromissos assumidos por muitos acionistas. As despesas de um estabelecimento de ensino são enormes e só uma fonte de renda pode existir: as anuidades dos alunos. Enquanto esses são pouco numerosos, o estabelecimento deve levar a vida deficitária e é preciso que os animadores da obra tenham fé no que criaram. O acolhimento dado pela cidade a tão bela iniciativa foi mais que animador. Os alunos apareceram confiantes e o Ginásio ia galhardamente para diante. As dissensões que, impatrioticamente, surgiram, e a falta de numerário para fazer frente às suas despesas, falta essa devida, como já se disse, ao não pagamento das cotas devidas por muitos acionistas, causaram o desmoronamento de edifício tão bem idealizado e que tantos serviços iria prestar a nossa cidade. (*Lavoura e Comércio*, 26.12.1941, p.1)

O *Lavoura e Comércio* jamais deixou de apoiar a escola, afirmando, em várias circunstâncias, que o ginásio adquirira "definitiva solidez" e conquistara "para sempre um lugar ao sol". Em janeiro de 1940, no auge da crise, o jornal chegaria a garantir para os leitores: "O Ginásio Brasil entra agora no seu 3º ano de vida, em condições de absoluta estabilidade" (ibidem, 30.1.1940, p.3). Porém, como a situação fiscal ficara definitivamente insustentável, Fidélis Reis saiu em busca de algum empresário que se dispusesse a encampar a escola. Por fim, a empreitada foi assumida por Oscar de Moura Lacerda, proprietário de instituições de ensino em Ribeirão Preto (SP), que imaginou fazer um bom negócio na aquisição (ibidem, 5.7.1940, p.1). O *Lavoura e Comércio* (27.6.1940, p.3) celebrou a notícia com entusiasmo: "Tudo leva a crer que o 'Ginásio Brasil', doravante, entrará num período de conquistas decisivas, na posse de todos os elementos à consolidação da sua vida". O novo diretor regularizou as dívidas, reobteve a fiscalização oficial e sustentou o déficit no decorrer do segundo semestre, alimentando esperanças para as matrículas do ano seguinte. É claro que

66 ANDRÉ AZEVEDO DA FONSECA

ele não deixou de contar com uma generosa subvenção da prefeitura e com a incondicional boa vontade da imprensa. "Pode estar certo de que o Ginásio Brasil será o orgulho de Uberaba" (*Lavoura e Comércio*, 5.7.1940, p.3) – assegurou o empresário.

No início de 1941, de fato, as perspectivas pareciam promissoras. O Ginásio Brasil, oficializado e vinculado ao nome de Moura Lacerda, anunciou os cursos pré-primário, primário, de admissão e ginasial – todos com programas executados "sob a mais moderna pedagogia" – além do "ultra-rápido e eficiente" curso de datilografia, taquigrafia e caligrafia. Tudo parecia correr bem. As aulas do primário tiveram início regular e cerca de 30 alunos fizeram inscrições e pagaram as taxas para o curso de admissão ao ginásio. As aulas deveriam começar no dia 17 e os pais já preparavam os filhos para o reinício das atividades escolares. No entanto, uma semana antes do começo das aulas, as famílias foram surpreendidas pela lamentável notícia: o Ginásio Brasil seria fechado (ibidem, 12.3.1941, p.4).

Muitos não acreditaram de início, mas logo precisaram tomar os procedimentos para a transferência apressada dos filhos. No meio de um intenso movimento de pais e alunos na secretaria, um funcionário explicava que o definitivo fechamento fora consequência dos prejuízos do ano anterior e da reduzida procura por matrículas do ano corrente. Os pais estavam consternados e lamentaram a "espinhosa situação financeira" a que haviam sido submetidos por ter de pagar taxas de matrículas dobradas e guias de transferências forçadas. Evidentemente, os alunos estavam perplexos com a situação: "Nós somos os grandes prejudicados. [...] O horário do Ginásio permitia que muitos de nós trabalhássemos durante o dia para poder pagar os estudos. Tendo que estudar durante todo o dia muitos de nós, não poderemos continuar o curso". Os professores também estavam desolados: "Isso é mau para nós. Uberaba vai ressentir-se da falta de um ginásio para as classes médias" (ibidem).

Com tudo isso, Mário Palmério vislumbrou nessa crise uma rara oportunidade para o crescimento de sua própria escola. Duas semanas depois do fechamento do ginásio, eis que o *Lavoura e Comércio* (25.3.1941, p.1) publica, em letras garrafais, na capa do jornal, o surpreendente título: "Não foi fechado o curso primário do Ginásio Brasil".

A CONSTRUÇÃO DO MITO MÁRIO PALMÉRIO 67

Se o leitor do jornal se dispusesse a ler toda a notícia, veria que isso era, na verdade, um comunicado de Mário Palmério, informando que os alunos do jardim da infância e do curso primário do Ginásio Brasil haviam sido imediatamente incorporados ao corpo discente do Liceu Triângulo Mineiro. Além disso, graças a um acordo com o próprio Moura Lacerda, a escola de Palmério logo passaria a funcionar no prédio do extinto ginásio, na Rua Coronel Manoel Borges n° 56 ("Folha de inspeção...", 1942, f.1). A maioria dos professores também seriam transferidos ao Liceu e não haveria modificação nas taxas ou no material escolar exigido aos alunos. Essa oportuna transação, somada às matrículas próprias do Liceu, explica aquele expressivo número de alunos em 1941.

Figura 14 – Edifício alugado ao Liceu Triângulo Mineiro, na Rua Coronel Manoel Borges n° 56, onde até fevereiro de 1941 funcionou o Ginásio Brasil.

Todavia, a parte principal desse comunicado estava apenas implícita em uma sutileza que quase passa despercebida. Em um trecho nos primeiros parágrafos, Mário Palmério afirmava que o curso secundário do Ginásio Brasil não havia sido propriamente extinto, mas apenas "interrompido" para o ano letivo de 1941. Logo veremos o que ele queria dizer com isso.

A partir de março de 1941, Mário Palmério passaria a conciliar a sua atuação no Liceu com outras atividades – um indício evidente de que, apesar do relativo sucesso, a escola por si só ainda não garantia um bom rendimento. E foi assim que o professor foi contratado para ministrar aulas de matemática no Ginásio Nossa Senhora das Dores ("Declaração, 1974), escola tradicional mantida pelas irmãs dominicanas. Além disso, Palmério procurou supervisionar e ministrar ele mesmo algumas aulas particulares de reforço para alunos ginasiais, tal como observamos nos seguintes anúncios publicados no *Lavoura e Comércio*.

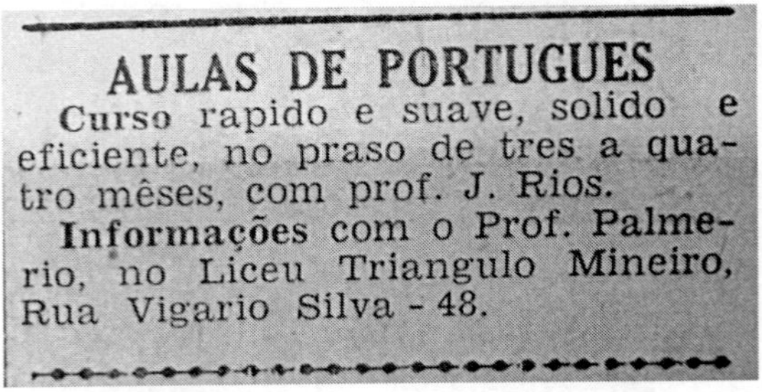
AULAS DE PORTUGUES
Curso rapido e suave, solido e eficiente, no praso de tres a quatro mêses, com prof. J. Rios.
Informações com o Prof. Palmerio, no Liceu Triangulo Mineiro, Rua Vigario Silva - 48.

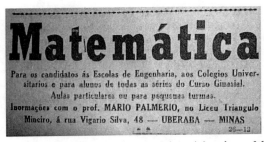

Figura 15 – Anúncio de aulas particulares de português, supervisionadas por Mário Palmério, publicado no *Lavoura e Comércio*, em 8 de fevereiro de 1941.

Matemática
Para os candidatos ás Escolas de Engenharia, aos Colegios Universitarios e para alunos de todas as séries do Curso Ginasial.
Aulas particulares ou para pequenas turmas.
Inormações com o prof. MARIO PALMERIO, no Liceu Triangulo Mineiro, á rua Vigario Silva, 48 — UBERABA — MINAS
26—12

Figura 16 – Anúncio de aulas particulares de matemática, ministradas por Mário Palmério, publicado no *Lavoura e Comércio*, em 3 de março de 1941.

Apesar de já ter obtido algum reconhecimento na cidade, até meados do ano observamos que o Liceu ainda gozava de pouca influência nos meios sociais e políticos da cidade. Em agosto de 1941, por exemplo, o prefeito Whady Nassif convocou uma reunião com professores e diretores para discutir a implementação da disciplina

A CONSTRUÇÃO DO MITO MÁRIO PALMÉRIO 69

educação física (Fontoura, 2003, p.152). Na ata, consta a presença das irmãs dominicanas (Colégio Nossa Senhora das Dores), dos irmãos maristas (Colégio Diocesano), de Alceu Novais (Colégio Souza Novais), de Edith França (Jardim da Infância Menino Jesus), além de diretores das escolas municipais e do grupo escolar ("Ata da reunião...", 1941). Mário e Lourencina não compareceram, e não há menções a um eventual convite a qualquer representante do Liceu Triângulo Mineiro. Por ser uma escola nitidamente laica, o Liceu era, de certa forma, desdenhado pelo jornal *Correio Católico*. Em junho de 1941, por exemplo, uma reportagem louvando o trabalho de Whady Nassif na prefeitura afirmou que a cidade contava com "ótimos estabelecimentos" na cidade, tais como: "Ginásio Diocesano, Escola de Comércio José Bonifácio, Colégio N. S. das Dores, Colégio Santa Terezinha, Escolas de Datilografia, Curso de Madureza etc." (*Correio Católico*, 28.6.1941, p.3). Ou seja, três meses depois da memorável transação em que o Liceu abrigara os alunos do extinto Ginásio Brasil, o jornal dos católicos preferiu não citá-lo entre os "ótimos" estabelecimentos de Uberaba, ainda que o fizesse indiretamente, mencionando de forma genérica o curso de madureza.

No entanto, Mário Palmério trabalhava muito para que o Liceu ocupasse o lugar social anteriormente destinado ao Ginásio Brasil. As novas instalações no edifício alugado na Rua Coronel Manoel Borges o encorajariam ainda mais no empenho em instalar o seu próprio ginásio. Assim, sem a participação de Lourencina – que, no segundo semestre de 1941, deixara a escola sob os cuidados do irmão –, Mário organizou a documentação e visitou pessoalmente a Divisão do Ensino Secundário do Departamento Nacional de Educação (DNE), na capital federal. Para isso, contou com o apoio decisivo do prefeito uberabense Whady Nassif, que interrompeu suas férias no Rio de Janeiro para intermediar o encontro de Palmério com as autoridades ministeriais (*Lavoura e Comércio*, 22.1.1942, p.6). Afinal, no dia 17 de dezembro de 1941, foi efetuado o requerimento de inspeção prévia para o mais novo curso secundário de Uberaba ("Relatório de inspeção...", 1942, f.2)). E foi assim que, uma semana depois, o *Lavoura e Comércio* (23.12.1941, p.6) publicou um anúncio que movimentaria a cidade:

70 ANDRÉ AZEVEDO DA FONSECA

Curso Ginasial
— DO —
LICEU TRIÂNGULO MINEIRO

AVISO Na ausencia do sr. diretor, prof. Mario Palmerio, que se acha no Rio, tratando da inspecção federal para o curso ginasial, atenderá o expediente da secretaria do Liceu, a sta. profa. Elda Nogueira, que fornecerá todas as informações relativas aos cursos mantidos pelo estabelecimento. Funcionará, a partir do dia 2 de janeiro proximo, o Curso de Admissão, ABSOLUTAMENTE GRATUITO, destinado a preparar os candidatos ao exame de admissão ao 1.º ano ginasial. O Liceu estará aberto de manhã, das 8 ás 11 horas e, á tarde, das 13 ás 17 horas. Funcionarão, sob inspecção federal, as 3 primeiras séries do curso ginasial, sendo aceitos alunos externos de ambos os sexos.

Figura 17 – Primeiro anúncio do curso ginasial do Liceu Triângulo Mineiro.

O Ginásio Triângulo Mineiro

"Quero, para Uberaba, um ginásio popular. Ao alcance de todos, cobrando taxas módicas, evitando uniformes caros e livros também custosos. Um ginásio que possa receber toda a população menos servida de fortuna" (ibidem, 26.12.1941, p.1). Foi assim, no dia 26 de dezembro de 1941, que Mário Palmério apresentou à cidade o curso ginasial do Liceu Triângulo Mineiro: a mais nova casa de ensino secundário de Uberaba, já em plena atividade administrativa, visando ao início das aulas do ano seguinte. Como podemos observar, é evidente o interesse de Palmério em levar adiante a proposta do extinto Ginásio Brasil: ensino secundário para as classes médias. O curso de admissão que seria ofertado a partir de 2 de janeiro, por exemplo, já trazia uma importante novidade: era "absolutamente gratuito" (ibidem, 23.12.1941, p.6). Contudo, o jovem empresário aprendera lições valiosas assistindo ao fracasso do Ginásio Brasil e, por isso, decidiu estruturar o seu próprio colégio de modo bem distinto.

Em primeiro lugar, o curso secundarista da escola de Mário Palmério foi criado em um período de transição da legislação educacional. Em abril de 1942, seria decretada a chamada Reforma Capanema (Brasil, 1942b), estabelecendo as bases de organização do ensino secundário. No entanto, as disposições transitórias (Brasil, 1942c) determinavam que os estabelecimentos sob inspeção preliminar continuassem seguin-

A CONSTRUÇÃO DO MITO MÁRIO PALMÉRIO 71

do as exigências das leis anteriores. Essa legislação (Brasil, 1932) exigia que, para ser oficializado, um ginásio precisava de edifício, instalações e material didático de acordo com as normas do departamento de ensino. Além disso, deveria contratar professores devidamente registrados no Ministério da Educação e Saúde Pública, assim como manter na direção uma pessoa de "notória competência e irrepreensível conduta moral". Por fim, a escola deveria manter garantias financeiras para o funcionamento regular, durante o período mínimo de dois anos.

Os requerimentos de reconhecimento oficial eram efetuados no mês de dezembro, de modo que, em janeiro, um inspetor era designado para verificar a estrutura da escola e elaborar um relatório. Em seguida, essa documentação era submetida ao parecer do diretor geral do DNE e à decisão do ministro. Satisfeitas as condições mínimas, o estabelecimento deveria ainda pagar a quota relativa à fiscalização para obter o regime de inspeção preliminar, que durava pelo menos dois anos. Com isso, o curso secundário já estava autorizado a funcionar. A concessão de inspeção permanente dependeria de um novo relatório, realizado dois ou três anos depois, quando seriam mais uma vez averiguadas as condições da escola.

Mário Palmério trabalharia muito desde o segundo semestre de 1941 para cumprir os requisitos da legislação. Certamente a transferência do Liceu para o edifício da Rua Coronel Manoel Borges foi determinante, mas não era tudo. Palmério precisou investir, por exemplo, em material didático – de globo terrestre a bússola, termômetro, barômetro e outros materiais para a sala de geografia; até eletroímãs, tubos de vidro, voltímetro, amperímetro e demais recursos para a sala de ciências físicas e naturais ("Relatório de inspeção...", 1942, f.3). Contudo, o investimento mais promissor foi a compra de um amplo terreno de 4.500 m² (25 metros de frente e 96 metros de fundo) na Avenida Guilherme Ferreira ("Escritura pública...", 1942), área central da cidade, realizada sob condições surpreendentemente favoráveis. Falaremos sobre isso mais adiante.

Augusto Afonso Neto foi o inspetor federal responsável pelo relatório de fiscalização prévia do Liceu Triângulo Mineiro. Afirmando que o proprietário do Liceu era um "moço que se vem dedicando, há vários

72 ANDRÉ AZEVEDO DA FONSECA

anos, ao magistério secundário", o fiscal confirmou que Palmério havia depositado 24 contos de réis em apólices federais da dívida pública, como garantia de funcionamento do curso. Além disso, ele conferiu a escritura de aquisição do terreno na Avenida Guilherme Ferreira, destinado às futuras obras da sede própria da escola. "O prédio em que funciona, atualmente, o estabelecimento, é alugado e o mobiliário e material didático é de propriedade do prof. Mário de Ascenção Palmério", aponta o relatório. "Não há capital registrado e o estabelecimento se mantém com as taxas e mensalidades pagas pelos alunos."

O edifício tinha dois pavimentos dispostos em forma de "L". A entrada geral era ampla e se localizava na parte central; além disso, havia duas portas laterais, o que permitia a fácil movimentação dos alunos. O prédio tinha 1.777 m^2 de área livre, além de uma área coberta constituída de um galpão de 110 m^2 e um alpendre de 31 m^2. Sobre a situação geral do imóvel, a avaliação foi, em geral, bastante positiva: "Vizinhança saudável, isenta de poeira e com as condições exigidas pela saúde pública"; "não há ruídos que obriguem o professor a elevar a voz"; "o trânsito [...] não oferece perigo aos alunos do estabelecimento. Não há linhas férreas ou de bondes, nas proximidades"; "não há casas de diversões na vizinhança"; e "o movimento da rua, perceptível somente nas salas da frente, não constitui influência que possa desviar atenção dos alunos" (Relatório de inspeção prévia, 1942). A edificação pareceu satisfatória nos itens "iluminação", "bebedouros" e "lavatórios", ainda que fosse mal pontuada em relação às caixas d'água e aos mictórios.

O inspetor registrou que a escola contava com cinco salas de aula onde estavam distribuídas 62 poltronas individuais com braço lateral e 44 carteiras duplas para servir aos alunos dos turnos da manhã e da tarde. (Por ocasião da inspeção, Mário Palmério garantiu já haver comprado mais 60 carteiras.) Além disso, havia um auditório, uma sala de geografia e outra de ciências físicas e naturais, um laboratório de física, química e história natural, uma sala de desenho, um recinto para os professores, uma sala de administração e uma biblioteca com acervo de 979 livros. "A distribuição das salas de aulas permite fácil fiscalização e boas condições de insolação, iluminação e ventilação", assinalou o relatório (ibidem).

A CONSTRUÇÃO DO MITO MÁRIO PALMÉRIO 73

Nesse período, o Liceu já contava com um nível mais avançado de profissionalização. O corpo administrativo era composto pelo diretor Durval Furtado de Castro, pelo secretário Benedito do Espírito Santo e pelo contador Geraldo Mendonça. Mário Palmério, diretor do Liceu até a data do pedido de inspeção, agora era o proprietário do estabelecimento, além de integrar o quadro de professores ("Relatório de inspeção...", 1942, f.1). "Quanto ao corpo docente, órgão principal de uma casa de ensino, procurei reunir os elementos que mais destacadamente se vêm batalhando em prol de uma instituição secundária" (Uberaba conta com mais um estabelecimento de ensino secundário, *Lavoura e Comércio*, 26.12.1941, p.1) – esclarecia o próprio Mário Palmério. Assim, ele convidou Santino Gomes de Matos, Milton Grandineti, Vitor de Carvalho Ramos, Ari Itamar Baeta Neves, Álvaro Guaritá, Urbano Canoas e José Mendonça para ministrar as aulas no ginásio: "Todos registrados no D.N.E. asseguram ao Liceu tranquilidade quanto às exigências governamentais e eficiência no desenvolvimento do longo e difícil programa do curso ginasial" (ibidem).

No entanto, como vimos, Mário Palmério não se conteve e, antes mesmo da visita do inspetor, já mandava publicar uma série de anúncios para promover todas as etapas dos cursos de sua escola. "Liceu Triângulo Mineiro funcionará sob inspeção federal", foi anunciado já no primeiro dia útil do ano (*Lavoura e Comércio*, 2.1.1942, p.6). Em 5 de janeiro, o Liceu propagandeou novamente o seu curso preparatório gratuito (ibidem, 5.1.1942, p.4); no dia 8, reiterou a gratuidade do curso e divulgou os exames de admissão (ibidem, 8.1.1942, p.5); no dia 17, informou sobre o início das aulas do primário e sobre os prazos de pedido de transferência ao ginásio (ibidem, 17.1942, p.2); no dia 30, anunciou o curso primário (ibidem, 30.1.1942, p.3); em 14 de fevereiro, insistiu sobre os prazos de transferência ao ginásio (ibidem, 14.2.1942, p.6); e, no dia 16, publicou o edital de exames de admissão (ibidem, 16.2.1942, p.4). Uma outra circunstância inesperada fez com que Mário Palmério ganhasse um pouco mais de tempo na organização de seu ginásio. Provavelmente devido às reformas educacionais que estavam sendo finalizadas, o governo estabeleceu no final de fevereiro que, naquele ano, as aulas começariam no dia 6 de abril (Brasil, 1942a).

Assim, no dia 13 de março, o Liceu anunciou a prorrogação das matrículas do curso secundário (*Lavoura e Comércio*, 13.3.1942, p.6).

Figura 18 – Anúncio do Liceu Triângulo Mineiro sob a perspectiva da inspeção federal.

Nesse período, Mário Palmério passou a manifestar a todos a sua esperança na boa vontade e na ativa colaboração dos uberabenses para o sucesso de sua empreitada. "É preciso que toda a cidade me auxilie. Preciso de alunos e mais alunos para manter o equilíbrio econômico" – instava, de modo bem franco, pelos jornais (Uberaba conta com mais um estabelecimento de ensino secundário, *Lavoura e Comércio*, 26.12.1941, p.1). O *Lavoura e Comércio* realizou uma verdadeira campanha para promover a escola que, naquele mês, se tornara indiscutivelmente um dos maiores e mais frequentes anunciantes do jornal.

Poucas iniciativas uberabenses se têm coroado de êxito tão completo como a da criação do curso ginasial do Liceu Triângulo Mineiro.

A CONSTRUÇÃO DO MITO MÁRIO PALMÉRIO 75

Mal a cidade foi sabedora do empreendimento levado a efeito pelo Sr. prof. Mário Palmério, inúmeras têm sido as provas de solidariedade e de encorajamento que vem recebendo o ilustre educador. (*Lavoura e Comércio*, 8.1.1942, p.4)

O jornal garantia que o Liceu vinha recebendo simpatia de "quase toda" a cidade: "Temos visto figuras do maior destaque em nossa sociedade transformadas em propagandistas entusiastas da novel casa de ensino, encaminhando à secretaria do Liceu amigos e conhecidos a fim de se inteirarem das condições que regem o seu funcionamento" (ibidem). Segundo o *Lavoura*, quase uma centena de alunos de ambos os sexos haviam se inscrito no curso de admissão.

Mário Palmério inaugurando este ano o curso ginasial do Liceu, francamente não parte para uma aventura de resultados incertos. Mas lança âncoras profundas para a estabilidade de uma instituição que conta com todos os elementos para uma vitória integral. O bafejo da opinião pública já se lhe faz sentir de maneira decisiva, numa matrícula de dezenas e dezenas de meninos e jovens de todas as camadas sociais da nossa terra. (ibidem, 16.1.1942, p.2)

José Mendonça, professor do Liceu, escreveu o seu próprio artigo para contribuir na mobilização de respaldo à escola.

É necessário que todos os uberabenses prestem, com patriótico entusiasmo, todo o seu apoio ao "Liceu Triângulo Mineiro".

E que nunca se diga que um estabelecimento de ensino, como o "Liceu Triângulo Mineiro" deixou de vingar e de prosperar, em Uberaba, por falta de amparo da população.

O "Liceu" há de triunfar, porque os uberabenses o querem. [...]

E temos certeza de que, com o "Liceu Triângulo Mineiro", Mário Palmério vai inscrever o seu nome entre os grandes benfeitores da nossa querida Uberaba. (ibidem, 26.1.1942, p.2)

Até mesmo o prefeito Whady Nassif, que atuara junto aos meios oficiais para agilizar o processo de reconhecimento, fez questão de se

76 ANDRÉ AZEVEDO DA FONSECA

manifestar pelo *Lavoura e Comércio* (22.1.1942, p.6) por ocasião da criação do ginásio do Liceu: "O sr. prof. Mário Palmério, a quem dou o meu mais absoluto apoio e a mais inteira cooperação da Prefeitura Municipal, merece, indiscutivelmente, a confiança dos poderes públicos".

Desse modo, vemos que o jovem professor foi conquistando passo a passo a crescente simpatia de diversos setores da cidade. Palmério obteve, por exemplo, um importante auxílio financeiro do industrial Vitório Marçola na implementação do Liceu (ibidem, 6.7.1943, p.2). Contudo, o maior e mais efetivo respaldo recebido naquele e nos próximos anos – e que determinaria de fato a arrancada e a definitiva estabilidade do Liceu – viria de uma surpreendente ação filantrópica de um dos mais prósperos banqueiros e pecuaristas do Triângulo Mineiro. Trata-se de Afrânio Azevedo, uma espécie incomum, talvez única entre a elite dos criadores de gado da região.

Afrânio Francisco de Azevedo nasceu em Uberaba, no dia 7 de julho de 1910. Aos 16 anos, trabalhou como professor na zona rural, no distrito de Veríssimo, e mais tarde foi funcionário subalterno do Banco do Comércio e da Indústria de Minas Gerais, em Uberlândia. No entanto, ele retornou a Uberaba e, sem condições de cursar o ginásio, decidiu fazer o curso de perito-contador na Escola de Comércio José Bonifácio e se tornou um habilidoso datilógrafo. Com isso, passou a ser funcionário do Banco do Brasil, até que, em 1936, foi transferido para Uberlândia para participar da instalação da primeira agência daquele banco na cidade. Na cidade vizinha, Azevedo se associou ao fazendeiro Argemiro Lopes e juntos fundaram, no início da década de 1940, a Casa Bancária Lopes & Azevedo – que depois passou a se chamar Freitas & Azevedo, devido à sociedade com Olympio de Freitas, seu sogro. Contudo, em 1945, o banco encerraria as atividades, e Afrânio Azevedo passaria a se dedicar à agricultura e à pecuária em Minas Gerais, São Paulo e Goiás.

Afrânio Azevedo era, naquele ano de 1941, proprietário da Fazenda Velha de Cima, conhecida pela excelência de seu gado (*O Triângulo*, 11.5.1941, p.6). O pecuarista foi também maçom irmanado à Loja Estrela Uberabense ("Extracto da acta...", 1943) e seguidor da doutrina espírita kardecista. Em 1946, filiado ao Partido Comunista do

A CONSTRUÇÃO DO MITO MÁRIO PALMÉRIO   77

Brasil (PCB), concorreria a um mandato na Câmara Federal e, no ano seguinte, se elegeria deputado estadual na Assembleia Constituinte de Goiás. Casado com Joaninha de Freitas, o fazendeiro teve seis filhos: José Olympio, Mário Augusto, Martha, Afrânio Marciliano, Francisco Humberto e Marcos. Esse experimentado banqueiro-fazendeiro-maçom-espírita--comunista, diretor da Cia. Pecuária Canadá e criador de prodigiosos touros vencedores de certames agropecuários (*Lavoura e Comércio*, 10.7.1944, p.6) era possuidor de fortuna invejável naqueles anos 1940. No entanto, vez ou outra, ele costumava mencionar o seu passado repleto de dificuldades financeiras.

> Também eu vivi 26 anos [...] ganhando o estritamente necessário à minha subsistência e de minha família, que foi sempre numerosa e da qual sempre fui arrimo. Quis estudar, tinha inteligência e vontade, mas não podia pagar escola. Mendiguei curso ginasial gratuito na minha grande Uberaba e me negaram escola. (*Lavoura e Comércio*, 11.12.1944, p.2)

A escola uberabense que tanto magoara Afrânio Azevedo era, evidentemente, o Ginásio Diocesano, dos irmãos maristas. E como podemos observar, o ressentimento perdurara. Mas Azevedo declarava que essa frustração o levara a uma verdadeira "ideia fixa" em relação ao problema educacional das crianças pobres: "A mim que estou hoje num plano melhor de situação econômica, minha consciência dita e exige que eu faça a essas crianças o que não puderam e não quiseram fazer por mim" (ibidem). E foi assim que Afrânio Azevedo e o professor Mário Palmério se aproximaram.

Em 23 de janeiro de 1942 – pouco antes da visita do inspetor ao Liceu –, Palmério adquiriu de Azevedo, pelo preço de dez contos de réis, aquele valioso terreno de 4.500 m² localizado na Avenida Guilherme Ferreira. Essa área estava sob usufruto do orfanato Santo Eduardo – que não a utilizava – e era vizinha à Loja Maçônica Estrela Uberabense. No ato da escritura, o fazendeiro afirmou que já havia recebido do professor o pagamento em "plena e irrevogável quitação". O que se

78 ANDRÉ AZEVEDO DA FONSECA

comentava na imprensa era que Azevedo havia cedido, "em condições excepcionais, uma das melhores e maiores áreas de terreno do centro da cidade" para a futura sede do Liceu (ibidem, 28.7.1943, p.1).

No entanto, o incentivo realmente decisivo veio quando Azevedo se comprometeu a custear no Liceu Triângulo Mineiro os estudos de 30 crianças pobres, incluindo matrículas, uniformes, materiais escolares e anuidades, durante toda a duração do curso secundário. "Afrânio Azevedo consagrou-se por mais esse gesto, o grande benfeitor de nossa terra, o grande amigo dos pobres e dos sofredores" – registrou o *Lavoura e Comércio* (8.1.1942, p.4). Como vemos, Azevedo não deixou de desfrutar, graças ao seu ato, dos louvores do circuito de amabilidades:

> Nunca é demais elogiar a decisão do sr. Afrânio Azevedo de manter à sua custa trinta alunos pobres num dos estabelecimentos de ensino desta cidade. Mesmo porque não conhecemos gesto igual ao do adiantado pecuarista uberabense, dentro de um plano tão largo de filantropia. Só mesmo os que privam com o sr. Afrânio Azevedo, os que conhecem os tesouros de bondade do seu coração e a largueza de vistas do seu espírito, não duvidam da verdade de uma dádiva tão generosa. (ibidem, 16.1.1942, p.2)

Além da evidente sintonia com o projeto de um ginásio popular, não é um despropósito supor que, em seu íntimo, Azevedo era encorajado também pelo ressentimento em relação aos irmãos maristas; de modo que, por meio desse vistoso apoio ao Liceu, não deixava de empreender uma espécie de desforra ao Ginásio Diocesano. A sua própria infância sem escola, dizia, era a força que impulsionava a sua intenção em executar "planos magníficos" voltados à criança que "não tem culpa de ser pobre e por ser pobre não pode estudar". Assim, nos anos seguintes, ele ampliaria gradativamente o número de crianças e jovens beneficiados, de modo que, em 1945, segundo seu próprio relato, cerca de 120 alunos nas diversas séries dos cursos primário e ginasial da escola de Palmério teriam estudado à custa do pecuarista (ibidem, 11.12.1944, p.2). Essa matrícula em massa garantiria ao ginásio uma estreia absolutamente bem-sucedida.

A CONSTRUÇÃO DO MITO MÁRIO PALMÉRIO 79

O próprio Mário Palmério, entretanto, teve o cuidado de afirmar que sua intenção, ao instituir o ginásio no Liceu, não era fazer concorrência com o Diocesano ou com o Nossa Senhora das Dores:

> Enganam-se completamente aqueles que julgam o Liceu Triângulo Mineiro pretendendo concorrer com as demais casas de ensino de Uberaba. Meus primeiros mestres, os Irmãos Maristas, educadores de fama universal, e as igualmente renomadas Irmãs Dominicanas, representam, com sua presença em Uberaba, um benefício incalculável para nossa cidade. [...] Infelizmente, porém, a população uberabense não pode encontrar ginásios para todos os seus filhos. São inúmeras as matrículas recusadas por esses dois grandes educandários. O Liceu Triângulo Mineiro nasceu com a pretensão de receber esses alunos e de lhes dar uma educação secundária eficiente. Pensamos, assim, colaborar estreitamente com os Irmãos Maristas e com as Irmãs Dominicanas, visando um único fim: servir Uberaba, cidade que cresce dia a dia e que já se via a braços com esses problemas: mais um ginásio para seus filhos. (ibidem, 9.5.1940, p.2)

De fato, em Minas Gerais, em 1941, existiam apenas 118 escolas de ensino secundário em todo o Estado (Instituto Brasileiro de Geografia e Estatística, 1941), onde concluíram o curso 2.212 alunos – um número muito baixo, tendo em vista que, nesse mesmo ano, 43.715 crianças haviam terminado o ensino primário (ibidem, 1946). Ou seja, para cada cem dos concluintes do primário, havia apenas cinco terminando o secundário.[9] Isso indicava ainda o tamanho da demanda não atendida em educação ginasial. É claro que havia muitos fatores que impediam o acesso das camadas médias ao ensino secundário, mas não há dúvidas de que dois sérios obstáculos eram o custo da anuidade e, como vimos, a insuficiência de estabelecimentos. Portanto, essa parceria em que Mário Palmério entrava com a escola e Afrânio Azevedo com os recursos tinha tudo para dar certo.

---

9 Os dados do Instituto Brasileiro de Geografia e Estatística (1946) não esclarecem se esse número se refere ao ensino secundário fundamental ou complementar.

80 ANDRÉ AZEVEDO DA FONSECA

E foi assim que, no dia 21 de fevereiro de 1942, sob a fiscalização do inspetor Augusto Afonso Neto (*Lavoura e Comércio*, 16.2.1942, p.4), 71 candidatos fizeram os exames de admissão ao Ginásio Triângulo Mineiro, entretanto dez foram reprovados e um não compareceu. Contudo, as matrículas para a 1ª série foram um sucesso e ainda contaram com um pequeno acréscimo de cinco alunos transferidos de outros ginásios – dois do Diocesano; dois do São Luis, de Prata (MG); e um do Grambery, de Juiz de Fora (MG) ("Relatório para divisão...", 1942); por isso, a escola precisou abrir duas turmas para abrigar os 65 alunos.

No que diz respeito à 2ª série, naquele ano inaugural, a turma foi toda formada, evidentemente, tendo por base alunos transferidos de outros ginásios. E se Mário Palmério garantia que a sua escola não queria concorrer com as casas de ensino tradicionais de Uberaba, o Ginásio Triângulo Mineiro não deixou de causar uma considerável perturbação nas turmas daquele ano. Dos 16 alunos e alunas transferidos no início do ano, oito eram do Diocesano e quatro do Nossa Senhora das Dores – além de mais dois do Diocesano São Luis de Gonzaga, em Guaxupé (MG), um do Ginásio Afonso Arinos, de Belo Horizonte, e um do Ginásio São Sebastião, de Igarapava (SP) (ibidem). Com tudo isso, o curso ginasial do Liceu iniciou as atividades com o respeitável número de 81 alunos.

> Com a maior animação e uma frequência verdadeiramente extraordinária, para o seu primeiro ano de funcionamento, iniciaram-se hoje, as aulas do Liceu Triângulo Mineiro de Uberaba, a vitoriosa casa de ensino que obedece à orientação criteriosa e segura do conhecido educador prof. Mário Palmério.
>
> A primeira série do curso ginasial teve de ser desdobrada em vista de contar com mais de 70 alunos. (*Lavoura e Comércio*, 7.4.1942, p.5)

A Tabela 3 mostra o tamanho do Liceu Triângulo Mineiro em número de alunos, de acordo com o quadro geral de matrículas em abril de 1942.

A CONSTRUÇÃO DO MITO MÁRIO PALMÉRIO 81

Tabela 3 – Matrícula geral no Liceu Triângulo Mineiro em 1942

		Cursos			
		Secundário		Primário	
		Masc.	Fem.	Masc.	Fem.
Turno da manhã	1ª série	37	28	33	21
	2ª série	11	5	21	7
	3ª série	X	X	21	11
	4ª série	X	X	33	5
	5ª série	X	X	X	X

No final do ano letivo, considerada a evasão, uma das turmas concluiu a série com 28 alunos e a outra com 25 alunos ("Boletim geral...", 1942). Um edital publicado nos jornais anunciava a aprovação (em primeira chamada e primeira época) de 22 alunos da turma "A" e de todos os 25 da turma "B" (*Lavoura e Comércio*, 11.12.1942, p.2). A legislação da época exigia que os estabelecimentos frequentados por homens e mulheres deveriam abrir classes separadas; a abertura de turmas mistas deveria ser justificada e dependia de autorização especial (Brasil, 1942b). Assim, no Liceu, a turma "A" da 1ª série ginasial foi masculina, e a "B", feminina.

A 2ª série, por sua vez, fechou o ano com 18 alunos – alguns deles haviam cursado a 1ª série no extinto Ginásio Brasil, em 1940 ("Boletim geral...", 1942). A evasão de apenas um estudante foi compensada pela entrada de mais três no decorrer do ano. Todavia, como era economicamente inviável a separação desses alunos e alunas em turmas distintas, a série foi autorizada a funcionar em regime misto. Por fim, não há documentação sobre a 3ª série; na verdade, Mário Palmério até chegou a anunciar, mas, por fim, decidiu não abrir a turma naquele ano, talvez já prevendo que a série teria poucos alunos e traria prejuízos à escola, tal como ocorrera na estreia do Ginásio Brasil.

A despeito de toda essa movimentação, Mário Palmério conciliaria essas atividades com as aulas que ainda ministrava no Ginásio Nossa Senhora das Dores até novembro de 1942, quando decidiu se desligar ("Declaração", 1974) para dedicar-se integralmente à sua próxima empreitada: a criação da Escola de Comércio do Triângulo Mineiro, projeto que acalentava desde os primeiros tempos do Liceu.

A Escola de Comércio do Triângulo Mineiro

No dia 24 de dezembro de 1942, o Liceu Triângulo Mineiro publicou um anúncio que mais uma vez movimentou a cidade.

Figura 19 – Anúncio da Escola de Comércio Triângulo Mineiro publicado no *Lavoura e Comércio*, em 24 de dezembro de 1942.

A peça publicitária informava que, em fevereiro de 1943, o Liceu Triângulo Mineiro daria início aos cursos propedêutico e de perito-contador da Escola de Comércio do Triângulo Mineiro.[10] As aulas seriam ministradas no período noturno e contariam com turmas mistas. O curso preparatório aos exames de admissão era "absolutamente gratuito",[11] e aqueles que desejassem efetuar a transferência já deveriam procurar a secretaria. No entanto, ao contrário daquele ímpeto improvisado no anúncio da Faculdade de Comércio em 1940, desta vez o Liceu já contava com alguma estrutura física, e, assim, Mário Palmério se preparou como pôde para a fiscalização.

---

10 O Decreto-lei nº 1.535 de 23 de agosto de 1939 estabelecera que o "Curso de Perito-contador" deveria se chamar apenas "Curso de Contador". No entanto, nesse anúncio, a escola ainda utilizou a denominação antiga (Brasil, 1939).

11 Não deixa de ser interessante notar que a escola que começara suas atividades justamente com cursos de admissão agora se dava ao luxo de oferecê-los gratuitamente.

A CONSTRUÇÃO DO MITO MÁRIO PALMÉRIO   83

Para obterem a licença prévia, as escolas de comércio deveriam se submeter à inspeção da Superintendência de Fiscalização dos Estabelecimentos de Ensino Comercial e comprovar a observância de uma série de exigências da legislação, que regulava os detalhes da organização didática e do regime escolar (Brasil, 1931). No início do processo, um inspetor federal era especialmente designado para empreender uma vistoria pormenorizada do estabelecimento e, em seguida, passava a exigir relatórios mensais sobre o cotidiano da escola. Veremos, adiante, quais foram as impressões da inspetoria em relação à Escola de Comércio do Triângulo Mineiro. Mas antes de tudo é interessante investigar as prováveis motivações que levaram o jovem Mário a abrir uma escola dessa natureza em Uberaba.

Como vimos, a formação em contabilidade exigia três anos de curso propedêutico e mais três do curso técnico propriamente dito. Também já tivemos a oportunidade de observar que a política educacional daquele tempo efetuara uma verdadeira bifurcação no sistema de ensino secundário, de modo que, se o ginásio e o colégio eram destinados às "individualidades condutoras", os cursos propedêuticos das escolas técnicas deveriam oferecer ensino pré-vocacional "às classes menos favorecidas". É importante notar que o propedêutico habilitava os alunos apenas ao ensino profissionalizante e não conferia o direito de prestar exames nas faculdades.

Com a Reforma Capanema de 1942, o ensino secundário oficialmente reconhecido passara a ser ministrado em dois ciclos: o primeiro era compreendido pelo curso "ginasial", com duração de quatro anos; em seguida o aluno tinha a opção de prosseguir os estudos de segundo ciclo em um dos dois cursos: o "clássico" ou o "científico", cada qual com duração de três anos. No curso clássico, os conteúdos eram marcados pela ênfase em filosofia e letras; no científico, a formação se concentrava no estudo de ciências. O segundo ciclo era etapa obrigatória para aqueles que desejavam ingressar no ensino superior. E no que diz respeito à caracterização das escolas secundárias, a legislação determinava duas designações oficiais: "ginásio" e "colégio". O ginásio seria aquele autorizado a ministrar o 1º ciclo; o colégio, além do ensino ginasial, era destinado aos cursos clássico e científico. A partir dessa lei,

84 ANDRÉ AZEVEDO DA FONSECA

todas as escolas secundárias deveriam se chamar ginásio ou colégio, de modo que essas denominações estariam vedadas a estabelecimentos que ofereciam outros níveis de ensino (Brasil, 1942b).

Em 1942, o Liceu Triângulo Mineiro obtivera autorização prévia para funcionar apenas como ginásio. Ou seja, ele ainda não poderia oferecer os cursos clássico e científico. Por isso, seus alunos deveriam procurar outros colégios caso desejassem cursar o 2º ciclo, com vistas ao ingresso no ensino superior. O Ginásio Nossa Senhora das Dores (Brasil, 1943a) e o Ginásio Diocesano (ibidem, 1943b) conquistariam praticamente juntos, nos dias 1º e 2 de março de 1943, a prerrogativa de colégio. Entretanto, ora, se a proposta do Liceu era a instituição de um estabelecimento de ensino de caráter popular, Mário Palmério vislumbrou na escola de comércio uma alternativa mais imediata para oferecer "às classes menos favorecidas" a oportunidade de prosseguir os estudos, ainda que nos termos da política educacional do Estado Novo. Devemos observar que a legislação do ensino comercial estabelecera a obrigatoriedade do diploma aos contadores, de modo que os profissionais práticos tiveram que se submeter a exames de habilitação, pois somente os diplomados poderiam assinar balanços, livros comerciais, assim como petições de falências e concordatas. A lei estabelecia também que os profissionais formados nas escolas técnicas teriam preferência no provimento dos cargos de fiscais de bancos e de companhias de seguros, além da primazia na nomeação em concursos ou para a prestação de serviço em repartições públicas e empresas concessionárias de serviços públicos (ibidem, 1931). Desse modo, ao contrário da longínqua e mesmo inacessível faculdade, a carreira de contador parecia uma opção mais tangível aos projetos de ascensão social dos filhos das classes médias. É preciso assinalar que Palmério não deixava de trabalhar também para a criação de seu próprio curso colegial. A instrução comercial, frisemos uma vez mais, era, naquele momento, uma alternativa mais à mão para responder de imediato à demanda das classes médias.

No entanto, em um índice que não deixa de sugerir a fragilidade econômica da cidade, em 1943 matricularam-se apenas dez estudantes no curso propedêutico da Escola de Comércio do Triângulo Mineiro

A CONSTRUÇÃO DO MITO MÁRIO PALMÉRIO 85

("Relação dos alunos matriculados...", 1943). A faixa etária da turma variava entre os 12 e os 21 anos. Isso significa que a 1ª série foi composta por alguns alunos que haviam concluído o primário há vários anos. Seis estudantes eram uberabenses e os outros procediam de Ribeirão Preto (SP), Patrocínio (MG) e Araxá (MG).[12] Apenas um deles, com 16 anos de idade, veio transferido do próprio Ginásio Triângulo Mineiro, talvez porque a família acreditasse que o curso técnico poderia ser mais útil do que o ginasial. Ninguém da tradicional Escola de Comércio José Bonifácio decidiu se transferir à escola de Palmério. Por tudo isso, naquele ano, o curso comercial do Liceu funcionaria apenas com a 1ª série do curso propedêutico, pois o estabelecimento não conseguira formar a turma para o curso técnico. No ano seguinte, a despeito da evasão, os resultados das novas matrículas foram melhores. Vinte e seis alunos ingressaram na 1ª série, apesar de apenas sete terem prosseguido na 2ª série ("Dados estatísticos...", 1944).

O engenheiro Abel Reis, ex-diretor do extinto Ginásio Brasil, foi o inspetor designado para acompanhar a Escola de Comércio Triângulo Mineiro. As vistorias eram realizadas quase que diariamente. Reis fiscalizou os exames de admissão entre 3 e 5 de março de 1943, reuniu-se com Palmério no dia 6 para estabelecer os horários das disciplinas, conferiu os registros dos professores e atestou o funcionamento regular das aulas a partir do dia 12 daquele mês. Mas o criterioso inspetor logo passaria a apontar algumas deficiências da escola. Na visita do dia 2 de abril, por exemplo, Reis observou que apenas duas aulas haviam sido ministradas, em vez de três, de forma que os alunos tiveram que sair mais cedo. No dia 5 de maio, não houve aula de inglês porque o professor não apareceu. No dia 20, como Palmério não havia apresentado os relatórios mensais no prazo fixado, Reis chamou a atenção do diretor para a necessidade de fazê-lo. Em outra ocasião, o inspetor solicitou que os dados do relatório fossem registrados com caligrafia mais legível. No ano seguinte, o inspetor apontaria problemas tais como:

---

12 Não se sabe se esses estudantes já residiam na cidade.

86 ANDRÉ AZEVEDO DA FONSECA

31 de maio de 1944

Em visita de inspeção a esta escola, que funcionou com bastante irregularidades, não houve aula do 2º ano do C. Comercial Básico e, no 1º ano do mesmo curso, houve apenas aula de matemática, com frequência muito reduzida de alunos.

[...]

12 de julho de 1944

[...] Chamo a atenção da Diretoria do estabelecimento para a necessidade que há de os professores preencherem o verso do diário de classe (resumo da matéria lecionada) na medida de cada aula dada.

Em síntese, os atrasos nos relatórios mensais, as faltas dos professores e o preenchimento inadequado de diários de classe eram os descuidos mais frequentes. Porém, é preciso dizer que esses problemas eram pontuais, e, segundo o relatório, naqueles dois primeiros anos a escola funcionou em conformidade com as exigências da lei.

Todavia, o aspecto verdadeiramente notável é que, em 1943, Mário Palmério conseguira consolidar o Liceu Triângulo Mineiro por meio da acumulação sucessiva dos cursos pré-primário, primário, ginasial e comercial que contavam, em conjunto, com cerca de 350 alunos (*Lavoura e Comércio*, 6.7.1943, p.2). Em outro sinal da prosperidade da escola, em abril desse ano, o curso ginasial, que até então funcionava sob o regime de inspeção prévia, obteve a prerrogativa de "inspeção preliminar" (Frange, 1945) – o que significava mais um passo para o reconhecimento oficial definitivo. Essa rápida ascensão empresarial encorajou ainda mais o jovem diretor a insistir em um plano que muitos consideraram precipitado e temerário: a construção de um monumental complexo de edifícios para abrigar a sede própria da escola.

O Colégio Triângulo Mineiro

Em meados de 1943, Mário Palmério viajou a Belo Horizonte para negociar na Caixa Econômica Federal a concessão de um volumoso financiamento para edificar as novas instalações do seu ginásio. Para isso, ele procurou e obteve a intermediação de Carlos Prates, o recém--nomeado prefeito de Uberaba, que ainda não havia tomado posse do cargo e sequer conhecia a cidade. O próprio Mário Palmério foi à imprensa para propagandear a iniciativa:

> O aumento crescente dos alunos e pedido crescente de novas matrículas para os diversos cursos do Liceu [...] vinham tornando o velho edifício da Rua Manoel Borges, atual sede do Liceu, inteiramente inadequado para as finalidades que se têm em vista. Só um novo [colégio] construído em local apropriado e tendo os requisitos indispensáveis de acordo com a moderna técnica das construções escolares, é que poderia resolver, de vez, o problema. (*Lavoura e Comércio*, 6.7.1943, p.2)

No entanto, desvanecido por todo aquele imaginário grandiloquente da cidade, o jovem e presunçoso professor parecia arriscar-se excessivamente em relação à viabilidade de suas pretensões, de modo mesmo a levar os céticos a suspeitarem de que tudo não se passava de um talentoso blefe. Mal o gerente da Caixa havia se manifestado "disposto" a negociar, por exemplo, o professor já correu a anunciar pelos jornais que o edifício de sua escola não seria apenas o mais equipado de Uberaba, mas "um dos melhores do Brasil e o mais moderno do Brasil Central". O projeto de autoria do engenheiro Abel Reis (o mesmo inspetor da Escola de Comércio) e traçado pela Construtora Brasil Central previa a construção de seis pavilhões independentes, onde seriam instalados, respectivamente: 1. a seção de administração, a biblioteca, a sala de professores e o auditório; 2. as doze salas de aulas e os alojamentos para alunos internos; 3. os laboratórios de física, química, geografia e desenho, assim como a "sala-museu" das disciplinas de história; 4. o refeitório e a cozinha; 5. o ginásio de educação física; 6. e os vestiários. O pavilhão central teria o nome de "Vitório Marçola", uma homenagem de Mário Palmério ao industrial que o auxiliou "moral e financeiramente" na criação do Liceu (*Lavoura e Comércio*, 6.7.1943, p.2). Outro importante pavilhão, um dos "maiores e mais suntuosos", nas palavras do *Lavoura e Comércio* (28.7.1943, p.1), seria batizado de "Afrânio Azevedo" – um reconhecimento ao célebre pecuarista que apadrinhava dezenas de alunos.

Figura 20 – Projeto da sede própria do Ginásio do Triângulo Mineiro publicado no *Lavoura e Comércio*, em julho de 1943.

As negociações com a Caixa Econômica Federal, entretanto, não foram propriamente tranquilas, pois o banco exigia uma série de garantias que Mário Palmério só poderia oferecer se obtivesse apoio decisivo na cidade. O terreno já havia sido comprado. O projeto que Palmério encomendara à Construtora Brasil Central foi apresentado diretamente a Julio Marinho, diretor-presidente da Caixa, que acabou sendo convencido do mérito da iniciativa – ainda que, como vimos, o prefeito Carlos Prates tenha atuado fortemente para interceder a favor de Palmério. Toda a arquitetura da escola observaria as determinações da legislação: "As salas em anfiteatro, fartamente iluminadas, ensolaradas e arejadas, representam um ambiente são ao abrigo de todos os inconvenientes". Por fim, o espaço para as práticas esportivas,

A CONSTRUÇÃO DO MITO MÁRIO PALMÉRIO 89

esclarecia o diretor, seria rigorosamente submetido às recomendações da Divisão de Educação Física do Ministério da Educação (ibidem, 6.7.1943, p.2).

Enquanto prosseguiam as conversações, Mário Palmério se empenhava para conferir visibilidade à sua escola. Em meados de julho de 1943, por exemplo, o curso primário do Liceu Triângulo Mineiro completou o terceiro aniversário; aproveitando a oportunidade, o diretor da escola cuidou de procurar o *Lavoura e Comércio* para espetacularizar a efeméride. E o jornal não deixou de fazer sua parte: ao registrar que o "conceituado educandário" sob a "esclarecida orientação" do jovem professor prestava "bons e profícuos serviços" à causa da educação na cidade, o jornal manifestou com júbilo os seus votos de prosperidade (ibidem, 19.7.1943, p.4). No fim do mês, o *Lavoura* assegurava que os cálculos para a construção do novo Liceu Triângulo Mineiro já estavam concluídos, de modo que já, nos primeiros dias de agosto, a Caixa firmaria o contrato e Mário Palmério daria início às obras (ibidem, 28.7.1943, p.1). No entanto, julho, agosto e setembro se passaram sem que o banco anunciasse sua posição...

Contudo, apenas aqueles que duvidavam da pertinácia do professor se surpreenderam ao lerem nos jornais que, no dia 10 de outubro de 1943, depois de vários meses de negociação, Mário Palmério, com apenas 27 anos de idade, finalmente assina com a Caixa Econômica Federal o contrato de financiamento para a construção do Ginásio do Triângulo Mineiro (ibidem, 11.10.1943, p.6). "Uberaba contará com um estabelecimento de ensino dos melhores de todo o país", exultou o *Lavoura e Comércio*. O conjunto "grandioso e majestoso" de edifícios custaria quase dois milhões de cruzeiros[13] e seria executado pela construtora Soutello e Cia. Ltda., de São Paulo, que teria apenas um ano para concluí-lo. Nas palavras do jornal, a Caixa contribuía decisivamente para o empreendimento, pois assegurava os recursos "a prazo longo e a juros módicos". De acordo com um relatório posterior, o empréstimo deveria ser amortizado por meio de anuidades de 180 mil cruzeiros por um prazo de 15 anos ("Relatório para efeito...", 1947).

---

13 O relatório de inspeção de 1945 menciona o valor de Cr$ 1.895.

O *Lavoura* noticiou com muito destaque o fato de que as novas instalações do Ginásio Triângulo Mineiro teriam condições de abrigar mais de mil alunos, sendo 400 internos.

Sua praça de esportes, completíssima, terá todos os aparelhamentos e instalações, inclusive uma magnífica piscina oficial e um "Gymnasium" coberto, segundo os moldes dos mais modernos construídos no país. Seus laboratórios, salas de aula, "auditorium" para conferências e projeção de filmes sonoros e educativos, biblioteca e outras instalações, fazem do novo Ginásio do Triângulo Mineiro uma casa de ensino, não só perfeita e completa, como moderníssima, elevando, assim, o nível cultural desta vastíssima região. (*Lavoura e Comércio*, 11.10.1943, p.6)

E no mesmo dia em que o *Lavoura* noticiava a assinatura do contrato, Mário Palmério mandava publicar o anúncio das atividades da escola para o ano seguinte, já ostentando na peça publicitária o desenho das futuras instalações – ainda que, na prática, as aulas viessem a ser ministradas no velho edifício da Rua Coronel Manoel Borges, pois as obras da sede própria não haviam sido iniciadas.

Figura 21 – O anúncio do Ginásio do Triângulo Mineiro publicado no *Lavoura e Comércio*, em 11 de outubro de 1943, ostentava o desenho das futuras instalações dos seis pavilhões e da piscina olímpica.

Com isso, adiantando-se a todas as escolas da região – que em geral começavam a anunciar apenas em fins de dezembro ou princípios de janeiro do ano seguinte –, Palmério já propagandeava o seu estabelecimento de ensino em outubro. E em novembro, aproveitando ainda a repercussão da notícia do financiamento, o diretor anteciparia também a propaganda dos exames de admissão ao ginásio e à escola de comércio.

Figuras 22 e 23 – Anúncios do Ginásio do Triângulo Mineiro e da Escola de Comércio do Triângulo Mineiro publicados no *Lavoura e Comércio*, em 18 de novembro de 1943.

Evidentemente, a imprensa saudou as boas-novas com muito entusiasmo. Santino Gomes de Matos, professor do Ginásio Triângulo Mineiro, escreveu que o empreendimento era "uma das mais ousadas iniciativas" que já haviam sido tomadas na cidade. "Aos tímidos, às vezes assalta uma dúvida da temeridade com que se tempera o sonho alto do conhecido educador uberabense", escreveu o redator, referindo-se a Mário Palmério. "O que outros conseguiram em anos e anos de ímprobo trabalho e desenganada persistência, amealhando grão a grão, ele o quer conseguir de uma vez, como se a obra já saísse completa, de dentro da lâmpada maravilhosa de Aladino." Porém, nesse ímpeto empreendedor, argumentava Gomes de Matos, podia-se encontrar uma manifestação inequívoca do "espírito da época":

> Os passos de cágado ficaram para o tempo do carro-de-boi, com velhos mamíferos ruminando capins e sonolências contemplativos. Hoje, quem quiser acompanhar a vertigem dos tempos, tem de acertar o cronômetro nos últimos limites de velocidade.
>
> Assim é que julgamos a mocidade rija e entusiástica do Prof. Mário Palmério a maior carta de trunfo com que joga, na sua grandiosa aventura.

92 ANDRÉ AZEVEDO DA FONSECA

A inspiração para dominar e anular as dificuldades que surgirem, mais tarde, virá na hora devida. O essencial está na realização plena da obra monumental que dará a Uberaba, um dos melhores e mais bem aparelhados estabelecimentos de ensino do Brasil. (ibidem, 2.2.1944, p.2)

Por seu turno, intrometendo-se entre pilhas de tijolos e aconchegando-se nos emaranhados dos suportes das lajes de cimento para conversar animadamente com pedreiros, mestre de obras e engenheiro, o próprio Mário Palmério acompanhou intimamente todas as etapas da edificação da escola, de modo que, em pouco tempo, a sua compreensível excitação se transformou num prazer incansável em exibir aos interlocutores a sua capacidade de explicar didaticamente cada um dos detalhes da construção. Nas matérias do *Lavoura e Comércio* (14.7.1944, p.2), o repórter vez ou outra fazia referências ao "entusiasmo transbordante" daquele jovem que, vestido sempre com a sua já clássica camisa esportiva, se dispunha a falar interminavelmente sobre a sua escola: "Já nos tínhamos ausentado do local da construção e continuava o prof. Mário Palmério a falar sobre o seu Ginásio".

Os prédios teriam apenas dois pavimentos, esclarecia Palmério, por causa da estrita observância às instruções do Ministério da Educação, que desaconselhava estabelecimentos de ensino com mais de dois andares. "Escadas e elevadores são seríssimos inconvenientes num colégio onde crianças vivem, correndo, alegres, pelos seus corredores. Os acidentes em escadas são frequentíssimos e nenhum educador esclarecido as construirá em seu colégio, salvo em casos excepcionais", explicava.

Aqui no pavilhão "Afrânio Azevedo", por exemplo, todo o pavimento térreo é reservado à administração e ao corpo docente. [...] No 2º pavimento, como se pode ver, há apenas o "auditorium". Este salão com capacidade para mais de 800 pessoas é destinado às solenidades, festas, projeções de filmes sonoros, conferências etc. Tem, para isso, cabine e tela de projeção, palco desmontável, balcão para orquestra e ainda uma sala para *toillete* de senhoras. Nenhum trânsito de alunos se processa nesta parte do colégio, em seus trabalhos escolares normais. [...] Gosto muito dos alunos, mas prefiro trabalhar sem tê-los perto... (ibidem, 14.7.1944, p.2)

A CONSTRUÇÃO DO MITO MÁRIO PALMÉRIO 93

Quando discorria sobre os laboratórios e as salas especiais, sua desenvoltura se expressava com ainda mais vivacidade. É particularmente interessante observar o requinte de Mário Palmério na descrição meticulosa do vocabulário técnico e instrumental das disciplinas de ciências. Devemos nos lembrar de que, naquela época e naquela sociedade, os saberes do ensino secundário eram valorizados como um dos pontos altos do ideal de inteligência e de erudição. Ou seja, a exibição pública dessa cultura enciclopédica conferia ao portador do discurso uma inequívoca imagem de ilustração e sabedoria. Aliado a isso, a habilidade na exposição dos recursos pedagógicos sugeria uma competência inquestionável na direção do estabelecimento de ensino. E foi assim que Mário Palmério, "pacientemente e sempre com farta explicação", expôs ao *Lavoura e Comércio* (14.7.1944, p.2) os detalhes dessas salas:

> Os laboratórios, como já se disse, são amplos e construídos de acordo com as mais modernas e rigorosa [sic] instruções. Cada um conta com uma mesa especial, toda construída de material resistente aos ácidos e com todas as instalações: pias para lavagens de frascos, tomadas para força, luz e rádio, tomadas para gás, fontes de calor etc. O de Química possui uma "capela" para a preparação de ácidos e para a manipulação de reações que desprendem gazes. Todos os seus armários são de alvenaria, revestida de azulejos brancos, especiais. O piso é também revestido de um material adequado. Os quadros negros são todos construídos na própria parede e feitos com matéria plástica apropriada, de cor e superfície obedecendo sua própria técnica. Sobre os quadros negros, em todas as salas há uma tela de projeção, já que o ensino moderno não dispensa mais a fotografia animada, método didático que é surpreendente, principalmente no ensino das ciências e das línguas vivas. As poltronas são todas individuais e dispostas em "anfiteatro", permitindo uma perfeita visão, audição e conforto do estudante.

Mário Palmério, que costumava envolver-se pessoalmente nas aulas e exibições de educação física – tal como veremos mais adiante – falava ostensivamente sobre as instalações esportivas da escola. "'Viciá-los' na educação física e no esporte. Ensiná-los a cuidar de seu

94 ANDRÉ AZEVEDO DA FONSECA

corpo, supremo bem. Prepará-lo para a rudeza da vida, formando-o fisicamente" – eis o seu modelo para a educação física dos alunos. "Entretanto", dizia o professor, "essa educação não pode ser unilateral. A clássica fórmula deve ser obedecida; 'mens sana in corpore sano'". Ou seja, para Palmério, a instrução secundária era um triângulo cujos vértices deveriam ser "educação moral, educação intelectual e educação física" – um ideário francamente afinado com a política do Estado Novo. Assim, conduzindo o jornalista à área destinada à construção do "gymnasium" e das piscinas, Mário Palmério, com as plantas e os desenhos nas mãos, discorria com tanta desenvoltura que os leitores mais desatentos poderiam ser levados a imaginar que aquelas obras já estavam bem ali à vista:

> As duas piscinas que se veem e que, mal desmontados estes andaimes, serão iniciadas, são o que há de mais moderno. Esta, a grande, é de dimensões padronizadas, para competições oficiais. É a piscina conhecida como "olímpica", cheia de majestade, com seu trampolim de 10 metros. Esta, a menor, isto é, bem mais estreita, é o "cocho de aprendizagem", na gíria dos esportistas. Aqui aprende o aluno as suas primeiras lições na água e aqui ele permanece até que conheça perfeitamente bem os segredos da natação. Só então lhe é permitido passar para a maior. O "cocho" é pouco profundo e tem o mesmo comprimento da piscina olímpica, o que afasta qualquer perigo de acidente e oferece as mesmas vantagens nos treinamentos de velocidade e resistência. A natação, como aliás, qualquer esporte, não pode ser praticada sem assistência técnica constante e competente. E essa assistência não faltará. [...] A natação é a "cachaça" dos alunos aqui do Ginásio. E eu, em vez de lhes criar embaraços, abro-lhes facilidades para praticá-la. (ibidem)

O diretor era efusivo também ao falar sobre a importância da leitura na formação estudantil. "Nenhum estabelecimento de ensino atingirá a integridade de seu programa, se não dispuser de uma biblioteca", defendia. "Não podemos exigir que o mestre empreste os seus livros e os receba inutilizados, depois de manuseados por centenas de mãos, nem quase todas muito limpas...". Por isso, Palmério afirmava que uma boa biblioteca era imprescindível para a formação dos estudantes:

A CONSTRUÇÃO DO MITO MÁRIO PALMÉRIO 95

Dêm-se-lhes boas obras e permitam-se-lhes lê-las num ambiente com boa luz e também com bom lavatório... Assentemo-nos democraticamente, ao seu lado, na mesma mesa, e ensinemo-lhes que é sem razão sua fobia para com volumes de encadernação escura e textos sem gravuras, abrindo-os na sua frente e apontando-lhes trechos que sabemos atender ao seu gosto.
E aos poucos, se realiza um trabalho surpreendente. (ibidem)

O único aspecto que Mário Palmério não tratou nessas entrevistas foi o fato de que a sua própria residência particular seria construída na área central do colégio. Ou seja, o diretor, a esposa e o filho Marcelo (de 3 anos de idade) morariam literalmente dentro da escola.

Se os concorrentes porventura o acusassem de aventureiro inconsequente, o fato é que o desempenho do Ginásio Triângulo Mineiro parecia sustentar muito bem o seu entusiasmo. Naquele ano de 1944, antes mesmo da inauguração da nova sede, o número de matrículas no curso secundário quase que dobrou. No decorrer do ano, considerada a evasão, um total de 154 estudantes concluíram as quatro séries do ginásio ("Boletim geral...", 1944). Se incluirmos nossas conjecturas sobre as matrículas no jardim da infância, no primário e no curso comercial, poderemos supor que a escola contou com cerca de 400 alunos. Desse modo, já em junho daquele ano, com as obras avançadas, porém ainda incompletas, Palmério mandou publicar no *Lavoura e Comércio* (6.6.1944, p.15), por ocasião da edição especial de aniversário do jornal, um imponente anúncio de página inteira qualificando a escola com *slogans* tais como: "O maior e mais moderno estabelecimento de ensino do interior do país" e "A maior realização de sentido educacional em toda a região".

Em outubro de 1944 – prazo previsto para a inauguração das novas instalações –, as obras ainda não haviam sido realmente concluídas. Mas Mário Palmério não se fez de rogado e realizou um "magnífico" churrasco, entre as vigas da construção, para comemorar a etapa da "cobertura dos edifícios" (ibidem, 23.10.1944, p.3). No dia 20 de dezembro, o anúncio das matrículas ao Liceu ainda trazia o endereço da Rua Coronel Manoel Borges (ibidem, 20.12.1944, p.6). Contudo, Palmério fez questão de que a cerimônia de diplomação dos treze alunos da primeira turma de bacharelandos do Ginásio Triângulo Mineiro, ocorrida em 23 de dezembro, fosse realizada no salão nobre do pavilhão "Afrânio Azevedo", ainda em fase de acabamento (ibidem, 27.12.1944, p.3). Assim, as autoridades, os familiares e o próprio Afrânio Azevedo – o paraninfo da turma – tiveram que vencer andaimes e poças de argamassa para se acomodar nas poltronas e prestigiar a solenidade.

Figura 24 – Anúncio do Ginásio do Triângulo Mineiro e da Escola de Comércio do Triângulo Mineiro.

Enfim, as novas instalações foram inauguradas no início do ano letivo de 1945 e, de fato, marcaram um salto significativo na trajetória empresarial da escola. Naquele ano, apenas o curso secundário contou com 249 estudantes. Além disso, o primário funcionou com 194 alunos, o comercial com 66 e o curso de admissão com 30. Ou seja, em 1945 o Ginásio Triângulo Mineiro contou com 539 estudantes distribuídos nos três turnos. Em apenas cinco anos, portanto, a escola do novato

A CONSTRUÇÃO DO MITO MÁRIO PALMÉRIO 97

Mário Palmério já se aproximava do quase cinquentenário Colégio Diocesano, que, naquele mesmo ano, contava com 639 matrículas – incluindo aí os alunos dos cursos clássico e científico, que ainda não eram ofertados no Liceu.

É verdade que todo esse sucesso empresarial impressionou até mesmo as autoridades da inspetoria federal. Em 21 de março de 1945, o próprio inspetor Abel Reis quebraria o protocolo para saudar o diretor no texto do relatório: "Aqui exprimo as minhas congratulações com o sr. Prof. Mário Palmério, diretor deste estabelecimento, pela circunstância de haver planejado e realizado estes edifícios, que representam uma valiosa aquisição para a cidade de Uberaba".

No entanto, os procedimentos para a implementação física de uma escola desse porte exigiam intensa dedicação de Mário Palmério, que gastava todas as suas energias na consolidação de seu empreendimento. Consequentemente, outros aspectos da organização escolar começaram a ficar francamente deficientes, de modo que muitas aulas simplesmente deixaram de ser ministradas por absoluta falta de corpo docente. As recorrentes irregularidades apontadas pelo inspetor Abel Reis no relatório de fiscalização de ensino comercial indicam o grau de instabilidade por que a escola passou naquele ano de 1945. Vejamos alguns exemplos:

11 de abril de 1945

[...] Chamo a atenção da diretoria para a necessidade urgente de corrigir a irregularidade, que foi verificada, de não se acharem até esta data os professores munidos dos respectivos diários de classe, para as devidas chamadas nominais no início de cada aula, bem como a anotação de faltas e presenças e do registro da matéria lecionada.

23 de abril de 1945

[...] Cumpre-me chamar a atenção da diretoria do estabelecimento para o fato de não se acharem ainda em ordem, como deviam estar, os diários de classes, isto é, com a anotação, para cada aula, das faltas e presenças dos alunos e do resumo da matéria lecionada.

98 ANDRÉ AZEVEDO DA FONSECA

11 de maio de 1945
[...] Pelos diários de classe verifico que não houve ainda quase nenhuma aula este mês, o que é uma falta lamentável.

15 de maio de 1945
Chamo a atenção da diretoria do estabelecimento para a necessidade de preencher devidamente o seu quadro de professores de maneira a ser cumprido a rigor o horário estabelecido. O fato de que em algumas disciplinas, como por exemplo de Geografia Geral na 2ª série, não se haverem ainda dado, desde o início do ano letivo, se não pouquíssimas aulas, além de constituir uma irregularidade em face do regulamento do curso importa em grave prejuízo para os alunos.

28 de agosto de 1945
Em visita de inspeção a esta escola que funcionou com bastante irregularidade, em vista de faltas de professores.
Chamo a atenção da diretoria do estabelecimento para o fato que constitui uma irregularidade, prejudicial aos alunos, de se estarem em algumas cadeiras grande número de faltas de professores e muito poucas aulas dadas no curso do mês até a presente data. Tornam-se necessárias providências que corrijam essa situação.

13 de setembro de 1945
Como várias vezes o tenho feito, chamo a atenção da diretoria do estabelecimento para o fato, que constitui grave irregularidade, de não estar havendo aulas em número suficiente nas diversas cadeiras e séries. Conforme se verificou nos diários de classe em quase todas as disciplinas das três séries houve apenas até a presente data, duas ou uma (!) aula, sendo rara aquelas em que já se deram três aulas. Esse fato exige uma providência imediata, pois os alunos não podem continuar a ser prejudicados.

10 de outubro de 1945
Em visita de inspeção a esta escola que funcionou com bastante irregularidade, não havendo em nenhuma das classes a 1ª aula, por se achar enfermo um dos professores, salvo na 1ª classe.

A CONSTRUÇÃO DO MITO MÁRIO PALMÉRIO 99

14 de novembro de 1945
Em visita de inspeção a esta escola, que não funcionou por motivo de interrupção da energia elétrica.

22 de novembro de 1945
Em visita de inspeção a esta escola, que funcionou com bastante irregularidade. Aula de Caligrafia na 1ª série do C.C.B., com frequência muito reduzida. Na 2ª e 3ª séries não houve aula por não haverem comparecido os alunos.

28 de novembro de 1945
[...] Encerrando hoje as minhas visitas a este estabelecimento, em dias de aula, durante o presente feriado letivo, julgo deixar aqui [registrados?] os meus aplausos ao esforço de seu diretor para manter esta escola, capaz de prestar à mocidade desta cidade e desta região valiosos serviços, e no mesmo tempo formulo votos de que no próximo e nos futuros anos letivos este estabelecimento funcione em condições de mais regularidade para ser mais eficiente a seus propósitos.

É interessante perceber que Mário Palmério, reconhecido publicamente pelo mérito de sua iniciativa, não deixou de desfrutar da simpatia e mesmo da tolerância das autoridades em relação às deficiências de seu estabelecimento de ensino. Mas, a despeito de todos aqueles problemas com a Escola de Comércio, a grande prioridade do diretor era a plena regularização do curso secundário, pois, no final daquele, ano o Ginásio Triângulo Mineiro se preparava para receber mais uma vez a fiscalização federal que deveria verificar as condições da escola para elaborar o relatório de inspeção permanente.

Dessa vez, Palmério já tinha experiência com essas visitas. E a princípio, parecia não haver dúvidas de que a estrutura da nova escola era incomparavelmente melhor do que aquela do relatório de 1942. As instalações do internato, por exemplo, foram consideradas adequadas por Jorge Antonio Frange (1945), o inspetor designado para a vistoria, que aprovou os dormitórios amplos, arejados, higiênicos e protegidos de ruídos. Contudo, não havia enfermaria nem gabinete dentário. Mas Mário Palmério esclarecia que, como a sua residência

100 ANDRÉ AZEVEDO DA FONSECA

se localizava nas dependências da escola, ele costumava receber em sua própria casa quaisquer alunos que precisassem de algum tratamento leve, encaminhando os casos mais graves aos hospitais da cidade. O relatório indica, entretanto, que o internato tinha capacidade para apenas 60 rapazes – número bem inferior às 400 vagas prometidas nas entrevistas de 1943.

Todos esses itens, tal como vimos na vistoria de 1942 (iluminação, ausência de poeira e ruídos, regularidade do terreno etc.), também obtiveram aprovação da inspetoria. A escola contava com 137 carteiras duplas, 240 poltronas individuais e 40 mesas para desenho (além das mesas para o professor) distribuídas em dez salas de aula e mais cinco salas especiais (física, química, ciências, geografia e história natural), além da sala de desenho. As salas de aula tinham capacidade para abrigar entre 30 e 40 alunos, de modo que a ocupação máxima permitida para a escola era de 357 estudantes por turno. O relatório não fez ressalvas em relação à construção da residência particular do diretor no centro da escola – ao contrário, o inspetor registrou que essa medida facilitava "uma melhor assistência e fiscalização".

No entanto, ainda que não se constituíssem propriamente em irregularidades, alguns fatores não deixaram de ser decepcionantes, tendo em vista a magnitude da propaganda das novas instalações. Se, por um lado, comparando-se com o edifício da Rua Coronel Manoel Borges, o auditório e as salas de ciências e desenho eram de fato maiores, por outro, a sala de geografia e a biblioteca eram ainda menores do que aquelas da sede anterior. Observamos também que não houve um investimento significativo na aquisição de livros; ao contrário, o relatório apontou um decréscimo das obras disponíveis, pois havia apenas 926 volumes distribuídos em duas grandes estantes. Do mesmo modo, não houve um incremento substancial nos materiais das salas especiais.

Além disso, a escola funcionou, na prática, com apenas três dos seis pavilhões previstos. A sala de geografia e uma das salas de aula foram instaladas no primeiro pavilhão, originalmente destinado apenas à administração e à biblioteca. Os laboratórios especiais, que deveriam ser alojados em um prédio independente, acabaram ficando junto às salas de aula, no segundo pavilhão. A sala de desenho foi acomodada

A CONSTRUÇÃO DO MITO MÁRIO PALMÉRIO 101

no terceiro pavilhão, onde funcionavam o refeitório, a despensa e o internato. Por fim, o quarto prédio, de apenas um pavimento, era a residência do diretor.

É provável que a maior decepção dos alunos tenha vindo da inexistência de piscinas e do exaustivamente propagandeado "gymnasium", que simplesmente não foram construídos. E a propósito, essas foram as únicas ressalvas do relatório. No cômputo geral, a escola foi muito bem pontuada, de modo que a prerrogativa de inspeção permanente parecia muito próxima.

Em abril de 1946, Mário Palmério viajou novamente ao Rio de Janeiro e a Belo Horizonte para apresentar às autoridades federais e estaduais os seus novos projetos para a escola. Assim que retornou, como era de praxe, o diretor convidou a imprensa para comunicar a "sensacional novidade" do "grandioso programa" que se propunha a executar: "Uberaba terá, no próximo ano, um estabelecimento de ensino com cursos Clássico e Científico, Faculdade de Ciências Econômicas e Escola Técnica de Química e Eletricidade. Em síntese, uma verdadeira universidade", assegurava o professor.

> Tive êxito absoluto nas minhas pretensões. Os papéis exigidos para a criação dos referidos cursos já foram encaminhados e se encontram bem adiantados, podendo garantir-vos que, em 1947, a cidade desfrutará dos grandes benefícios decorrentes dos novos cursos do "Liceu Triângulo Mineiro".
>
> A instrução desta vasta zona na posse de recursos inapreciáveis no setor do ensino secundário e superior, oferecendo meios à mocidade estudiosa de se preparar para as carreiras práticas e rendosas. (*Lavoura e Comércio*, 9.4.1946, p.1)

Mário Palmério afirmava também que "em curto espaço de tempo" construiria um "majestoso pavilhão" de dois pavimentos para instalar "moderníssimos laboratórios especializados" e mais os apartamentos para alunos. Além disso, ele anunciava a ampliação do parque esportivo, garantindo que, ainda em 1946, a escola teria enfim uma piscina olímpica, duas quadras de basquete e uma de tênis, e também um amplo "gymnasium" com "aparelhamentos completos para o aper-

102 ANDRÉ AZEVEDO DA FONSECA

feiçoamento físico dos colegiais". A Escola de Comércio, prosseguia Palmério, passaria igualmente por grandes reformas com vistas à criação dos cursos especializados de contabilidade e de administração e finanças. "Mário Palmério possui em mãos mais de cem cartas de alunos solicitando matrículas para os cursos clássico e científico, que terão início no ano próximo", assegurava o jornal. A notícia ganhou destaque na imprensa local, com títulos quase idênticos publicados no mesmo dia (9.4.1946): "Uberaba terá uma verdadeira universidade", no *Lavoura*, e "Uma verdadeira universidade em Uberaba", em *O Triângulo*.

Em junho de 1946, um novo relatório da inspetoria continuava a acusar a falta das piscinas, do ginásio e do estádio, ainda que a escola continuasse bem avaliada nos outros quesitos (Frange, 1946). Mas Mário Palmério se movimentava como podia. Nas vésperas de concursos públicos, o Ginásio Triângulo Mineiro ainda organizava aqueles tradicionais cursos preparatórios para exames de banco (*Lavoura e Comércio*, 9.9.1946, p.1), e, tendo em vista o incremento no número de matrículas, a Escola de Comércio anunciou para 1947 a abertura do departamento feminino, de modo que o ensino comercial passaria a ser ministrado separadamente para rapazes e moças (ibidem, 17.9.1946, p.3).

E finalmente, em 7 de outubro de 1946, em decorrência do relatório favorável do inspetor Jorge Frange, o Ginásio Triângulo Mineiro obtém o triunfante regime de inspeção permanente (Brasil, 1946). Assim, quatro anos depois de iniciar as atividades, o curso ginasial conquistava o tão aguardado reconhecimento oficial. O *Lavoura e Comércio* (9.10.1946, p.6) noticiou o feito dois dias depois, nos seguintes termos:

> Obtém assim, o novel educandário uberabense, o mais alto grau do reconhecimento oficial, integrando o número relativamente pequeno de casas de ensino de todo o país, sob regime de Inspeção Permanente, o que significa mais uma magnífica vitória do seu diretor-proprietário, Prof. Mário Palmério.

Entretanto, como vimos, Palmério mal teve tempo de comemorar a nova façanha, pois ele trabalhava intensamente para a instalação dos

A CONSTRUÇÃO DO MITO MÁRIO PALMÉRIO **103**

cursos de clássico e científico em sua escola. Naquele ano, antes mesmo de obter a inspeção permanente, o Ginásio Triângulo Mineiro havia se submetido a dois relatórios especiais da fiscalização federal, de modo que, naqueles últimos meses de 1946, todo o processo já se encontrava nas etapas finais de tramitação. Por isso, não foi propriamente uma surpresa, pelo menos para Mário Palmério, quando, a pouco mais de três meses depois do reconhecimento oficial do ginásio – mais precisamente em 27 de janeiro de 1947 –, um novo decreto autorizou a criação do Colégio Triângulo Mineiro (Brasil, 1947a). Em outras palavras, isso significava que, a partir daquele ano, a escola de Palmério poderia oferecer os cursos clássico e científico. Desse modo, o agora denominado Colégio Triângulo Mineiro se consolidava definitivamente como o terceiro grande estabelecimento de ensino secundário da cidade, equiparando-se ao Diocesano e ao Nossa Senhora das Dores. E é claro que o feito foi noticiado na capa do *Lavoura e Comércio* (28.1.1947, p.1).

> Não devem faltar as nossas felicitações ao prof. Mário Palmério quando sobe mais um degrau na escalada do grandioso cometimento que é o Ginásio Triângulo Mineiro. Classificado entre os primeiros do país, o estabelecimento de ensino que concretiza toda a sua poderosa vocação de educador, agora recebe autorização para funcionar como Colégio. (*Lavoura e Comércio*, 30.1.1947, p.6)

O curso científico do Colégio Triângulo Mineiro foi inaugurado com um importante diferencial: além do turno matutino, os alunos teriam a opção de estudar à noite (ibidem, 12.2.1947, p.1). Essa iniciativa coincidia com uma decisão do governo mineiro autorizando os cursos noturnos nas escolas públicas de Uberaba. Com isso, registrou o *Lavoura e Comércio* (13.2.1947, p.6), o colégio de Mário Palmério beneficiaria numerosos jovens trabalhadores que finalmente teriam a oportunidade de continuar os estudos. O jornal fez questão de publicar a íntegra dos decretos de reconhecimento oficial (ibidem, 25.2.1947, p.1) e noticiou todas as etapas da instalação do novo curso. Santino Gomes de Matos foi encarregado de ministrar a aula inaugural (ibidem, 28.2.1947, p.2), de modo que, para o *Lavoura e Comércio* (6.3.1947, p.6), o ato fora um "acontecimento marcante nos anais escolares de nossa cidade". É preciso notar que o colégio não instituíra o curso clássico, mas apenas o científico.

Admirado com a velocidade dessas conquistas, lembrando também que há apenas quatro anos o Ginásio Triângulo Mineiro não era mais do que "um sonho alto e distante", o *Lavoura e Comércio* (30.1.1947, p.6), em um arroubo que se queria profético, sentenciou:

> De Ginásio a Colégio e de Colégio a Universidade. Quem o duvida? Os progressos da organização do prof. Mário Palmério se acentuam a passos gigantes. Se ele meter ombros à conquista maior da Universidade do Triângulo Mineiro, podemos contar certo com este cometimento. Porque com ele estará não somente Uberaba, como todas as outras comunas desta região, para apoiar o jovem professor, pioneiro destacado da causa da instrução em terras mineiras, na sua escalada sempre para o alto, cada vez mais para o alto.

Figura 25 – Anúncio do Colégio Triângulo Mineiro publicado no *Lavoura e Comércio*, em 6 de julho de 1947.

A Faculdade de Odontologia

No dia 5 de agosto de 1947, uma manchete na capa do diário *Lavoura e Comércio* noticiou, com o máximo destaque, a criação da Faculdade de Odontologia do Triângulo Mineiro, a mais nova empreitada do professor Mário Palmério. Na prática, o curso ainda não havia sido oficialmente autorizado, pois as suas dependências ainda estavam em "fase final de instalação". Utilizando a própria estrutura física do colégio, Palmério já havia efetuado algumas adaptações em dois pavilhões que antes se destinavam ao internato – transformando-os em novos anfiteatros, salas especiais e laboratórios – e adquirido vários equipamentos necessários ao ensino de odontologia. Por tudo isso, sob a manchete categórica, o jornal assegurava que a faculdade seria "esplendidamente instalada" já no ano seguinte.

Figura 26 – Notícia publicada em agosto de 1947, antes mesmo da autorização oficial da Faculdade de Odontologia de Triângulo Mineiro.

Como vimos, a ideia original de Mário Palmério era a criação de uma faculdade de ciências econômicas e de escolas técnicas de química e eletricidade. Nos anos anteriores, o professor estivera tremendamente seduzido pelo "extraordinário desenvolvimento dessas ciências" que, para ele, eram responsáveis pelo "gigantesco progresso da humanida-

106 ANDRÉ AZEVEDO DA FONSECA

de". Palmério alegou que aquele entusiasmo não era apenas pessoal, mas contagiava inúmeros educadores que também estavam criando escolas técnicas nas grandes cidades do país. Contudo, reconhecendo que Uberaba não era propriamente uma cidade industrial, um precavido senso de pragmatismo o levou a rever os planos:

> Procurei estudar minuciosamente o assunto, entrando em contato com homens de governo, industriais, professores etc. Procurava, antes de tudo, resposta para a minha pergunta: "Haverá condições para a instalação dos cursos Técnicos de Química e Eletricidade em Uberaba?" O exame das dezenas de respostas que recebi fez-me concluir ser ainda cedo para se tentar, em Uberaba, a criação de um instituto de ensino que exige, além de professores altamente especializados, a existência de estabelecimentos industriais capazes de proporcionar o estágio absolutamente necessário aos alunos que o frequentassem. (ibidem, 5.8.1947, p.1)

Mário Palmério fez questão de frisar que os cursos a que se referia não deveriam ser confundidos com a instrução profissionalizante, tal como ministrada no Serviço Nacional de Aprendizagem Industrial (Senai), por exemplo: "Esses cursos são de nível inferior, formando profissionais de outro tipo: marceneiros, ferreiros, mestres dos diversos ofícios etc.". Para Palmério, Uberaba contava com "abundantes" condições para essas iniciativas mais singelas e, com efeito, era de se estranhar que, até aquele momento, nada tivesse sido feito nesse sentido.

O professor explicava que a opção pela Faculdade de Odontologia partira da percepção de uma "real necessidade do ponto de vista profissional" no contexto da cidade. "Uberaba possui condições culturais necessárias ao seu regular funcionamento", argumentava. Em suas contas, o município contava com algo em torno de quarenta ou cinquenta dentistas em situação regular "para uma população de cerca de 70.000 almas". Desse modo, dizia que esse único argumento já justificava a instalação do curso.

> A extensa zona territorial conhecida como "Brasil Central" não conta com nenhum estabelecimento de ensino odontológico; e essa zona compreende todo o estado de Goiás, a maior parte do Estado de Mato

A CONSTRUÇÃO DO MITO MÁRIO PALMÉRIO 107

Grosso, todo o oeste do Estado de S. Paulo e todo o Triângulo Mineiro. ("Relatório para efeito...", 1947)

Para valorizar ainda mais o mérito de sua iniciativa, o professor fazia questão de detalhar as dificuldades que enfrentara para cumprir as exigências da fiscalização.

O governo federal procurou defender o ensino superior de debilidades e, sobretudo, dos abusos e desonestidades que tanto o prejudicaram no passado. [...] O ensino superior deixou de ser fonte abundante e fácil de renda para ser algo mais sério: as exigências de patrimônio, principalmente, afastam, desde logo, qualquer intenção menos honesta, já que é necessário demonstrar, a entidade que se propõe instituir o curso superior, capacidade financeira para manter, de modo satisfatório, o seu integral funcionamento e que dispõe de edifícios e instalações apropriadas ao ensino a ser ministrado. Aparelhamento administrativo e didático, gestão financeira, capacidade moral e técnica do corpo docente etc. etc., tudo isso, enfim, é examinado pelo Ministério da Educação e Saúde, que manda verificar, por comissões especiais de inspetores, a exatidão da documentação apresentada. Deve, ainda, manifestar-se favoravelmente a maioria do Conselho Nacional de Educação, a fim de que seja obtida a autorização para funcionamento. Enfim, muitas são as exigências e difícil o seu cumprimento integral. (*Lavoura e Comércio*, 5.8.1947, p.1)

Para Mário Palmério, a relativa facilidade da instalação de seu curso de odontologia se deveu, em primeiro lugar, ao sólido patrimônio representado pelo Colégio Triângulo Mineiro e pelos edifícios que o compunham. Além disso, foi igualmente decisivo o fato de que praticamente todo o material didático já se encontrava nas dependências da escola. "Os gabinetes para a Policlínica e as outras salas especiais, motores elétricos e os outros aparelhos necessários já se acham nos seus lugares", garantia o professor. "O mobiliário para os anfiteatros, laboratórios etc., também já está tomando o seu destino, terminados que já foram, praticamente, os serviços indispensáveis de reforma e de readaptação dos edifícios".

108 ANDRÉ AZEVEDO DA FONSECA

O repórter do *Lavoura e Comércio*, por sua vez, sustentando que Uberaba já deveria se orgulhar por ter "uma das melhores e mais bem aparelhadas escolas superiores de todo o país", discorreu sobre as instalações com todos os detalhes que uma matéria visivelmente encomendada como aquela podia exigir. Os anfiteatros, garantia, "representam o que há de mais moderno em matéria de salas para aulas técnicas":

> Mobiliado, cada anfiteatro, com 60 poltronas construídas especialmente para a faculdade, com ampla cátedra para o professor, tela para projeção, quadros negros montados em roldanas, sua construção demonstra [...] um conforto absoluto, a par de uma acústica perfeita. (ibidem)

Acompanhado pelo diretor, o repórter percorreu o Instituto Anatômico; as salas especiais de prótese dentária, prótese bucofacial e técnica odontológica, assim como os laboratórios de metalurgia e química aplicadas, microbiologia, higiene, histologia e fisiologia. "Visitamos, a seguir, a Policlínica da Faculdade, cuja instituição vem prestar a Uberaba um serviço de alcance social sem limites" (ibidem), registrou o redator. Os dezenove gabinetes dentários distribuídos pelas diversas salas serviriam para o ensino das diferentes cadeiras de clínicas do curso, ao mesmo tempo que atenderiam gratuitamente a população. Por fim, Mário Palmério informou que a organização da faculdade contava com a orientação de Ubiratan Novais – professor catedrático e vice-diretor da Faculdade de Odontologia e Farmácia da Universidade de Minas Gerais – e adiantou que o curso de Uberaba seria dirigido pelo irmão, o médico José Palmério.

Como sempre fazia, o *Lavoura e Comércio* se empenhou ao seu modo para enaltecer a iniciativa. Em um editorial intitulado "Onde a realidade vale mais que a promessa", por exemplo, o esforçado redator, plenamente afinado com a propaganda de Palmério, parecia um mestre de obras contribuindo com mais um tijolo do edifício da faculdade:

> Mário Palmério está com a sua Faculdade de Odontologia quase pronta para funcionar.

A CONSTRUÇÃO DO MITO MÁRIO PALMÉRIO **109**

Uma escola superior palpável, visível, montada com todos os requisitos legais, à espera apenas do beneplácito oficial para se credenciar à formatura de novos odontólogos.

Uma escola que já pode apresentar, de início, um patrimônio de alguns milhões de cruzeiros que nos seus prédios especialmente construídos para tal fim, quer na sua equipagem de laboratórios, gabinetes dentários e salas de aulas com anfiteatros amplíssimos, com bastante ar e muita luz.

A Faculdade de Odontologia do Triângulo Mineiro é já alguma coisa mais do que um simples plano, uma promessa apenas ou mesmo um simples motivo de propaganda sem realidade alguma.

Podemos mesmo dizer que o que dela já existe está mais, muito mais para o lado das objetivações concretas, do que das simples confabulações de gabinetes. (*Lavoura e Comércio*, 6.8.1947, p.2)

Por tudo isso, o *Lavoura* passou a defender que, se a "capital do Triângulo Mineiro" queria realmente se orgulhar de possuir uma escola superior "à altura de seu progresso" e "com bases firmes e intenções sadias, que são a melhor garantia de seu não desaparecimento da noite para o dia", toda a cidade deveria expressar a sua irrestrita boa vontade e prestigiar a Faculdade de Odontologia, na pessoa de seu "incansável fundador".

É que Mário Palmério sabe muito bem que Uberaba inteira está ao seu lado, não apenas numa atitude de admiração platônica, mas pronta ao endosso de ajuda e apoio integrais aos empreendimentos ousados, mas necessários, com que saca contra o futuro da Capital do Triângulo, magnífico de fé e de confiança. (ibidem, 1º.9.1947, p.6)

Essa conclamação e todo aquele empenho em reafirmar a solidez do empreendimento não deixam de revelar, de forma implícita, a desconfiança arraigada dos uberabenses em relação às iniciativas desse porte no contexto local. Vimos que, por ocasião da instalação do Ginásio Triângulo Mineiro, em 1942, o *Lavoura* fizera um apelo idêntico à boa-fé dos uberabenses, no esforço para vencer a implacável descrença das famílias após o fracasso do Ginásio Brasil. No entanto, se essa decepção estava bem viva na memória dos jovens, os adultos

110 ANDRÉ AZEVEDO DA FONSECA

mantinham-se ainda mais ressabiados devido a um outro caso igualmente lamentável, ocorrido há pouco mais de dez anos, envolvendo a criação de um curso superior da mesma natureza.

Todos se lembravam de que, até meados da década de 1930, a imprensa festejara, com idêntico entusiasmo, a antiga Escola de Farmácia e Odontologia de Uberaba, autorizada em nível estadual no ano de 1927, em um contexto de regulamentação ao exercício dessas profissões. No entanto, a iniciativa já nascera desacreditada: "Havia, em consequência de duas tentativas fracassadas, a crença geral de que, neste meio social de Uberaba, empreendimentos desta ordem não medraria [sic] e a expressão usada pelo povo era 'aqui nada vai adiante'" – registrou um relatório da própria escola ("Relatório elucidativo...", 193?). Um sinal dessa incredulidade está no fato de que, na primeira turma da escola, apenas um aluno de Uberaba requereu matrícula (ibidem).

Entretanto, a despeito da retórica de seus defensores, a instituição funcionou com muita instabilidade: a direção foi ridicularizada, os alunos eram assediados por outras faculdades e a administração foi acusada de cometer várias irregularidades – sobretudo após as reformas curriculares de 1931. Enquanto isso, o *Lavoura e Comércio* registrava, por exemplo, que as instalações da escola uberabense eram "excelentes e bem aparelhadas" (Cunha Filho, 1983, p.59). Contudo, depois de formar cinco turmas de dentistas (a primeira em 1929 e a última em 1934), o empreendimento se desmantelou definitivamente. Em fevereiro de 1935, um parecer do Conselho Nacional de Educação propôs a cassação da inspeção preliminar, até que, em agosto de 1936, o governo finalmente decretou a suspensão da licença da escola (Brasil, 1936). Os alunos tiveram que se transferir para a faculdade de Ribeirão Preto (SP), de modo que essa terceira tentativa frustrada enraizou ainda mais a impressão de que "nada vai adiante" naquela cidade mineira – ou, como sentenciara Orlando Ferreira, naquela infeliz terra madrasta.

Por tudo isso, onze anos depois, naquele ano de 1947, o jovem Mário Palmério ainda precisava de muito empenho para reconquistar a confiança dos uberabenses na viabilidade de uma nova escola de odontologia em Uberaba. Assim, para muitos, aquela nova promessa

A CONSTRUÇÃO DO MITO MÁRIO PALMÉRIO   111

não passava da quarta tentativa inútil de um projeto historicamente irrealizável. E além disso, provavelmente muitos se lembravam de que em 1940 Palmério prometera uma Faculdade de Comércio que jamais viria a se concretizar.

Não há, no entanto, dúvidas de que, se, por um lado, a iniciativa de Mário Palmério inspirou muitas reservas, não deixou, por outro, de despertar grandes expectativas. Para compreender a importância de um curso dessa natureza na vida de uma cidade daquele porte, é preciso levar em conta, antes de tudo, as particularidades do contexto da saúde bucal da época. Devemos nos lembrar de que um dos personagens memoráveis do cotidiano do interior brasileiro era a figura do "prático", uma espécie de antecessor do dentista que, nas palavras de Cunha Filho (1983, p.46), embrenhava-se nos sertões brasileiros, buscando vilas e lugarejos desprovidos de qualquer atendimento dentário: "Apesar da falta de conhecimentos científicos, muitos deles supriam essa deficiência com uma fantástica habilidade manual". A despeito da simpatia popular, é óbvio que esses profissionais lançavam mão de procedimentos extremamente dolorosos, pois quase todos os problemas dentários costumavam ser resolvidos com extração a fórceps, por meio de procedimentos rudimentares de higiene. Por isso, as pessoas só procuravam os práticos no último desespero de uma dor de dente insuportável.

No início do século XX, diversos profissionais desse tipo atenderam em Uberaba. Cunha Filho (1983, p.89) conta que um dos pioneiros na cidade foi o prático Alfredo Godofredo Silva:

> Alfredo saía pelas estradas rumo às fazendas na região de Ituverava e Igarapava, a cavalo, levando burro-de-carga, seu equipamento de trabalho. Enfrentava os piores ambientes, entrosando-se com gente rústica, fazendeiros rudes que ele, com sua diplomacia inata, sabia conquistar. Muitas vezes seu consultório era instalado em cantos de paióis que ele procurava adaptar o melhor possível. Ali mesmo dormia, sem conforto algum. [...] Terminado o trabalho numa fazenda passava para outra, onde a situação era a mesma. Quando faltava material, ia buscá-lo na cidade mais próxima.

112 ANDRÉ AZEVEDO DA FONSECA

Na primeira metade da década de 1910, Godofredo Silva chegou a montar uma espécie de escola prática de odontologia em Uberaba, que funcionava basicamente com alguns alunos observando seu trabalho clínico. Para se ter ideia da falta de especialistas na cidade, Silva era também o prático oficial dos ginásios Diocesano e Nossa Senhora das Dores. Mas, segundo Cunha Filho (1983, p.42), os primeiros dentistas que começaram a difundir técnicas modernas de tratamento, profilaxia e anestesia em Uberaba foram os professores e alunos da antiga Escola de Farmácia e Odontologia. Eram raros os profissionais que tinham acesso, por exemplo, às ampolas de scurocaína, um anestésico injetado por meio de seringas Luer na mucosa do dente a ser operado. Ainda não encontramos relatos para descrever o alívio proporcionado por essas novas técnicas na cidade, mas não é difícil imaginar a repercussão de uma notícia como aquela.

Ainda segundo Cunha Filho (1983, p.68), a criação do serviço dentário para alunos da Escola Normal de Uberaba, em 1932, "marcou época" em Uberaba. Para prestar esse atendimento, a direção nomeou Eduardo Palmério (o irmão de Mário) que havia se formado no Rio de Janeiro. Contudo, é provável que a extinção da Escola de Farmácia e Odontologia tenha provocado algum decréscimo na qualidade do tratamento dentário na cidade – sobretudo para as famílias mais pobres. Para atrair os pacientes, gabinetes dentários particulares chegavam a oferecer "automóvel grátis aos clientes mais distantes do consultório" e "pagamento com todas as facilidades, de acordo com a posse dos clientes" (ibidem, p.67). No entanto, consultar um dentista era uma prática proibitiva para a maioria da população empobrecida. Foi mediante essa carência, portanto, que Mário Palmério percebeu, inversamente, as tais "condições culturais" favoráveis à criação da faculdade.

Além disso, como vimos, a instalação de uma instituição de ensino superior em Uberaba significava, no imaginário das elites, mais um signo do avanço da civilização local. A identificação desse ideal ajuda a compreender parte do esforço empreendido pela imprensa no sentido de distinguir a iniciativa de Palmério da antiga escola e de tranquilizar aqueles que se sentiam mais uma vez apreensivos pela expectativa de um fracasso iminente.

A CONSTRUÇÃO DO MITO MÁRIO PALMÉRIO **113**

> Frustrou-se a primeira tentativa de igual realização, há alguns anos passados, quando ninguém duvida que teria todos os elementos de sucesso ao seu alcance, se os promotores da iniciativa quisessem e soubessem lançar mão deles. Tudo ficou no plano da aventura, com vistas exclusivas aos rendimentos pingues, e a escola acabou sendo fechada pelas autoridades de ensino do país.
> Com o prof. Mário Palmério as coisas se passam de maneira muito diferente. (*Lavoura e Comércio*, 1°.9.1947, p.6)

É preciso dizer que, de fato, a escola de Palmério contava com a estrutura básica para o empreendimento. Pelo menos era isso que constatou o "Relatório para efeito de autorização da Faculdade de Odontologia do Triângulo Mineiro", elaborado em setembro de 1947 por Nair Fortes Bau-Merhy, inspetora da fiscalização federal.

A vistoria teve início no dia 21 de agosto de 1947 e durou alguns dias. Ao analisar a escrita financeira da entidade mantenedora, a inspetora verificou que o estabelecimento de ensino contabilizava um ativo de 4,2 milhões de cruzeiros e um passivo de 1,1 milhão (referente ao financiamento da Caixa Econômica Federal), de modo que o patrimônio líquido girava em torno de 3,1 milhões. As rendas eram provenientes das taxas de alunos no Colégio e da Escola de Comércio. A receita bruta de 1946 havia alcançado 530 mil cruzeiros; a renda líquida, por sua vez, perfizera 91 mil – ou seja, 17% da receita (já incluída no cálculo a amortização do empréstimo). A previsão orçamentária para 1947 projetava 478 mil cruzeiros de receita bruta e 81,2 mil de renda líquida.

A inspetora apontou que, naquele tempo, o terreno da escola já contava com 7 mil m², com área livre de 4 mil m² e mais 2,7 mil m² de área construída (somando-se os pavimentos térreo e superior). De fato, Palmério havia adquirido mais dois lotes de 960 m² nas adjacências, incorporando-os à área da escola. Nair Fortes confirmou a solidez dos quatro edifícios e registrou o adiantado das obras de adaptação do pavilhão destinado à faculdade. A inspetora valeu--se do recente relatório de fiscalização do ensino secundário para atestar a "prova de satisfação" das exigências de estrutura física, ainda que procurasse focalizar apenas os edifícios destinados à faculdade. Fortes conferiu também o aparelhamento de laboratórios, auditórios, salas especiais e demais dependências, além do material didático já disponível para o início das atividades, como modelos anatômicos, lâminas, microscópios, esterilizadores e compostos químicos: "No presente momento, a Biblioteca está fundida numa única, para todos os cursos que a entidade mantenedora organizou. A Biblioteca especializada para a Faculdade está em organização na sala anexa ao anfiteatro n° 1 e tem área de 22,00 mqs". Um professor explicou que, em Uberaba, não era difícil a obtenção de cadáveres para a cadeira de anatomia, pois a escola tinha fácil acesso à Santa Casa de Misericórdia.

O relatório confirmou que os gabinetes dentários da marca S. S. White, destinados à iniciação da prática odontológica, por sugestão de Ubiratan Novais, eram da mesma qualidade que observara na Universidade de Minas Gerais. Ao articular o salão de clínicas e as salas de patologia e terapêutica aplicadas, ortodontia e odontopediatria, técnica odontológica e esterilização, a policlínica foi considerada plenamente adequada para desempenhar a tarefa de coordenação das atividades do currículo odontológico.

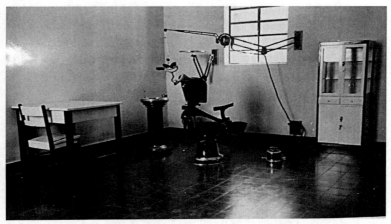

Figura 27 – Sala de ortodontia, segundo fotografia do relatório da Faculdade de Odontologia em 1947.

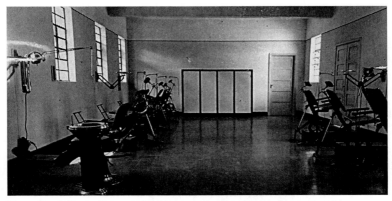

Figura 28 – Salão de clínicas da faculdade, em foto inserida no mesmo relatório.

A inspetora sugeriu modificações no regimento interno, que havia sido pautado pelo modelo da Escola de Farmácia e Odontologia de Araraquara, e foi informada que os professores adotariam, no primeiro ano de funcionamento, os programas da Faculdade de Farmácia e Odontologia da Universidade de São Paulo. O relatório confirmou também que José Palmério havia sido designado o diretor da faculdade para o primeiro ano de funcionamento. Como os primeiros professores indicados não poderiam ser considerados catedráticos enquanto não se submetessem a concurso de provas e títulos, a faculdade precisou contratá-los de forma interina para cumprir as atividades da 1ª série. Assim, Carlos Smith Júnior deveria assumir a cadeira de Anatomia; Duarte Thomaz de Miranda, a de Histologia e Microbiologia; José Palmério, a de Fisiologia; e Edmundo Rodrigues da Cunha Filho, a de Metalurgia e Química Aplicadas. Segundo a inspetora, todos estavam regularmente habilitados ao exercício da profissão: "A Faculdade foi por mim orientada sobre a maneira de proceder a concurso de catedrático, na hipótese de obter autorização para funcionar, uma vez que, diante de imperativo constitucional, iniciará suas atividades sem catedrático".

Por fim, a inspetora concluiu que as instalações ofereciam todos os recursos exigidos ao funcionamento, que Uberaba apresentava as condições necessárias à criação de uma instituição de ensino superior e que o curso representava real necessidade para a cidade: "A instalação da faculdade virá, além do mais, prestar relevantes serviços à população pobre da cidade, por meio de sua policlínica, contribuindo para o plano de assistência social em que se veem empenhados Governo Federal, Estadual e local".

Podemos verificar facilmente que o tom do relatório indica uma inequívoca boa vontade da inspetoria, de modo que a autoconfiança do professor já parecia definitivamente autorizada. Uma simpática fotografia registrada no final de agosto de 1947 se tornaria um dos símbolos mais eloquentes da afinidade da inspetora Nair Fortes com a família Palmério.

Figura 29 – Mário Palmério, Cecília Arantes, os filhos Marcelo e Marília, acompanhados por Nair Fortes (à direita), inspetora da Faculdade de Odontologia.

Desse modo, tendo em vista a avaliação francamente favorável, Palmério aguardou com segurança a iminente chancela governamental. E foi assim que, depois de mais de dois meses da inspeção, o Decreto nº 24.132 de 27 de novembro de 1947 autorizou o funcionamento da Faculdade de Odontologia do Triângulo Mineiro em Uberaba (Brasil, 1947b). Como o *Lavoura e Comércio* (27.11.1947, p.6) era um diário vespertino, a notícia circulou no mesmo dia: "Uberaba tem motivos para se afanar de enriquecer seu patrimônio cultural com um estabelecimento de ensino superior como poucos outros do país terão igual".

A CONSTRUÇÃO DO MITO MÁRIO PALMÉRIO 117

Para compreendermos a dimensão dessa notícia naquela Uberaba de 1947, podemos nos valer de um interessante documento, anexado ao próprio relatório de fiscalização, que tinha o objetivo de enaltecer a "Capital do Triângulo" e fundamentar a criação da faculdade. Nessa ocasião, Uberaba foi apresentada como um município de 69,1 mil habitantes, sendo estimados 44 mil na área urbana. A cidade contava com dez clubes e associações de classe, oito casas de saúde, cinco hotéis e quatro jornais (dois diários e dois semanais). A população estudantil dividia-se em três grandes colégios, três escolas de comércio, três grupos escolares e 26 escolas municipais, em um total de 8,3 mil alunos. O município era servido por duas estradas de ferro; um aeroporto com oito linhas que faziam rotas ao Rio de Janeiro, a São Paulo e a Belo Horizonte; além de uma malha rodoviária para as cidades vizinhas. Ainda segundo o relatório, Uberaba tinha uma "moderna rede de telefones automáticos", "grandes e modernos cinemas", além de quatorze agências bancárias e alguns estabelecimentos industriais. No aspecto profissional, a cidade contava com 52 médicos, 40 dentistas, 34 advogados, 23 farmacêuticos, 21 parteiras, 14 engenheiros, 62 enfermeiros e 114 contadores. Um relatório da polícia indica que a cidade tinha 282 automóveis de passageiros e 220 particulares, além de 67 veículos de aluguel, 284 caminhões, 124 caminhonetes, seis motocicletas e 467 carroças, carroções ou charretes (ibidem, 18.3.1948, p.2). Era essa a cidade que deveria se orgulhar do nascimento de sua instituição de ensino superior.

Pois bem. O primeiro edital anunciando os exames de habilitação à Faculdade de Odontologia do Triângulo Mineiro foi publicado no *Lavoura e Comércio*, em 20 de dezembro de 1947. O texto informava que seriam ofertadas sessenta vagas ao 1° ano do curso e que as inscrições seriam encerradas no dia 20 de janeiro (ibidem, 20.12.1947, p.3). Três dias depois, o *Lavoura e Comércio* (23.12.1947, p.6) noticiou que Jorge Antonio Frange acabava de ser nomeado o inspetor da faculdade. Assim, vemos que o jornal prosseguia em sua campanha para prestigiar a iniciativa e conclamar o apoio efetivo dos uberabenses ao empreendimento de Mário Palmério:

118 ANDRÉ AZEVEDO DA FONSECA

Uberaba tem compromissos imensos para com este jovem professor. A sua carreira estaria feita em qualquer grande centro, magnífica e rendosa, do ponto de vista das honras do magistério superior e dos proventos materiais. Entretanto, preferiu agir na sua terra natal, escolheu-a para campo de trabalhos, de arrojados empreendimentos, que aí estão enchendo os olhos dos mais incrédulos e pondo nas almas idealistas, que realmente se interessam pelo progresso e pela grandeza intelectual da Terra de Major Eustáquio, o consolo das certezas plenas. (ibidem, 6.2.1948, p.8)

Para o animado *Lavoura e Comércio* (13.2.1948, p.6), a chegada de inúmeros estudantes de diversos Estados inscritos aos exames já estava trazendo "uma maior projeção" de Uberaba no cenário mineiro. E com a proximidade dos exames, a expectativa aumentava ainda mais. No entanto, terminado o prazo, para a profunda decepção de Palmério, o resultado das inscrições foi um tremendo fracasso: apenas vinte alunos se apresentaram para concorrer às sessenta vagas. O edital atraíra rapazes de treze municípios paulistas (Santa Rita do Passa Quatro, Piracicaba, Campinas, Monte Alto, Presidente Prudente, Vargem Grande do Sul, Brodósqui, Tabapuã, Pindorama, Santos, Jaboticabal, Getulina e Ribeirão Preto), de três cidades mineiras (Frutal, São João da Glória e Ibiraci) e uma da capital goiana. Mas, em uma confirmação daquela desconfiança histórica da cidade, o fato é que nenhum jovem de Uberaba se inscreveu ("Relatório dos trabalhos...", 1948).

Como vimos, os redatores do *Lavoura* vez ou outra se referiam ao entusiasmo e à obstinação de Palmério. "Quando objetiva qualquer decisão, soma as horas do dia com as horas da noite, desdobra-se, multiplica-se, está ao mesmo tempo em toda a parte", registrou o editorial "A obrigação do louvou ao Prof. Mário Palmério" (*Lavoura e Comércio*, 6.2.1948, p.8). Cunha Filho (1983, p.70), membro da primeira turma de professores da faculdade, também faz referências entusiasmadas à "volúpia de crescimento e determinação" de Mário Palmério. Desse modo, se o número de inscritos foi muito reduzido, ora, o professor amparou-se na legislação e, no dia 28 de fevereiro, simplesmente abriu um novo edital para mais um exame, a ser realizado em 5 de março (*Lavoura e Comércio*, 28.2.1948, p.6).

Nesse meio-tempo, foi anunciada a aula inaugural que seria ministrada pelo próprio Ubiratan Novais no dia 3 de março. Para o *Lavoura*, a vinda a Uberaba de "uma das maiores sumidades brasileiras" na área de odontologia "não deixa de ser uma manifestação de excepcional prestígio à vitoriosa organização de Mário Palmério". O jornal fez uma conclamação direta às elites intelectuais uberabenses, insistindo que todos deveriam prestigiar o evento, pois o dever da cidade era "cooperar com o prof. Mário Palmério" (ibidem, 2.3.1948, p.6). Enquanto isso, a administração da escola aguardava a repercussão da nova chamada aos exames.

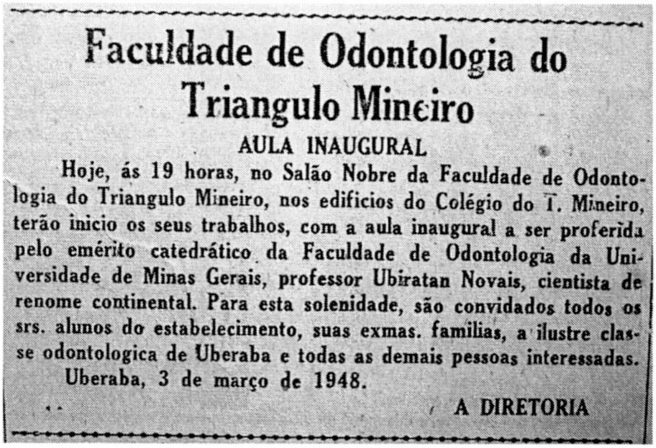

Faculdade de Odontologia do Triangulo Mineiro

AULA INAUGURAL

Hoje, ás 19 horas, no Salão Nobre da Faculdade de Odontologia do Triangulo Mineiro, nos edificios do Colégio do T. Mineiro, terão inicio os seus trabalhos, com a aula inaugural a ser proferida pelo emérito catedrático da Faculdade de Odontologia da Universidade de Minas Gerais, professor Ubiratan Novais, cientista de renome continental. Para esta solenidade, são convidados todos os srs. alunos do estabelecimento, suas exmas. familias, a ilustre classe odontologica de Uberaba e todas as demais pessoas interessadas.

Uberaba, 3 de março de 1948.

A DIRETORIA

Figura 30 – Anúncio da aula inaugural da Faculdade de Odontologia do Triângulo Mineiro publicado no *Lavoura e Comércio*, em 3 de março de 1948.

Em 28 de fevereiro, data da publicação do novo edital, nove candidatos haviam chegado a Uberaba para efetuar a inscrição. No dia 1° de março, mais dez alunos compareceram à secretaria para assinar os papéis. Mas, no dia seguinte, somente outros quatro estudantes procuraram a escola. Assim, vemos que os números haviam melhorado, mas ainda não se tratava propriamente de um sucesso: até aquele momento, o novo edital atraíra apenas 23 novos alunos. Enfim, naquele dia 3 de março, o último dia do novo edital, Palmério mantinha a expectativa e mal tinha tempo para cuidar da solenidade da noite. E foi assim que, no decorrer da manhã, foram chegando a Uberaba, um

120 ANDRÉ AZEVEDO DA FONSECA

após o outro, aluno atrás de aluno, de modo que, no fim da tarde, mais dezesseis jovens provenientes de diversas cidades brasileiras haviam efetivado a inscrição.

Desse modo, em uma reviravolta surpreendente, dessa vez a iniciativa conquistara grande êxito. Atraindo, talvez, aqueles candidatos que em fevereiro não haviam conseguido ingressar em outras instituições do país, a Faculdade de Odontologia do Triângulo Mineiro contou com um total de 39 novas inscrições de jovens oriundos de 31 cidades em cinco Estados e mais o Distrito Federal. Do Estado de São Paulo vieram estudantes de Borborema, Caconde, Monte Mor, Santo Amaro, Pirassununga, Bebedouro, Monte Alto, Dourado, Barretos, Altinópolis, Botucatu, Guaratinguetá, São João da Boa Vista, Santos, Jaboticabal, Ibitinga, Igarapava, Altinópolis, Dois Córregos, Campinas e da capital paulista. De Minas Gerais vieram candidatos de Curvelo, Corinto, Araguari, Frutal, Passos e Ituiutaba. Por fim, os exames atraíram também estudantes de Vila Guanambi (BA), Jacarezinho (PR), Riacho (ES) e do Rio de Janeiro (DF). Todos eles seriam aprovados nas provas. Com isso, foram alcançadas 59 vagas, de modo que aquele fracasso inicial reverteu-se em um sucesso quase absoluto. O único constrangimento foi o fato de que, mais uma vez, a despeito dos recorrentes apelos do *Lavoura e Comércio*, nenhum uberabense havia ingressado na faculdade de Palmério ("Relatório dos trabalhos...", 1948).

Devido ao sucesso nas inscrições, a solenidade da noite de 3 de março foi realizada sob entusiasmo renovado. Em seu discurso, Mário Palmério afirmou que a orientação do prestigioso Ubiratan Novais havia sido o "salvo-conduto" que possibilitara tamanha desenvoltura no Conselho Nacional de Educação (*Lavoura e Comércio*, 4.3.1948, p.6). Ubiratan Novais, por sua vez, afirmou que Mário Palmério acabara de plantar "o marco inicial de uma caminhada que certamente haveria de terminar na Universidade do Brasil Central". Palmério aproveitou a ocasião para anunciar que a direção da faculdade seria confiada a Carlos Smith (e não a José Palmério, como garantira anteriormente) e os professores seriam Duarte Miranda, José de Abreu, Alírio Furtado e Edmundo Rodrigues da Cunha. Por fim, contendo o desabafo e

A CONSTRUÇÃO DO MITO MÁRIO PALMÉRIO **121**

mascarando a ironia com uma estudada humildade, Palmério concluiu o seu discurso da seguinte forma:

> Antes de terminar, prezados senhores, desejo testemunhar minha gratidão pelo vosso comparecimento a esta solenidade, o que traduz mais uma prova da vossa confiança no nosso esforço e da vossa solidariedade que tem sido sempre o nosso mais valioso estímulo. (ibidem)

Contudo, se Mário Palmério preferiu ser diplomático, o desagravo viria pela pena do redator do *Lavoura e Comércio* (15.3.1948, p.6), em um editorial intitulado "Incompreensível a ausência de Uberaba e do Triângulo Mineiro". Lamentando que todos os alunos da faculdade fossem de fora e alertando que esse fato era um sintoma claro da decadência regional, o jornal empreendeu uma verdadeira reprimenda aos uberabenses: "Os compromissos de Uberaba para com o Prof. Mário Palmério são de tal natureza que omiti-los representa uma atitude hostil aos avanços da mais bela jornada cultural com que jamais acenamos aos nossos destinos de civilização" (ibidem).

Se Mário Palmério caminhava "com um pé no futuro", carregava nos ombros a "responsabilidade de uma geração e de uma época" e trabalhava com ações repletas de arrojo e de audácia, era triste constatar que a cidade não correspondia ao seu dinamismo. Diante de todas aquelas realizações, argumentava o jornal, não bastava a mera lisonja inócua dos elogios e das palmas: "Todos têm obrigação de intervir, com apoio moral e material na obra titânica de Mário Palmério, por um dever, por uma obrigação inadiável com a sua própria terra". Aquela profunda decepção, portanto, havia marcado esse acontecimento histórico com um alerta melancólico:

> Que está acontecendo com a nossa juventude, que outras preocupações [...] a desviam dos bancos das academias, com ameaça às velhas e gloriosas tradições da cultura intelectual e científica da terra de Major Eustáquio? Pois é crível que se envolva num clima de fria indiferença, da parte dos nossos jovens, uma iniciativa da importância e da grandeza dessa que se deve ao esforço e à capacidade de lutas e de sacrifícios de Mário Palmério?! O acontecimento há de passar à história como inteiramente inédito, *sui*

122 ANDRÉ AZEVEDO DA FONSECA

generis, inaudito. Outra não fosse a fibra de coragem e de decisão de Mário Palmério e razões de sobra lhe assistiriam para sentir-se desanimado. É assim que Uberaba e o Triângulo Mineiro lhe correspondem ao cometimento gigantesco? Menos seu do que da cidade, dos moços da sua terra, é o monumento que ergue, a despeito de todos os percalços, de olhos fitos na Universidade do Brasil Central. Que está acontecendo conosco, quando outra qualquer cidade bafejaria de todos os entusiasmos a dádiva inestimável, sob o prisma cultural e social, da posse de uma escola superior, como a que Mário Palmério ofertou a Uberaba?

No decorrer das primeiras semanas, malgrado o constrangimento com os uberabenses, a faculdade se desenvolveu de forma satisfatória e as provas parciais do primeiro ano letivo foram realizadas em conformidade com a regulamentação (ibidem, 21.6.1948, p.6). Os estudantes começaram a se manifestar politicamente, não tardaram a fundar o centro acadêmico (ibidem, 12.4.1948, p.2) e chegaram a participar de uma "greve" de protesto ao projeto de lei que pretendia equiparar o direito dos farmacêuticos práticos aos diplomados (ibidem, 23.5.1948, p.6). Em julho de 1948, dois representantes dos alunos participaram do XI Congresso Universitário da União Nacional dos Estudantes e foram destaque no jornal (ibidem, 15.7.1948, p.2).

Na prática, o primeiro apoio concreto e efetivo à Faculdade de Odontologia viria do então deputado estadual Carlos Prates, ex--prefeito de Uberaba, que propôs na Assembleia a doação, por parte do Estado, de quatro milhões de cruzeiros para incrementar o patrimônio da mantenedora. Segundo Prates, esse tipo de ação já havia sido efetuado em benefício de outras instituições de ensino particulares de Minas Gerais, nas cidades de Itajubá, Juiz de Fora e Alfenas. Era justo, portanto, que Uberaba fosse também beneficiada (ibidem, 20.9.1948, p.1).

No ano seguinte, o pretensioso Mário Palmério já anunciava a sua faculdade como "a mais bem instalada e aparelhada de todo o país" e assegurava que Uberaba era "o centro educacional de todo o Brasil Central". Assim, aquele professor que começara com um singelo curso de madureza e, em menos de uma década, erguera um curso primário, um ginásio, uma escola de comércio, um colégio e uma faculdade já não

A CONSTRUÇÃO DO MITO MÁRIO PALMÉRIO 123

sentia de fato nenhum acanhamento em afirmar que a sua iniciativa se constituía na "maior organização de sentido educacional de todo o interior do país" (ibidem, 6.7.1949, p.35).

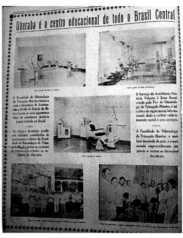

Figuras 31 e 32 – Anúncios especiais da Faculdade de Odontologia do Triângulo Mineiro por ocasião do aniversário de cinquenta anos do *Lavoura e Comércio*.

Figura 33 – Anúncio especial da Faculdade de Odontologia do Triângulo Mineiro por ocasião do aniversário de cinquenta anos do *Lavoura e Comércio*.

4
A CONSAGRAÇÃO PÚBLICA

Até aqui tivemos a oportunidade de acompanhar a escalada profissional de Mário Palmério por meio do estudo detalhado dos esforços que ele empreendeu para consolidar as suas escolas e firmar o conceito dessas instituições. No entanto, isso não é tudo – ou melhor, apenas isso não explica o êxito de sua ascendência nos círculos sociais e políticos da região. Imerso naquela sociedade do elogio mútuo, Palmério desde cedo percebeu que o reconhecimento social não seria consequência apenas do mérito pessoal, mas estaria diretamente condicionado à habilidade no teatro da consagração pública.

Desse modo, o professor aprendeu rapidamente a manejar toda aquela simbologia e, enquanto trabalhava pelas suas escolas, jamais deixou de lado a busca pela visibilidade social. Para isso, ele atuou conscientemente durante toda a década de 1940 para instituir a cenografia e compor a figuração de seu papel social, assim como para participar dos grupos de *status*, acumular prestígio e consolidar o seu nome no imaginário da cidade. É o que estudaremos a seguir.

126 ANDRÉ AZEVEDO DA FONSECA

A encenação do requinte

O homem político empenha-se cuidadosamente para compor uma imagem de si mesmo capaz de atrair e de capturar a reverência permanente do público. "Essa imagem é uma reprodução mais ou menos fiel dele mesmo. É o conjunto de traços que ele preferiu apresentar à observação pública. É uma seleção, uma recomposição" – ensina Schwartzenberg (1978, p.21). Assim, observamos que Mário Palmério, atento à necessidade de edificar uma boa imagem pública, trabalhou zelosamente para selecionar e difundir determinadas qualidades que, de fato, acabaram sendo profundamente relacionadas à sua figura.

No início de 1940, quando os irmãos Palmério anunciaram pela primeira vez aquele modesto curso de madureza instalado em um cômodo da casa da família, o jovem Mário, com seus 23 anos de idade, ainda não era reconhecido em Uberaba por seu papel de professor. É certo que ele ministrara algumas aulas nos anos 1930, trabalhara como docente em São Paulo e uma vez já fora denominado como tal na coluna social do *Lavoura e Comércio*; contudo, na prática, as pessoas ainda não o chamavam propriamente de "professor Mário Palmério". Uma evidência desse não reconhecimento é o fato de que, naquele primeiro anúncio do curso de madureza, Mário tenha sentido a necessidade de ser tão meticulosamente prolixo em sua apresentação: "Prof. Mário Palmério: Ex-professor de matemática dos cursos complementares Pré Médico da Escola Paulista de Medicina e do Colégio Universitário da Escola Politécnica da Universidade de São Paulo" (*Lavoura e Comércio*, 15.2.1940, p.3).

Como vemos, a conceituada Lourencina não precisou de outras qualificações além de seu próprio nome – o que indica, ao contrário do irmão, uma notoriedade já implícita. Mas o jovem professor, até há pouco conhecido apenas como o garotão que gostava de pomares, caçadas e pescarias, não pôde deixar de propagandear-se por meio de uma verdadeira apologia para sugerir uma supervalorizada carreira docente em São Paulo (que, como sabemos, havia sido bem curta). A despeito da inconfessada – mas evidente – inexperiência, essa efusiva autoapresentação foi a primeira iniciativa de Mário Palmério no sentido de disputar um posto prestigioso no imaginário da cidade.

A CONSTRUÇÃO DO MITO MÁRIO PALMÉRIO 127

Figura 34 – Primeiro anúncio do curso de madureza "Triângulo Mineiro" publicado no *Lavoura e Comércio*, em 15 de fevereiro de 1940.

Entretanto, evidentemente o professor precisava de mais. Como vimos, assim que abriram o curso primário do Liceu, os irmãos procuraram o *Lavoura* para anunciar a iniciativa. E é claro que o jovem Mário aproveitou a oportunidade para apresentar, com todas as letras, o seu novo papel na cena social da cidade. Desse modo, com o diligente apoio do jornal, que cumpriu o obséquio de falar por ele, o jovem professor empenhou-se como pôde para atribuir a si mesmo a surpreendente e precoce competência que o habilitava, indubitavelmente, às responsabilidades na codireção de uma escola primária:

Melhor recomendado para o sucesso do "Liceu Triângulo Mineiro" não se poderia encontrar. O prof. Mário Palmério é uma personalidade talhada para mister de tal ordem. Esse professor do curso complementar pré-médico da Escola Paulista de Medicina, e ex-vice diretor do Liceu Pan-Americano, um dos maiores estabelecimentos de ensino da capital paulista e de propriedade da referida escola, o jovem conterrâneo, ainda aluno da secção de ciências matemáticas da Faculdade de Filosofia, Ciências e Letras da Universidade de São Paulo, foi nomeado pelo governo do Estado de São Paulo para reger a cadeira de Análise Matemática, Cálculo

128 ANDRÉ AZEVEDO DA FONSECA

Vetorial e Geometria Analítica do Colégio Universitário da Escola Politécnica da Universidade de São Paulo, no período letivo de 1939. E tal foi o brilhantismo com que se distinguiu em cargo tão honroso e difícil, que em agosto do mesmo ano, o governo paulista o comissionou para se especializar em engenharia aeronáutica no Curtiss Technical Institute, na Califórnia, Estados Unidos da América do Norte, dada a falta de técnicos brasileiros especialistas na construção de aviões e curso esse só possível aos bem iniciados na mais difícil e árdua ciência: a matemática. E só não foi realizada a viagem de estudos aos Estados Unidos pelo prof. Mário Palmério devido à insegurança do atual conflito europeu, suscetível de se estender ao mundo todo, o que iria prejudicar intimamente tão desvanecedora comissão dada pelo governo paulista ao jovem professor. (*Lavoura e Comércio*, 9.5.1940, p.2)

Por ocasião do anúncio precipitado daquela malograda Faculdade de Comércio em 1940, o diário local, obviamente induzido por Mário Palmério, ornamentou ainda mais a biografia do jovem professor, acrescentando adjetivos e tingindo de ouro a experiência profissional em São Paulo. Ao referir-se a Mário e Lourencina, o jornal reprocessou toda aquela loquacidade e registrou o seguinte:

A trajetória do primeiro pelas casas de ensino da capital paulista é uma verdadeira curva ascendente que culmina com a regência da cadeira da Matemática Superior do Colégio Universitário da Escola Politécnica da Universidade de São Paulo. Suas credenciais como professor são, portanto, as mais decisivas. Um sólido e longo curso na Faculdade de Filosofia, Ciências e Letras da Universidade de São Paulo permite ao jovem conterrâneo, especializando-se nas cadeiras de Matemática e Física, inexcedível competência e segurança na regência de cadeiras de tão grande importância. (ibidem, 9.7.1940, p.5)

Assim, com a maior naturalidade, sete meses de docência no ensino secundário em São Paulo se transformaram na "curva ascendente que culmina com a regência da cadeira de Matemática Superior Colégio Universitário da Escola Politécnica da Universidade de São Paulo", e a experiência como aluno em um ano letivo no ensino superior virou um "sólido e longo curso na Faculdade de Filosofia, Ciências e Letras da Universidade de São Paulo". Ainda que a prática da fabulação fosse usual naquela cidade, Mário Palmério seria particularmente talentoso no expediente de supervalorizar os próprios méritos por meio do manejo de um vocabulário abundante e persuasivo, capaz de embaralhar qualquer hesitação. Naquela Uberaba semirrural dos anos 1940, de fato era difícil não se impressionar com tal currículo.

Figura 35 – Notícia sobre a criação do Liceu Triângulo Mineiro publicada em 9 de maio de 1940.

Figura 36 – Notícia sobre a criação da Faculdade de Comércio Triângulo Mineiro publicada em 9 de julho de 1940.

130   ANDRÉ AZEVEDO DA FONSECA

Como vimos no capítulo anterior, no empenho em firmar o imaginário de uma cidade próspera, a imprensa local se empenhava em inflacionar a reputação profissional dos conterrâneos para que esses personagens pudessem corresponder às ilimitadas aspirações civilizatórias das elites sociais. Desse modo, é preciso ter em conta que o alcance daqueles elogios superava o mero indivíduo Mário Palmério, pois, na verdade, essa tradição integrava um projeto histórico de autoafirmação grupal. Uma evidência disso é que, já no noticiário sobre os primeiros empreendimentos dos irmãos, a imprensa jamais deixou de associá-los ao "impressionante surto de desenvolvimento" de Uberaba. Naquele primeiro semestre de 1940 – ou seja, antes mesmo da efetivação do curso primário –, o *Lavoura e Comércio* (9.5.1940, p.2) afiançava, por exemplo, que o Liceu se tratava de uma "modelar casa de ensino" que confirmava o extraordinário progresso da cidade. Quando Mário e Lourencina prometeram a jamais realizada Faculdade de Comércio, o jornal foi às alturas:

> É incrível, para quem está acostumado com fatos normais, o movimento progressista que se desenvolve em Uberaba. A marcha para a frente que se processa dentro de nossa terra atinge velocidade e força raríssimas vezes alcançadas em coletividades humanas. E em todos os setores da atividade, Uberaba se revela desta maneira verdadeiramente extraordinária. Ainda há poucos meses noticiávamos nós, com a mais profunda satisfação, a fundação do Liceu Triângulo Mineiro, estabelecimento de ensino primário e secundário que se ergueu graças ao dinamismo e pujante iniciativa de dois irmãos uberabenses: o prof. Mário Palmério e a profa. Lourencina Palmério. [...] Extendem eles agora, mais ainda, o seu raio de ação. Foi fundada a Faculdade de Comércio Triângulo Mineiro. (ibidem, 9.7.1940, p.5)

Para o *Lavoura*, essa notícia deveria inspirar o júbilo de toda a cidade, pois, além de marcar um verdadeiro "acontecimento" na história de Uberaba, os irmãos eram "conterrâneos" que se empenhavam em levar, mais adiante ainda, a civilização local: "E isso deve ser motivo de grande satisfação por parte de todos os uberabenses que querem que o progresso de sua terra seja feito por seus próprios filhos".

A CONSTRUÇÃO DO MITO MÁRIO PALMÉRIO 131

Contudo, ainda que o jovem Mário tivesse interesse em participar dos circuitos sociais, ele não parecia disposto a abrir mão de sua individualidade em nome de uma ascensão meramente institucional do Liceu. Assim, tirando partido da disposição da imprensa em superdimensionar os feitos dos "uberabenses", Maria Lourencina (natural de Sacramento) e Mário Palmério (nascido em Monte Carmelo), filhos de um imigrante italiano, ao ignorarem a tradição xenofóbica em Uberaba (cf. Fontoura, 2001), aproveitaram todas as oportunidades para impor os seus nomes na vida da cidade. Não era muito comum, no caso das demais escolas, por exemplo, que os diretores fossem nominalmente citados nos anúncios publicitários. No entanto, desde as primeiras propagandas do curso de madureza, os irmãos Palmério cuidaram de estampar os seus nomes e sobrenomes com destaque e raramente deixaram de se vincular com intimidade à imagem da escola.

Naqueles primeiros anos, a despeito da desenvoltura do jovem professor, alguns indícios nos apontam que, na percepção pública, a experiente Lourencina era reconhecida como a notória diretora do Liceu. Assim, de certo modo, o caçula não deixava de disputar com a irmã a primazia na imagem de principal representante da escola. Em julho de 1940, por exemplo, o *Lavoura e Comércio* (22.7.1940, p.4) registrou que havia sido Mário quem estivera no Departamento Nacional de Ensino para tratar do reconhecimento oficial. Mas, em janeiro de 1941, quando a prefeitura enviou ao governo de Minas um telegrama coletivo de homenagens, foi Lourencina quem assinou pelo Liceu (ibidem, 15.1.1941, p.6). No mês seguinte, Mário assumiu sozinho alguns anúncios de aulas particulares na escola (ibidem, 8.2.1941, p.5). Lourencina, por sua vez, reivindicou o mérito individual no sucesso da aprovação de ex-alunos em concursos públicos (ibidem, 20.2.1941, p.3), enquanto o irmão continuava assinando sozinho, agora com o seu nome em letras maiúsculas, os anúncios de classes particulares (ibidem, 25.2.1941, p.4). Na propaganda do curso primário do ano letivo de 1941, os irmãos apareceram juntos (ibidem, 14.3.1941, p.4); mas, quando o Liceu anunciou a incorporação dos alunos do recém-extinto Ginásio Brasil, foi Mário quem assinou, sozinho, o comunicado (ibidem, 25.3.1941, p.1). No fim do ano, foi noticiado que Mário mais uma vez era o responsável pelas transações com a fiscalização federal (ibidem, 23.12.1941, p.6). Até que, em dezembro de 1941, na notícia sobre a criação do curso secundário, Mário Palmério já era reconhecido como o único diretor-proprietário do estabelecimento (ibidem, 26.12.1941, p.1). Ou seja, a discreta Lourencina deixou a escola sem espalhafato, de modo que, a partir de 1942, os anúncios trariam apenas o nome do irmão (ibidem, 2.1.1942, p.6).

Figura 37 – Em dezembro de 1941, Mário Palmério já era reconhecido como único diretor do Liceu.

Figura 38 – O anúncio do ano letivo de 1942 trouxe apenas o nome de Mário na direção da escola.

A CONSTRUÇÃO DO MITO MÁRIO PALMÉRIO 133

Podemos notar que Mário Palmério passou a ser realmente respeitado na cidade quando conseguiu instalar o curso secundário, em fins de 1941. Se nos lembrarmos de que, em Uberaba, até então existiam apenas dois ginásios, devemos reconhecer que o feito tinha cacife para impulsioná-lo ao rol dos grandes realizadores locais. A notícia sobre o início das aulas na "vitoriosa casa de ensino", por exemplo, já se referia à "orientação criteriosa e segura" do "conhecido educador". Ou seja, em dois anos, Palmério já firmara, de modo inequívoco, a sua notoriedade profissional (ibidem, 7.4.1942, p.5).

Consciente da fragilidade daquela conquista, Palmério passou a procurar meios para garantir a visibilidade permanente da escola – e de sua própria figura – no imaginário da cidade. E foi assim que, ao lado dos anúncios publicitários e das colunas sociais, o professor começou a aparecer também nas colunas de esportes do *Lavoura e Comércio*. Vejamos como isso se deu.

Uma das ações que aparentemente mais entusiasmavam o diretor era o incentivo às práticas esportivas estudantis. Como vimos, Palmério vez ou outra se manifestava sobre a importância que conferia à educação física na formação escolar. A propósito, o *slogan* da escola em 1943 era "Uma perfeita educação intelectual ao par de uma completa educação física" (ibidem, 11.10.1943, p.2). Pois bem. Em geral, naquela época, as colunas de esporte da imprensa local noticiavam precisamente os torneios entre os times de colégios, associações e clubes recreativos. A despeito do amadorismo dos atletas, esses jogos eram descritos como "sensacionais" e conquistavam espaços privilegiados nas páginas do jornal. Foi nesse contexto que, no segundo semestre de 1942, Mário Palmério incentivou a criação do time de voleibol feminino, e, a partir de então, as garotas do chamado "six do Liceu" entraram animadas no circuito desportivo da cidade.

A participação nos torneios mobilizava a imaginação dos alunos e de suas famílias, garantia a publicação de fotografias das atletas nos jornais, promovia o nome da escola e popularizava ainda mais a figura do diretor. O *Lavoura* fazia a sua parte e se empenhava para espetacularizar a imagem das jovens jogadoras e criar a expectativa de jogos fantásticos e imperdíveis. Em uma partida entre o Liceu e o Ginásio

Nossa Senhora das Dores, por exemplo, o jornal registrou que se tratava do "mais sensacional torneio" já organizado na cidade e "o maior espetáculo esportivo de todos os tempos". Vale a pena reproduzir um trecho:

> De um lado veremos o "combinado Liceu", formado por seis jogadoras de méritos consagrados, quer no jogo defensivo quer no ofensivo. Como cérebro desse sexteto veremos Nirinha, a mais perfeita jogadora da cidade, deleitando seus "fans" com suas jogadas alucinantes e matemáticas. Veremos a maliciosa Estela colocando bolas no campo adversário em todos os claros que encontra. Integram ainda o "combinado Liceu" outras jogadoras de cartaz, como Norma Curi, uma das melhores levantadoras da cidade, Laurita, que está em toda a parte, Glaura, perita no jogo defensivo e Beatriz, que dia-a-dia firma-se com seu jogo calculado e calmo. (ibidem, 14.11.1942, p.4)

É interessante notar que, a despeito do trabalho do professor de educação física, era Mário Palmério quem aparecia no jornal ao lado das alunas. Mais tarde, os garotos do Colégio Triângulo Mineiro entrariam também no circuito estudantil de futebol (ibidem, 3.9.1947, p.3), e os alunos da faculdade passariam a disputar os "sensacionais" campeonatos de vôlei (ibidem, 7.8.1948, p.3). Foi assim, portanto, que o diretor utilizou as colunas esportivas para obter mais visibilidade e renome profissional.

Figura 39 – A coluna esportiva do *Lavoura e Comércio* conferiu visibilidade ao Liceu e à figura de Mário Palmério em 1942.

Figura 40 – Mário Palmério posa com as alunas Estela, Nirinha, Glaura, Laurita, Nair e Vanda, em setembro de 1942, na quadra do Liceu.

Além dessas exibições desportivas, a partir de 1943 Mário Palmério passou a organizar, sob os mais variados pretextos, uma série de desfiles de seus alunos pela cidade. Devemos nos lembrar de que as paradas de caráter cívico organizadas pela ditadura de Vargas eram uma das práticas de propaganda mais utilizadas na época. É preciso ponderar também que os desfiles escolares em Uberaba não foram uma tradição inaugurada por Mário Palmério ou pelo Estado Novo, pois há anos o Diocesano e o Nossa Senhora das Dores, por exemplo, já lançavam mão desse expediente para firmar presença na cidade.

A primeira passeata do Liceu seria realizada apenas em julho de 1943, por ocasião da comemoração dos três anos da escola. Nessa época, o primário e o secundário já tinham uma quantidade razoável de estudantes capaz de impressionar a cidade. Por isso, nas palavras do jornal, os alunos do "conceituado educandário" desfilaram "com muito garbo e disciplina" pelas principais ruas de Uberaba, "ostentando o seu alvo uniforme de paradas e transportando a bandeira nacional e o pavilhão do educandário". Essas manifestações ofereceram uma contribuição nada desprezível para incorporar a escola na imaginação da cidade:

136 ANDRÉ AZEVEDO DA FONSECA

> Grande número de pessoas acorreu às sacadas de nossos prédios e às janelas de nossas residências particulares, a-fim-de apreciar aquele espetáculo, digno de ser visto pela magnífica impressão causada e pela nota distinta da perfeita organização técnica e física do renomado estabelecimento de ensino uberabense.(ibidem, 19.7.1943, p.4)

Quando as elites locais passaram a se preocupar com a ostentação do seu espírito patriótico naqueles anos de guerra e de excitação nacionalista, Mário Palmério achou por bem organizar um grande desfile com todos os alunos de sua escola no dia 7 de setembro de 1944. Evidentemente, a parada do Liceu foi destaque no *Lavoura e Comércio*. Afirmando primeiramente o "brilhantismo" daquele "novel e já tão renomado educandário", o jornal registrou que as apresentações "impressionaram vivamente a toda a grande massa popular" que comparecera à Praça de Esportes, em uma prova do compromisso do diretor com a pátria brasileira.

> Os trezentos e tantos moços e moças que, sob o comando pessoal do Sr. prof. Mário Palmério, desfilaram pelas nossas principais ruas e que foram, em seguida, homenagear nossas autoridades [...] deram, com sua magnífica apresentação, a demonstração cabal do esforço que se desenvolve no Ginásio Triângulo Mineiro, em prol da educação cívica da nossa juventude. (*Lavoura e Comércio*, 19.7.1943, p.4)

Em outras ocasiões, Mário Palmério determinou que a escola comemorasse, por exemplo, o centenário de Castro Alves (ibidem, 13.3.1947, p.6), assim como o Dia de Tiradentes (ibidem, 21.4.1947, p.4). E mais uma vez a repercussão foi muito favorável. Para o *Lavoura*, essas iniciativas demonstravam o "apreço" de Mário Palmério por "todas as datas nacionais" e pelo "culto dos homens que souberam engrandecer a pátria brasileira".

As solenidades de formatura também foram transformadas em um importante ritual para afirmar o prestígio da escola e de seu diretor. Consciente da necessidade de impulsionar o conceito de seu ginásio, Mário Palmério fazia questão de trazer a Uberaba figuras de grande expressão para que pudessem atuar como paraninfos das turmas e, consequentemente, agregar valor à imagem da escola. Em 1944, como vimos, os primeiros bacharelandos tiveram como padrinho o próprio Afrânio Azevedo, o pecuarista que patrocinava dezenas de alunos. Em novembro do ano seguinte, Palmério conseguiu articular a vinda de João Alberto Lins de Barros, o recém-demitido chefe de polícia do Distrito Federal, para apadrinhar os alunos (ibidem, 6.11.1945, p.6).

Naquele tempo, João Alberto era um nome popular no país, pois a sua demissão e a imediata nomeação de Benjamim Vargas para a chefia de polícia haviam sido o estopim para a deflagração do golpe que destituíra Vargas no mês anterior. Contudo, o convite a João Alberto estava relacionado sobretudo ao seu papel como ex-presidente da Fundação Brasil Central, criada em 1943, que tinha, entre os objetivos, a promoção do desenvolvimento da Região Centro-Oeste. Os fazendeiros triangulinos haviam estabelecido estreitas alianças com o governo para trazer recursos ao Triângulo Mineiro; assim, é provável que o professor tenha se valido da amizade com os pecuaristas para fazer daquela personalidade o paraninfo de seus ginasianos.

Figura 41 – Mário Palmério, à frente dos alunos, comandou pessoalmente a parada de 7 de setembro de 1944 de sua escola e, assim, garantiu visibilidade nos jornais.

Figura 42 – Em 1955, o desfile dos alunos do Colégio Triângulo Mineiro perpetuava a tradição do Liceu, inaugurada por Mário Palmério em 1943.

Em 1946, Mário Palmério trouxe Carlos Coimbra Luz, ex-ministro da Justiça no governo de Gaspar Dutra, para apadrinhar a turma de bacharelandos do Ginásio Triângulo Mineiro. As palavras do *Lavoura e Comércio* (18.12.1946, p.2) indicam o imaginário que esses eventos procuravam estimular: "Será uma festa das mais brilhantes e imponentes, a exemplo daquelas que o educandário do prof. Mário Palmério realiza todos os anos e terá a abrilhantá-la ainda mais a figura marcante de homem ilustre que é o Sr. dr. Carlos Luz". A paraninfa da turma de 1947 foi a viúva de Vitório Marçola – uma homenagem ao industrial que apoiara o Liceu (ibidem, 13.12.1947, p.6). No ano seguinte, Palmério convidou o ex-deputado federal Alaor Prata para apadrinhar os formandos (ibidem, 27.11.1948, p.6). Essas cerimônias eram também prestigiadas por políticos, juízes e diversas autoridades, de modo que, ano a ano, a escola acumulou um histórico notável de eventos prestigiosos. O *Lavoura* rejubilava-se pelo fato de que, "anualmente, na oportunidade das solenidades de colação de grau", todas aquelas "figuras proeminentes do cenário nacional" se dispusessem a prestigiar o "conceituado estabelecimento de ensino" da cidade.

A CONSTRUÇÃO DO MITO MÁRIO PALMÉRIO 139

Figura 43 – As cerimônias de colação de grau do Ginásio Triângulo Mineiro eram rituais importantes para conferir prestígio à escola.

Como vimos, Mário Palmério jamais deixou de cuidar de sua própria imagem ao mesmo tempo que se empenhava para conferir visibilidade à sua escola. Quando em outubro de 1943 foi assinado o contrato de financiamento da nova sede do Liceu, por exemplo, o professor preparou um verdadeiro espetáculo de autoconsagração. Para monumentalizar aquele instante, Palmério convidou as maiores autoridades em questão e produziu uma imagem de grande poder expressivo que, certamente, impressionou bastante a imaginação da cidade.

Em uma bela fotografia, nove autoridades, de pé e postados no segundo plano em uma semicircunferência, quase que se curvam diante do jovem professor que, no centro das atenções, sentado na única cadeira disponível em uma extensa mesa no gabinete do prefeito, assina solenemente o contrato (ibidem, 11.10.1943, p.6). Entre as autoridades, estavam o próprio prefeito Carlos Prates; o diretor do Departamento de Eletricidade de Uberaba, Thomas Bawden; o gerente da Caixa Econômica, José Sebastião da Costa; além dos representantes da firma construtora e da imprensa local. Mário Palmério, então com 27 anos, é o mais jovem deles. Senhor absoluto da situação, o professor impressiona pela compostura e pela pose de maturidade diante da responsabilidade. O fotógrafo conseguiu compor a cena de modo que a luminosidade partisse do centro, tal como uma aura de Mário Palmério, e irradiasse o rosto de todos.

Figura 44 – Mário Palmério e as autoridades municipais encenam o instante da assinatura do contrato de construção da nova sede da escola, em outubro de 1943.

Em outra circunstância, por ocasião do anúncio da iminente criação dos cursos clássico e científico, Mário Palmério convidou a imprensa para uma longa entrevista que seria publicada na primeira página do *Lavoura e Comércio* (9.4.1946, p.1). Para compor a fotografia, o professor que sempre trajava jaqueta esportiva preferiu vestir um terno escuro e, aparentemente, arrastou uma mesa para o vértice de uma estante da biblioteca, de modo que os livros preenchessem todo o fundo da imagem – trazendo assim uma inequívoca atmosfera de erudição à cena. Mas é claro que ninguém tem o controle de tudo: ainda que o cabelo e o bigode estivessem bem penteados para a fotografia, a postura jovialmente desleixada não deixou de desarranjar o desenho do terno. A mesa foi decorada com uma luminária, dois dicionários cuidadosamente displicentes sobre a mesa e alguns papéis dispostos ao alcance do professor. No momento da fotografia, Mário Palmério não quis aparecer fumando e preferiu deixar o cigarro aceso no cinzeiro. Contudo, a fumaça da brasa indica que aquela abstinência não duraria muito.

A CONSTRUÇÃO DO MITO MÁRIO PALMÉRIO 141

Figura 45 – Mário Palmério recebe jornalistas na biblioteca de sua escola, em abril de 1946.

Mário Palmério era vaidoso e estava ciente da impressão que o seu 1,81 de altura e sua voz grave deixavam nas pessoas. O seu próprio figurino – bigode aparado e cabelo penteado para trás – reproduzia com fidelidade a última moda da época, cujos maiores representantes eram artistas de Hollywood, tais como Cesar Romero, Melvin Douglas, George Brent, Clark Gable, entre outros. Desse modo, não é improvável supor que o professor empregou o seu charme pessoal de modo muito consciente para seduzir e convencer as pessoas.

Por fim, notamos que Palmério tinha muita consciência sobre a importância de idealizar um cenário fabuloso para desempenhar o seu papel social, ao ponto de se envolver pessoalmente no planejamento de seu próprio espaço de atuação. Como vimos, antes mesmo da edificação, a nova sede do Ginásio Triângulo Mineiro já era apresentada como "a maior realização de sentido educacional em toda a região" e "o maior e mais moderno estabelecimento de ensino do interior do país" (ibidem, 6.6.1944, p.15). Por meio de um vocabulário apurado, Palmério discorria com paixão sobre cada um dos detalhes do projeto e empenhava-se com entusiasmo para impressionar os interlocutores. Aquela fachada imponente do pavilhão central e toda aquela descrição das "perfeitas" instalações esportivas (que, por fim, nunca seriam construídas), das salas especiais, da biblioteca e da própria infraestrutura da escola acabaram por se constituir como os elementos mais consistentes de seu prestígio social. "Porque ele é o Ginásio Triângulo Mineiro e o Ginásio Triângulo Mineiro é ele" – definiu o *Lavoura e Comércio* (20.12.1946, p.6). E se o público interno eventualmente tivesse consciência do exagero retórico, o fato é que o colégio ingressou triunfalmente no imaginário da cidade e logo passou a ser considerado como um dos mais evidentes exemplares do "desfile de grandezas" daquela prodigiosa Uberaba (ibidem, 6.7.1947, p.3).

Figura 46 – O pavilhão central do Colégio Triângulo Mineiro simbolizava um dos mais importantes exemplos do patrimônio material de Uberaba nos anos 1940.

É preciso notar ainda que o próprio estilo arquitetônico concebido para ornamentar o pavilhão central expressava, com clareza, o ideal de erudição que Palmério conscientemente procurava trazer ao cenário de seu empreendimento. Ao recuperar referências do classicismo greco--romano e da arquitetura renascentista, o prédio de estilo neoclássico passaria a inspirar, de imediato, aquele imaginário de instrução e cultura clássica já consagrado nos livros didáticos de história. Ou seja, para efetuar sua dramatização com eficácia, Palmério preferiu deixar

A CONSTRUÇÃO DO MITO MÁRIO PALMÉRIO **143**

de lado a modernidade instável do *art dèco* – a coqueluche estética do momento – para investir em um signo mais conservador, porém já consagrado, das academias de ensino e do saber. Por tudo isso, a Faculdade de Odontologia de Mário Palmério passou a ser considerada, nas palavras do *Lavoura e Comércio* (20.9.1948, p.1), "o florão maior dos nossos cabedais de cultura".

Circuitos de amabilidades

Toda aquela encenação dramática e cenográfica teria sido inútil – ou mesmo contraproducente – se Mário Palmério não tivesse aprendido a transitar com eficácia no circuito de amabilidades das elites locais. Consciente da necessidade de louvar os pares para ser aceito e enaltecido por eles, o jovem professor se empenharia com muita naturalidade para encenar aquele teatro de elogios e, assim, reforçar os símbolos que consagravam determinados personagens e circunscreviam o poder àquele conjunto restrito de atores sociais – do qual, evidentemente, ansiava fazer parte.

Tendo em vista que o papel de "professor Mário Palmério" deveria, necessariamente, corresponder ao imaginário do "intelectual uberabense", era imprescindível fazer exatamente aquilo que as elites ilustradas faziam: ostentar os dotes literários nos jornais. Desse modo, associando essa autoafirmação à necessidade de louvar os pares, o jovem Mário aproveitou a ocasião do aniversário do *Lavoura e Comércio* para estrear uma série de artigos que publicaria entre julho e novembro de 1940. E não por coincidência, o primeiro texto que veicularia naquele ano foi, precisamente, um louvor ao próprio jornal onde escrevia:

> O "Lavoura" sempre foi a minha cachaça. Desde guri que transito por entre as suas oficinas. O "expressamente proibido" que até hoje se vê por cima de sua porta de entrada nunca pôde me barrar. Quando menino, tomei pitos e levei corridas. Mas era sem vergonha demais para não tentar penetrar aquele recinto adorado, onde me babava de gozo ouvindo o baru-

144   ANDRÉ AZEVEDO DA FONSECA

lhão de suas máquinas e me espantando com a habilidade dos tipógrafos. E o amor pelo "Lavoura" foi crescendo e, hoje, gosto dele como de uma coisa minha. Naquele tempo, no meu tempo de menino, eu me espantava com o trabalho lá feito. Hoje, continuo me espantando. O "Lavoura" é ainda a minha cachaça. Continuo levando pitos do Quintiliano. Mas o vício é forte para que eu deixe dele.

Hoje, dia de mais um aniversário do "Lavoura e Comércio" é mais uma oportunidade que se oferece para lembrar o benefício que o jornal de Quintiliano Jardim tem prestado a Uberaba. Todo mundo começa a lembrar-se das campanhas memoráveis em que o paladino da opinião uberabense se tem envolvido. E todo o uberabense, o uberabense que gosta de Uberaba e agradece aqueles que o beneficiaram vêm dar parabéns ao Quintiliano por mais essa vitória conseguida. Os meus parabéns não valem muito porque lá me consideram menino de casa e não prestam atenção no que digo. Isso, porém, pouco importa. Dou meus parabéns ao querido "Lavoura" e duvido que alguém fique mais feliz do que eu, vendo-o ir assim de uma maneira tão bonita, para a frente. Os homens que tangem o nosso grande jornal causam-me inveja. Quintiliano, Brasilino, Olimpio e todos os outros continuam sendo homens maravilhosos que me encheram os olhos de espanto nos meus tempos de menino. Se algum deles me disser: "Saia de perto, não me atrapalhe, vá para sua casa" e outras coisas assim, saio de mansinho, do mesmo jeito, sem ficar zangado. E no dia seguinte, estarei de novo firme.

Gosto demais do "Lavoura", e acabou-se. O "Lavoura" vai para a frente, como esses novos "tanks" que a guerra fez aparecer. Voam, a não sei quantos quilômetros por hora, grandes e poderosos como são. Eu vou agarrado a ele. Sou o mesmo menino enjoado e mexilhão de sempre. Não largo o "Lavoura" de jeito nenhum.

Nem sei se o Brasilino vai compor isso que escrevo. Que felicidade, meu Deus, se eles, os homens extraordinários do "Lavoura", me derem um pouquinho de atenção! (ibidem, 6.7.1940, p.2)

Em uma construção hábil, em termos literários e retóricos, Palmério indicou, no primeiro parágrafo, uma intimidade familiar histórica com o jornal – relação que, naturalmente, o distinguia já no início do relato, tendo em vista que, em Uberaba, era uma honra e um privilégio pertencer ao círculo da família Jardim. Retoricamente, essa intimidade

A CONSTRUÇÃO DO MITO MÁRIO PALMÉRIO 145

prévia o autorizava a emitir opiniões consideradas legítimas, pois Palmério podia falar do que viu e ouviu – ou melhor, do que testemunhou. Desse modo, quando o jovem professor qualifica Quintiliano Jardim como "o paladino da opinião uberabense" e chama os funcionários do jornal de homens "maravilhosos" e "extraordinários", esses elogios são ungidos por uma aura de evidência testemunhal, o que os torna ainda mais poderosos. Desse modo, o texto confirma o talento de Mário Palmério no circuito de amabilidades, pois, ao se empenhar na valorização do louvor que direcionava ao jornal, o professor sabia que poderia esperar uma reciprocidade igualmente enfática por parte dos redatores. E naturalmente a gratificação seria imediata. Contrariando a falsa modéstia daquele professor que se apresentava como um mero "guri" e "menino de casa", o *Lavoura e Comércio* (6.7.1940, p.2) retribuiu prontamente o louvor, com o destaque habitual que concedia aos apologistas:

> Moço de inteligência brilhantíssima, o prof. Mário Palmério integra, hoje, o selecionado de valores da intelectualidade uberabense. Com um sólido curso de Ciências Físicas e Matemáticas, da Faculdade de Filosofia, Ciências e Letras da Universidade de São Paulo e ex-professor da cadeira de Matemática Superior do Colégio Universitário da Escola Politécnica de S. Paulo, o ilustre professor é também dono de um estilo fino e agradável tantas vezes mostrado em colaborações no "Lavoura e Comércio". O prof. Mário Palmério é grande amigo nosso. Residindo, atualmente, conosco, lucra muito Uberaba com sua presença.

Ou seja, lançando mão daquelas mesmas qualificações que o professor se autoconcedia nos anúncios das escolas – e adicionando outros elogios por conta própria – o *Lavoura e Comércio* supervalorizava o autor do relato e, consequentemente, superdimensionava a qualidade do louvor. Mário Palmério aprenderia rapidamente essa regra de reciprocidade, pois, como veremos, a troca de elogios públicos que efetuaria a partir de então seria constante naqueles anos 1940.

Em seus artigos no *Lavoura*, Palmério teria o cuidado de enaltecer os principais símbolos e personagens da cidade. Sob o argumento de

146 ANDRÉ AZEVEDO DA FONSECA

discutir caminhos para o desenvolvimento regional, por exemplo, vários de seus textos foram verdadeiras homenagens aos criadores de zebu: "Não fosse a perseverança quase fanática do triangulino, notadamente do uberabense e, hoje, ver-se-iam os grandes industriais da carne privados do melhor tipo no gênero para o mercado mundial" (ibidem, 13.7,1940, p.5). Em outra circunstância, Palmério defendeu que Uberaba tinha plenas condições de persistir no aperfeiçoamento do gado e "assumir o comando que regerá os destinos da futura pecuária nacional" (ibidem, 24.7.1940, p.2). Em outra ocasião, o professor chegou a argumentar a favor dos fazendeiros em relação ao desejo contrário das novas gerações de deixar a vida rural para estudar nas capitais:

> Sair um moço de uma fazenda para buscar, nas faculdades, um título de médico, advogado ou engenheiro civil não será um contra-senso? [...] Que frequentem, porém, as escolas que foram feitas para eles. O Triângulo Mineiro, zona essencialmente de criação de gado, possui poucos filhos especializados em técnica agrícola e veterinária. Melhor campo para experimentação e especialização não poderão desejar eles. Basta-lhes voltar para casa. Maior serviço não poderão prestar ao Brasil aqueles que auxiliarem a sua agricultura e sua pecuária. Maior patriotismo não poderá existir que o de dar a mão a esses abnegados fazedores de riqueza nacional: os fazendeiros e criadores. (ibidem, 2.8.1940, p.2)

Em outro artigo, Palmério voltaria ao tema, reforçando o "convite aos moços do Triângulo Mineiro para que se dirijam às Escolas de Veterinária e de Agronomia" (ibidem, 15.8.1940, p.2) para ajudar seus pais fazendeiros e contribuir no desenvolvimento da agropecuária regional. Em todas essas ocasiões, os louvores direcionados aos pecuaristas foram expressos nos termos precisos do tradicional circuito de amabilidades:

> Os fazendeiros e criadores de todo o Triângulo Mineiro irão, daqui a algum tempo, ter entrada livre na nova e majestosa sede da Sociedade Rural do Triângulo Mineiro.
> Daqui a algum tempo, todos os numerosos componentes da laboriosa classe de pecuaristas de todo o Brasil poderão, dentro da agremiação

A CONSTRUÇÃO DO MITO MÁRIO PALMÉRIO 147

triangulina, examinar bem de perto a gigantesca e maravilhosa obra aqui realizada: a seleção do gado indiano. [...] A nossa Sociedade Rural começou como começam todas as causas fadadas ao sucesso. Começou com luta e dificuldades [...]. Mas a maioria dos nossos criadores foi, pouco a pouco, desprezando o malfadado interesse particular e cedendo lugar ao interesse geral e de todos. (ibidem, 30.8.1940, p.2)

Evidentemente, não se pode afirmar que o apoio concreto do pecuarista Afrânio Azevedo ao Ginásio Triângulo Mineiro, por exemplo, foi uma espécie de reciprocidade ao apoio simbólico de Palmério ao zebu. Mas não há dúvidas de que a cortesia do professor contribuiu para a simpatia e a boa vontade dos criadores de gado à sua figura e à sua causa.

Contudo, para mensurarmos o teor dessa encenação, é interessante buscarmos, em outros documentos, indícios de uma crítica contundente que Mário Palmério jamais deixaria transparecer em seus artigos ou nas entrevistas na imprensa na década de 1940. Em 1947, chegaria ao ápice uma grande crise que levaria os criadores de zebu à bancarrota. Esse colapso empobreceria a cidade e forçaria os habitantes a desenvolver alternativas para a economia local. Assim, em um rascunho que aparentemente não foi incorporado a um relatório interno para a fiscalização federal de sua escola no início dos anos 1950, a criação da Faculdade de Odontologia em 1947 seria justificada precisamente pelo desejo de Mário Palmério em trabalhar para o "surgimento de novas iniciativas destinadas a modificar o caráter unilateral até então reinantes nessa cidade, a maioria das quais dependentes da criação e da seleção do gado Zebu" ("Relatório para efeito...", 1947). Ou seja, se na esfera pública Palmério expressava lisonjas incondicionais ao zebu, não deixava de assumir, para si, uma postura mais crítica em relação ao "caráter unilateral" da pecuária que "reinava" (eis um termo nitidamente pejorativo) na vida econômica da cidade.

O fato é que, sobretudo a partir de 1942, após a criação do Ginásio Triângulo Mineiro, Mário Palmério firmou o seu reconhecimento social e passou a faturar os privilégios do circuito de amabilidades. Desse modo, não era mais necessário que ele mesmo se autoelogiasse em matérias encomendadas, pois o círculo social já falava por ele.

148 ANDRÉ AZEVEDO DA FONSECA

Anunciante contumaz e vizinho da família proprietária do jornal, Palmério era chamado de "amigo devotado" pelo *Lavoura e Comércio* (26.12.1941, p.1) que, em contrapartida, jamais deixou de apoiá-lo em seu projeto de visibilidade social, garantindo sempre os "mais vivos aplausos" às suas iniciativas. Mário Palmério passou a ser qualificado como "moço de grandes predicados pessoais e espírito progressista" (ibidem, 19.7.1942, p.4), e, em geral, as notícias sobre suas iniciativas contavam com um desfecho tal como: "Jovem, dinâmico e empreendedor, merece esse valente brasileiro as nossas mais entusiásticas e prolongadas palmas" (ibidem, 8.1.1942, p.4).

Até mesmo os articulistas consagrados passariam a louvá-lo. José Mendonça, não por coincidência professor do Liceu Triângulo Mineiro, afirmou que Mário Palmério estava a "inscrever o seu nome entre os grandes benfeitores da nossa querida Uberaba" (ibidem, 26.1.1942, p.2). Santino Gomes de Matos, jornalista e também professor do Liceu, acostumado a louvar as figuras eminentes da cidade a pretexto das circunstâncias mais prosaicas, não teve dificuldade para elogiar Mário Palmério por ocasião da construção da nova sede do ginásio: "Nada mais fácil do que bater palmas a um empreendimento da natureza e do vulto a que o Prof. Mário Palmério mete ombros". Assim, Gomes de Matos escreveu uma verdadeira ode à figura de Palmério, afirmando "o idealismo robusto e impenitente deste moço que sabe respirar em horizontes amplos, infinitos" (ibidem, 2.2.1944, p.2).

Em julho de 1943, mais uma vez Mário Palmério uniu-se às personalidades que homenageavam o *Lavoura* por ocasião do aniversário do jornal. E a retórica foi a mesma: o professor escreveu sobre suas relações de infância com a família proprietária para tecer seu testemunho elogioso. Ao lisonjear Quintiliano Jardim, Palmério afirmou que ele era "uma das mais poderosas alavancas que conseguiram soerguer nossa querida Uberaba, espalhando pelos quatro cantos suas grandezas, animando [...] todas as grandes iniciativas que fizeram de Uberaba o que ela é hoje". Nas suas palavras, o "querido" *Lavoura e Comércio*, o "melhor jornal de todo o nosso interior", era um verdadeiro exemplo de esforço e tenacidade. "Do meu abraço é que ele não fica livre, ele, o jornal que noticiou o meu nascimento, o meu casamento e, se Deus

A CONSTRUÇÃO DO MITO MÁRIO PALMÉRIO 149

quiser, cada vez melhor, maior e mais querido, irá noticiar, também, o meu enterro" (ibidem, 6.7.1943, p.10).

Como vimos, uma das melhores formas de mensurar o prestígio de um ator social naquela cidade é observar a distinção conferida a ele nas colunas sociais por ocasião de um aniversário. Desse modo, se em 1940 o recém-chegado Mário Palmério foi homenageado com 58 palavras e nenhuma fotografia, os efeitos de sua atuação profissional e de seu ingresso no circuito garantiriam, no ano seguinte, um incremento considerável de prestígio. A nota de 1941 no *Lavoura e Comércio* (1º.3.1941, p.4) indica essa capitalização:

> Transcorre hoje a data natalícia do nosso particular amigo prof. Mário Palmério, ilustrado diretor do "Liceu Triângulo Mineiro", dotado de excelentes qualidades pessoais a que alia uma fulgurante inteligência e grande competência profissional.
>
> O distinto aniversariante, que integra com brilhantismo o corpo de colaboradores desta folha, muito benquisto em nossa sociedade onde desfruta de justo destaque, mercê de seus excelentes predicados morais e sociais, será alvo de expressivas manifestações de apreço e consideração por parte de seu vasto círculo de relações e amizade.
>
> Incluindo entre suas mais legítimas aspirações a de contribuir, com a sua melhor energia, para o progresso de sua terra, não tem poupado esforços no fito de dotar Uberaba de uma modelar casa de ensino, o que vem conseguindo com o "Liceu Triângulo Mineiro", estabelecimento dos mais considerados na cidade.
>
> "Lavoura e Comércio", que conta, na pessoa do prof. Mário Palmério, com um de seus melhores amigos, envia-lhe um grande abraço, portador de seus mais sinceros parabéns.

Se em termos quantitativos as 160 palavras de deferência ao professor foram quase o triplo do ano anterior, o aspecto qualitativo, ao seu modo, também foi particularmente incrementado. Mário Palmério, o "particular amigo" do *Lavoura*, era dotado de "excelentes qualidades", "fulgurante inteligência", "grande competência profissional", escrevia com "brilhantismo", era "benquisto" e alcançara "destaque" na sociedade devido aos "excelentes predicados morais e sociais". Além disso, todo um parágrafo procurou introduzir a noção de que Palmério era um homem comprometido com o progresso de Uberaba. Porém, outro aspecto nessa nota parecia ainda mais significativo para indicar o alcance de seu prestígio social: pela primeira vez, Palmério mereceu a publicação de sua fotografia que, propositalmente ou não, foi publicada acima da imagem do consagrado Gomes de Matos.

Figura 47 – Nota de aniversário de Mário Palmério em 1944.

Em 1942, 1º de março caiu em um domingo, dia em que o jornal não circulava. Por isso, não houve homenagens a Mário Palmério (Gomes de Matos, por sua vez, foi homenageado no dia anterior com um texto de três colunas). Contudo, em 1943, as deferências ao professor mereceram 96 palavras e uma fotografia.

> O sr. prof. Mário Palmério, ilustrado diretor do Liceu Triângulo Mineiro, desta cidade, moço talentoso e empreendedor, a que Uberaba deve bastante do incremento de seu ensino secundário.
> Inteligente, culto e trabalhador, aliando a estes predicados o de amigo prestativo e bem educado, conhecedor perfeito de seu *métier*, o prof. Mário

A CONSTRUÇÃO DO MITO MÁRIO PALMÉRIO 151

Palmério se impôs ao conceito de nossa gente, e o seu colégio dia a dia mais progride, dada a confiança que inspiram seus métodos educacionais. Por isto nesta data as homenagens mais significativas serão prestadas ao distinto moço e nós a elas nos associamos cordialmente. (ibidem, 1º.3.1943, p.5)

Vemos, portanto, que, em 1943, os conceitos referentes ao imaginário criado em torno da figura do professor já pareciam firmados: "ilustrado", "inteligente", "culto", "talentoso", "empreendedor", "trabalhador", "amigo prestativo", "bem educado" e "conhecedor perfeito" das questões relacionadas à educação, a quem Uberaba deveria ser grata.

Em 1944, a ascendência do Ginásio Triângulo Mineiro e a intimidade no trânsito pelos círculos sociais da cidade o credenciaram à sua maior homenagem de aniversário na coluna social:

[...] digno diretor do Ginásio Triângulo Mineiro, desta cidade, e elemento de destacada projeção nos nossos meios culturais e sociais.

Espírito empreendedor e dinâmico, o distinto aniversariante constitui uma das mais vivas expressões da inteligência e da capacidade realizadora da nova geração uberabense. Dirigindo o antigo Liceu Triângulo Mineiro, o sr. prof. Mário Palmério tem contribuído de maneira positiva e eficiente para a formação moral e espiritual de centenas de jovens, que encontram no seu modelar estabelecimento os mais modernos processos de ensinamento, a par de uma educação física completa.

Ainda há pouco, o jovem professor uberabense, demonstrando o seu invulgar dinamismo, contratou com idônea firma construtora a edificação do novo Ginásio Triângulo Mineiro, obra de grande vulto, que representa mais um fator preponderante para o progresso e embelezamento de nossa cidade.

As atividades do ilustre nataliciante não se limitam somente à direção do seu conceituado estabelecimento de ensino. Mário Palmério é também um fulgurante cronista, de estilo atraente e agradável, figurando entre os nossos destacados colaboradores. No que se refere à educação física, Uberaba muito deve a este ilustre filho, de vez que tem sido um propugnador incansável dos nossos esportes, particularmente os especializados, que no Ginásio terão departamentos especiais, dotadas das mais modernas instalações.

152 ANDRÉ AZEVEDO DA FONSECA

> Moço de sólida cultura, possuidor de esmerada educação e fina lhanesa de trato, o jovem educador uberabense desfruta em nossos meios sociais de um elevado círculo de relações e amizades, que nesta auspiciosa oportunidade lhe renderão as mais expressivas e sinceras homenagens a que faz jus, e às quais nos associamos com satisfação, fazendo votos pela sua sempre crescente prosperidade e pela sua felicidade junto aos seus. (1º.3.1944, p.3)

Esse texto indica claramente o grau de consagração alcançado por Mário Palmério naquele ano. Para o *Lavoura*, o professor era "uma das mais vivas expressões da inteligência e da capacidade realizadora da nova geração" e se tornara um homem de "destacada projeção" nos meios culturais e sociais uberabenses, tendo em vista seu "espírito empreendedor" e seu "invulgar dinamismo" aliados às qualidades de "fulgurante cronista", "sólida cultura", "esmerada educação" e "fina lhanesa de trato".

Precisamos notar que Mário Palmério, membro assíduo do circuito de amabilidades, também louvava publicamente as eminências de Uberaba, tal como o prefeito Carlos Prates, que o ajudara nas negociações para a obtenção do empréstimo na Caixa Econômica Federal em 1943. "Moço de invulgares qualidades de inteligência e de caráter, a atenção e simpatia com que acompanhou as minhas *démarches* determinaram, em grande parte, o êxito do meu empreendimento", afirmou Mário Palmério em entrevista (ibidem, 6.7.1943, p.2). Em retribuição, todo o circuito era mobilizado para prestigiar o professor nas auto-homenagens que ele se concedia, tal como no churrasco de comemoração às obras de seu colégio:

> Figuras as mais representativas de nossa sociedade, nossas altas autoridades administrativas, representantes [...] de nossos vários estabelecimentos de ensino e um grande número de amigos e admiradores do dinâmico moço que está realizando em Uberaba uma notável obra de caráter educacional, ali estiveram e saborearam um farto e suculento churrasco com profusão de bebidas. (ibidem, 23.10.1944, p.3)

A CONSTRUÇÃO DO MITO MÁRIO PALMÉRIO 153

Ainda nesse evento, Palmério reiterou sua "grande e imorredoura" gratidão a Carlos Prates e a Benedito Valadares, e, também por isso, obteve o prestígio máximo do município, que foi a presença do próprio prefeito que, elogiado anteriormente, não deixou de discursar a favor dos "sacrifícios" vencidos pelo jovem professor em sua empreitada:

> O discurso do ilustre governador da cidade foi entusiasticamente aplaudido, várias vezes interrompido por vibrantes salvas de palmas e manifestações de simpatia ao sr. Mário Palmério, cujas lutas pela realização de seu ideal foi tão fielmente reproduzido na bela e eloquente oração do sr. Prefeito. (ibidem)

Em suma, a disposição do professor em louvar os atores proeminentes da cidade contribuiu para que sua figura fosse igualmente enaltecida naquela circularidade de louvores. O discurso do paraninfo Afrânio Azevedo, homenageado por Mário Palmério por ocasião da formatura da primeira turma de bacharelandos do ginásio, por exemplo, configurou-se como uma verdadeira homenagem ao professor que o homenageava. Ou seja, ao ser louvado, Azevedo elogiou o "arrojado empreendimento" de Mário Palmério e, citando-o nominalmente, exaltou "o valor daqueles que vencem pelo seu próprio esforço" (ibidem, 27.12.1944, p.3).

No seu aniversário de 1945, Mário Palmério, tratado como o "competente diretor do Ginásio Triângulo Mineiro", foi louvado no *Lavoura e Comércio* (1°.3.1945, p.3) como "moço arrojado e inteligente", dotado de "grandes qualidades de iniciativa, de audácia", além de portador de grandes predicados de coração, caráter e inteligência. No diário *O Triângulo* (1°.3.1945, p.2), Palmério foi descrito como "espírito organizador e dinâmico", além de "professor dotado de grande vocação, inteligência lúcida e culta". No ano seguinte, tais adjetivos já pareciam definitivamente incorporados à figura do professor:

> Às suas qualidades pessoais e ao seu reconhecido tirocínio profissional alia o distinto aniversariante marcantes predicados de inteligências, cora-

154 ANDRÉ AZEVEDO DA FONSECA

ção e de caráter, trato lhano, formosa cultura e tantos outros dotes que lhe granjearam admiração, estima e apreço de quantos formam o seu vasto círculo de relações. (*Lavoura e Comércio*, 1°.3.1946, p.5)

Como vemos, Palmério não deixou de lançar mão de sua própria escola para prestar homenagens às grandes figuras da cidade. Em 1946, por exemplo, foi noticiado que o Ginásio Triângulo Mineiro, "que obedece a direção competente e patriótica do sr. prof. Mário Palmério", prestara homenagens a Artur Reis, ex-diretor do Centro de Saúde de Uberaba, por ocasião de sua promoção ao Centro de Saúde Modelo em Belo Horizonte. Para isso, Palmério mobilizou cerca de 700 alunos para homenagear aquele que fora também um professor da escola. "Em nome do Ginásio falou o seu inteligente diretor, prof. Mário Palmério que, pronunciando belíssima oração, enalteceu as excelentes qualidades do ilustre homenageado, sendo muito aplaudido o seu brilhante discurso", registrou o *Lavoura e Comércio* (24.7.1946, p.6). Assim, a homenagem garantiu visibilidade à escola e aplausos à sua própria figura.

Isso, entretanto, não é tudo. Já tivemos a oportunidade de notar que uma das formas mais utilizadas para a circulação do *status* social naquela cidade era a participação em clubes e associações representativas. Portanto, não foi uma surpresa observar o interesse do professor em se apropriar de um símbolo prestigioso daquela natureza. E foi assim que, no dia 11 de junho de 1946, a fotografia de Mário Palmério foi novamente estampada com destaque no *Lavoura e Comércio* (p.3), mas, dessa vez, por causa da criação do "Clube de Xadrez de Uberaba", agremiação que fundou e da qual se tornaria o primeiro presidente: "o Clube de Xadrez de Uberaba está fadado a uma existência vitoriosa, de vez que são enxadristas entusiastas, dispostos a trabalhar em prol da difusão do esporte dos reis em nossa cidade" – rejubilou o jornal, argumentando também que a criação de um clube daquela natureza era uma grande conquista do esporte uberabense (ibidem, 21.6.1946, p.3). E a partir de então, o *Lavoura* sempre conferiria destaque aos campeonatos de xadrez promovidos pela agremiação.

Figura 48 – Notícia sobre a criação do Clube de Xadrez de Uberaba publicada em junho de 1946.

No ano seguinte, Mário Palmério assumiu também o conselho fiscal do Clube de Caça e Pesca, fundado solenemente em 27 de fevereiro no salão nobre da Casa do Comércio e da Indústria de Uberaba (ibidem, 8.3.1947, p.3). E nas suas próprias escolas, Palmério assumiria ainda a presidência de honra da diretoria de esportes do Colégio Triângulo Mineiro (ibidem, 24.8.1948, p.3) e seria homenageado nomeando a primeira agremiação estudantil da sua faculdade, o "Centro Acadêmico Mário Palmério" – Camp (ibidem, 10.11.1948, p.2). A participação nessas associações garantiu ainda mais visibilidade ao seu nome, tendo em vista que o noticiário local jamais deixava de prestigiar cada um dos associados, sobretudo por ocasião das eleições de diretorias.

A propósito, como vimos, os eventos anuais de formatura dos alunos se tornaram os pontos culminantes de seu empenho em se

156 ANDRÉ AZEVEDO DA FONSECA

autoafirmar perante o circuito de amabilidades. Na prática, essas solenidades – representadas nos jornais como "festa de entrega de diplomas" – se transformaram em verdadeiras auto-homenagens veladas, em que os uberabenses ilustres eram mobilizados para prestigiar a escola e aplaudir o diretor. Em 1948, por exemplo, a festa foi "abrilhantada" pelo paraninfo Alaor Prata, pelo prefeito Boulanger Pucci, pelo inspetor Jorge Frange, além de vereadores e autoridades militares. Evidentemente, parte do discurso do paraninfo não pôde deixar de "tecer um justo e largo elogio" ao "Colégio do professor Mário Palmério" (ibidem, 13.9.1948, p.2).

Em 1949, por ocasião das comemorações do cinquentenário do *Lavoura*, o já consagrado professor reafirmou suas relações de infância com o jornal, garantindo, dessa vez, que o tradicional vespertino uberabense fora, na verdade, a sua primeira cartilha onde ele aprendera a ler as primeiras palavras, nas lições particulares do irmão mais velho. "Alio-me a estas homenagens não apenas na qualidade de amigo certo de Quintiliano Jardim e de seus filhos", afirmou o professor. "Faço-o, principalmente, pelo respeito que tenho pela grandeza de seu trabalho e, sobretudo, pela fortaleza e tenacidade de sua personalidade." Argumentando que ninguém podia negar o mérito de Quintiliano Jardim no auxílio a "todas as iniciativas, grandes ou pequenas, que nasceram em Uberaba e visaram o seu engrandecimento", Mário Palmério empenhou-se para firmar aquele conceito tão caro às aspirações de glória das elites ilustradas locais: "A história de Uberaba foi feita por poucos homens. Quintiliano Jardim é um dos seus maiores" (ibidem, 25.6.1949, p.1).

O elogio recíproco imediato do *Lavoura* direcionado a Mário Palmério o enalteceu com termos muito similares aos que recebia. "O professor Mário Palmério é, sem nenhum favor, um dos homens que mais têm contribuído para a prosperidade de Uberaba e para o engrandecimento da nossa civilização", afiançou o jornal.

> Patriota dos mais sinceros, crendo firmemente nos destinos da nacionalidade; trabalhador infatigável, de todas as horas e de todos os instantes, construiu, para os seus estabelecimentos de ensino, o esplêndido conjunto de edifícios, que toda Uberaba admira.

A CONSTRUÇÃO DO MITO MÁRIO PALMÉRIO   157

Caráter imaculado, coração boníssimo, amigo dos mais devotados, chefe de família carinhoso e exemplar, o professor Mário Palmério enobrece a nossa sociedade. (ibidem, 25.6.1949, p.1)

Naquele ano, o nome de Mário Palmério apareceria também nas infalíveis listas de subscritores do banquete oferecido em homenagem a Quintiliano Jardim, ainda por ocasião do aniversário do jornal (ibidem, 30.6.1949, p.1). E na colação de grau dos alunos da 4ª série do Colégio Triângulo Mineiro naquele mesmo ano, Quintiliano mereceria uma "distinção toda especial" ao ser convidado para presidir a cerimônia de entrega de diplomas. Evidentemente, o discurso do diretor do *Lavoura* nessa "memorável e seleta cerimônia" louvou efusivamente a figura de Mário Palmério, qualificando-o como "moço de invejável capacidade de realização, a quem Uberaba já servia um sem número de benefícios no campo da instrução" (ibidem, 16.12.1949, p.6). Assim, as lisonjas do professor favoreceriam uma reciprocidade permanente do jornal.

A virtude estética

Tal como faziam as elites sociais naquela cidade, Mário Palmério não deixou de se empenhar para construir em torno de sua figura uma imagem pública de homem devotado e de espírito misericordioso. Como vimos, ao lado do poderio econômico e das trocas de lisonjas, a ostentação das "qualidades de coração" era um expediente largamente empregado na busca e na legitimação da distinção social. Em seu empenho para ascender socialmente, parecia, portanto, imprescindível corresponder também a essa expectativa moral da boa sociedade uberabense. Assim, depois de louvar o *Lavoura* e o zebu naquela série de artigos de 1940, Mário Palmério juntou-se às vozes que defendiam a criação de um abrigo para as crianças carentes e escreveu o seguinte texto:

Uma esmolinha pelo amor de Deus...

Um fato verdadeiramente constritor marca, hoje, a civilização de nossa grande cidade: a legião de meninos-mendigos abalroando o uberabense nas ruas, nas casas comerciais e nos cafés. Imundos, esfarrapados, a maioria ainda na primeira infância, estendem eles as mãozinhas sujas e solicitam a esmola num gesto que foi o primeiro aprendido conscientemente e numa frase que, antes de qualquer outra, lhe foi ensinada. E são os pobrezinhos recebidos, quase sempre, de dois modos: pelo uberabense comum, sem teorias sociais revolucionárias que, sem discussão, pinga o níquel; e pelo uberabense pão duro que solta um seco "não há, meu filho". Todos os dois tipos de uberabenses procedem de acordo com sua consciência. São decentes. Há, porém – infelizmente os há em número reduzido – os reformadores, os bam-bam-bans, donos de soluções infalíveis para tudo e que sabem sempre ter o pobre guri esfarrapado um pai preguiçoso e malandro que faz do filho um meio mais cômodo para viver folgado. Negam, esses turunas de cafés, solenemente, o níquel, e ainda justificam sua conduta, aos olhos dos circunstantes, sugerindo medidas de proteção e outras coisas parecidas.

E, enquanto nós podemos levantar os olhos a Deus e agradecer por nos ter feito nascer numa cama melhorzinha, a gurizada, pobre, maltrapilha, suja e doente de Uberaba vai aumentando, escapulindo, de manhãzinha, dos altos, em busca, na cidade, de uns níqueis e pedaços de pão para levar ao pai paralítico, ao cair da noite (Os tais reformadores, os tais bam-bam--bans, donos de soluções infalíveis acham que malandros só são os pobres e que o luxo da posse de um "tábis", de uma tuberculose e de um câncer só pode caber aos ricos).

E vai aumentando o número de meninos mendigos, enquanto os outros meninos protegidos pelo acaso vão tendo destinos mais felizes.

Uberaba, porém, possui, graças a Deus, gente boa, caridosa, justa. Gente que sabe que poderia ter nascido no Campo das Amoras ou em outro lugar parecido se não fosse o misterioso acaso. Gente nobre como Paulo Rosa e Antônio Alberto. Gente que não se envergonha de se debruçar por sobre o colchão imundo para auscultar um peito ainda mais imundo de uma pobre criança nascida numa baiuca de subúrbio. Gente que não tapa o nariz com lenços de cambraia quando entra em casinhas fétidas e esburacadas. Gente que tem o coração feito de carne tenra.

A Casa da Criança e agora o Patronato de Menores estão aí para demonstrá-lo.

Auxiliai-os, povo de Uberaba!

Auxiliai-os, ó vós que acreditais que a infância de hoje são os homens de amanhã!

A CONSTRUÇÃO DO MITO MÁRIO PALMÉRIO 159

Auxiliais-os, também vós que deveis a Deus um imposto pesado sobre a renda que começastes a gozar desde o vosso nascimento! Auxiliais-os, ainda vós, que vos sentis mal com o mau cheiro das roupas que a miséria deixa existir. Ficareis, assim, livres deles! Uberabenses: quando um Paulo Rosa e um Antônio Alberto estender--vos a mão, solicitando-vos um óbulo para a Casa de Criança e para o Patronato de Menores, não o negueis. Prestais ouvidos aos bater desses dois grandes e generosos corações e ouvireis as vozes de milhares e milhares de meninos pobres, doentes, imundos, miseráveis, maltrapilhos, balbuciando, este doloso apelo: "Uma esmolinha pelo amor de Deus..." (ibidem, 3.8.1940, p.5)

É interessante observar que, na retórica do texto, o uso do imperativo afirmativo na segunda pessoa do plural e de frases curtas e repletas de ensinamentos morais trouxe aos últimos parágrafos um caráter inequívoco de uma oração – ou de uma parábola. Foi com essa bela prece literária direcionada aos "pobrezinhos", portanto, que Palmério manifestou, pela primeira vez, os sentimentos humanitários que deveriam legitimar sua atuação social. É injusto, evidentemente, acusar Mário Palmério de cinismo, ou de demagogia, pois não há indícios de que ele não acreditava no que dizia. Ao contrário, sua crítica aos que tapavam o nariz "com lenços de cambraia" é um dado revelador de certa aversão ao luxo que o professor sempre fazia questão de manifestar em diversas circunstâncias – ainda que, por necessidade social e política, atuasse naquele cenário de requinte. Contudo, notamos que o tema das crianças de rua jamais seria abordado novamente em seus artigos – o que significa que essa questão não se tratava de uma causa que inspirasse engajamento permanente. Não obstante, o que nos interessa, acima de tudo, é verificar a sintonia de Palmério com o imaginário caritativo daquelas elites, assim como apontar o seu empenho em expressar publicamente a sua índole altruísta e piedosa.

Pois bem. Duas semanas depois, um católico Mário Palmério fez questão de escrever um artigo sobre Nossa Senhora da Abadia, a padroeira da cidade:

160 ANDRÉ AZEVEDO DA FONSECA

> Boa, milagrosa e misericordiosa Senhora da Abadia: faz anos hoje, meu tempo feliz de menino. Tempo em que, junto à minha mãe, levantava-me cedinho, ainda na hora de poder ver a estrela d'Alva, bonita e grande, ir se sumindo devagarinho e bem longe, no céu.
>
> Tempo feliz, em que não havia causa melhor no mundo de que passar pela praça da Misericórdia, pelos trilhos orvalhados e rasgados no meio dos "mal-me-queres" e das "maravilhas" de todas as cores, em busca, lá no alto, de Sua pequenina igreja.
>
> Tempo feliz, em que podia repousar meus olhos na Sua imagem e ficar, o tempo todo da missa, pedindo à Senhora coisas e mais coisas impossíveis. [...]
>
> Hoje, tenho um medo enorme de Seus olhos. Sinto que eles estão sempre olhando para mim, com tristeza, pela ingratidão, que tive com a Senhora e pelo muito que pequei.
>
> Boa, milagrosa e misericordiosa Senhora da Abadia. Não me olhe com tristeza... Eu preciso voltar, de novo, a seus pés. Tenho tantas coisas para pedir a Deus! E só a Senhora poderá consegui-los para mim... (ibidem, 12.8.1940, p.2)

Uma vez mais, em outro artigo que novamente sugeria uma prece, Mário Palmério procurava, nessa oportunidade, afirmar a sua identificação com a cultura católica local por meio da exibição de uma intimidade histórica e familiar com a padroeira da cidade. Amparado por essas declarações públicas de misericórdia e de fé, o jovem professor parecia moralmente habilitado a integrar o círculo de uberabenses virtuosos naquela sociedade cristã e conservadora.

Ainda que não seja possível precisar o período exato do seu despertar para as aspirações partidárias, temos observado que a atuação social de Mário Palmério jamais deixou de manifestar alguma ambição pelo poder. Assim, conscientemente ou não, a apropriação que faria da simbologia sagrada – e, de outro modo, a representação que a imprensa faria de sua atuação social – acabaria se revelando de natureza eminentemente política. Por isso, podemos notar que, devido também ao imaginário que envolvia sua própria atuação profissional, a escalada social e empresarial de Mário Palmério foi, aos poucos, sendo interpretada, nos jornais da época, como uma verdadeira ascensão de um

A CONSTRUÇÃO DO MITO MÁRIO PALMÉRIO 161

ídolo sagrado que – à custa de infindáveis sacrifícios – assume uma missão divina, entrega-se a uma jornada legendária e vence cada um dos desafios até alcançar a "vitória integral". Ou seja, em um prenúncio daquilo que se configuraria como uma autêntica ascensão mítica, Mário Palmério passou a ser paulatinamente representado como o herói que levaria o seu povo ao triunfo e à glória.

Vejamos. Desde as primeiras notícias sobre a criação do Liceu Triângulo Mineiro em 1940, o *Lavoura e Comércio* (22.7.1940, p.4) já deixava registrado os seus votos pelo êxito da "missão" de que Mário Palmério estava imbuído. O jornal dizia que aquele professor era um dos homens que "se empenhavam em levar, mais adiante ainda, nossa civilização" (ibidem, 9.7.1940, p.5) e noticiava com entusiasmo as "sensacionais" conquistas que ele trazia para a cidade em suas viagens à capital (ibidem, 22.7.1940, p.4). Mário Palmério, por sua vez, sempre que tinha oportunidade, não deixava de afirmar o seu "compromisso sagrado" (ibidem, 26.12.1941, p.1) com a educação em Uberaba. Nas homenagens que recebia no dia de seu aniversário, Palmério era sempre representado como aquele que não poupava esforços para contribuir com o progresso de sua terra (ibidem, 1º.3.1941, p.4) e, em outras circunstâncias, era descrito como o homem que punha "todas as forças do seu idealismo a serviço da causa da instrução entre nós" (ibidem, 16.1.1942, p.2).

> Ninguém melhor que o prof. Mário Palmério soube compreender as necessidades da população uberabense e, também, ninguém melhor que ele soube ir ao encontro dessa necessidade. O Liceu Triângulo Mineiro está fadado ao mais absoluto sucesso e a fé e confiança que o ilustrado professor declarou depositar na colaboração do povo uberabense não foram formuladas em vão. Pode-se dizer que o Liceu Triângulo Mineiro já venceu, embora tenha aberto as portas de seu ginásio há dez dias. (ibidem, 8.1.1942, p.4)

Em pouco tempo, todo o circuito de amabilidades passou a afirmar a ideia de que Mário Palmério era uma espécie de guerreiro irredutível que jamais se desvia de sua missão. "Surpreende-me, sim, o esforço

162 ANDRÉ AZEVEDO DA FONSECA

heroico despendido pelo nosso jovem conterrâneo no sentido de realizar o seu benemérito ideal", afirmou o prefeito Whady Nassif (ibidem, 22.1.1942, p.6).

Na medida em que a surpreendente ascensão profissional o tornava cada vez mais célebre, Mário Palmério passou a ser descrito por meio de um vocabulário repleto de metáforas míticas e religiosas. Com isso, ano a ano, após inúmeras menções aos "sacrifícios vencidos", às "lutas pelas realizações de seu ideal" e à superação das etapas de seu "grandioso empreendimento" rumo à "vitória" ou ao "triunfo", percebemos um momento de ascendência do herói mundano à categoria de guerreiro de fé.

Era comum, naquele tempo, que as elites ilustradas associassem a ideia da educação a uma dimensão sagrada. Por ocasião da fundação do Ginásio Triângulo Mineiro, por exemplo, José Mendonça argumentou, em tom épico, que "ensinar, transmitir à mocidade os conhecimentos acumulados pelas gerações, perpetuar no futuro o resultado dos esforços dos nossos antepassados e das nossas próprias vigílias" era "uma das mais nobres e altas missões que se pode atribuir a um homem". Assim, Mendonça construiu o louvor a Mário Palmério a partir da seguinte argumentação:

> Uma casa de ensino é um foco de cultura, e, por isso mesmo, um sol vivo no meio social, a esclarecer os espíritos; a difundir a luz e o calor da ciência e das experiências adquiridas pelo gênero humano em séculos e séculos de pesquisas, de trabalhos e de sacrifícios; a orientar a juventude pelos caminhos seguros do bem, da verdade e da justiça; a redimir os povos das brumas e das caligens da ignorância e da submissão.
>
> Por isso, quando entro numa casa de ensino, sinto a emoção profunda e o fervor religioso de quem penetra num templo de Deus. (ibidem, 26.1.1942, p.2)

Gomes de Matos foi um dos que melhor expressaram esse empenho em carregar de mágico e de sagrado a atuação de Mário Palmério em sua "grandiosa aventura". Afirmando que Palmério parecia erguer a sua escola tal como se a obra já tivesse saído completa da lâmpada

A CONSTRUÇÃO DO MITO MÁRIO PALMÉRIO 163

maravilhosa de Aladim, Gomes de Matos saudou o "idealismo robusto e impenitente deste moço que só sabe respirar em horizontes amplos, infinitos" e louvou a obstinação heroica e a abnegação plena daquele homem que não distraía "um instante sequer" de seus objetivos.

> Mário Palmério possui a seu serviço a maior força com que se movimentam os elementos de vida, de realização e de progresso. É essa alavanca poderosa da vontade, a que nada resiste, quando tem como ponto de apoio a cristalização pura de um apostolado. A vocação do educador adquiriu em Mário Palmério, um sentido de absorvência, de vida integral. (ibidem, 2.2.1944, p.2)

Até mesmo os personagens que participavam de sua trajetória passaram a ser descritos em termos religiosos. Ao comentar sobre a decisão de Afrânio Azevedo em custear trinta alunos no Ginásio Triângulo Mineiro, por exemplo, o *Lavoura e Comércio* (16.1.1942, p.2) publicou o seguinte: "Só mesmo os que privam com o sr. Afrânio Azevedo, os que conhecem os tesouros de bondade do seu coração e a largueza de vistas do seu espírito, não duvidam da verdade de uma dádiva tão generosa". Quando se anunciou que um dos pavilhões das novas instalações do Ginásio Triângulo Mineiro teria o nome de Afrânio Azevedo, o *Lavoura e Comércio* (28.7.1943, p.1) mais uma vez afirmou que o pecuarista era "portador de um coração boníssimo, voltado sempre para o bem" e por isso merecia ver seu nome imortalizado naquele prédio, sobretudo tendo em vista que toda a população já o cercara de uma "auréola" de simpatia de admiração.

Desse modo, em 1944, as representações do triunfo do guerreiro de fé já estavam consolidadas. "Mário Palmério venceu", registrava o *Lavoura e Comércio* em 1944. "E vencerão também aqueles outros jovens que vierem buscar, junto com os ensinamentos de um grande professor, a Fé, esta grande Fé que nunca abandonou um grande trabalhador, dono de um espírito indomável, tecido com fibras que não sabem o que é ceder" (ibidem, 14.7.1944, p.6, 2). Para *O Triângulo* (1°.3.1946, p.2), Palmério fazia de sua profissão "um verdadeiro sacerdócio".

164 ANDRÉ AZEVEDO DA FONSECA

Em 1946, Palmério já estava consagrado como o "grande incentivador" da educação na cidade e, nos dizeres do *Lavoura e Comércio* (1°.3.1946, p.5), ocupava um "lugar inconfundível na galeria dos que mais se esforçam e trabalham pelo engrandecimento do ensino e do erguimento do nível cultural desta região". Quando em 1946 anunciou a criação de uma faculdade em Uberaba, foi descrito como um homem que tinha "vocação para o professorado" e cuja capacidade e espírito de iniciativa já o haviam celebrizado como "um dos maiores benfeitores da educação da mocidade uberabense", que não poupava esforços "para impulsionar o progresso" da cidade: "O prof. Mário Palmério sagra-se na admiração dos habitantes desta vasta região brasileira como um dos legítimos paladinos da instrução e merece por isto mesmo os mais acalorados aplausos [...]" (ibidem, 9.4.1946, p.1).

A conquista da inspeção permanente ao Ginásio Triângulo Mineiro – o "mais alto grau do reconhecimento oficial", nas palavras do *Lavoura e Comércio* (9.10.1946, p.6) – foi descrita como mais uma "magnífica vitória" de Mário Palmério. E a partir desse momento, as referências sagradas à sua figura alcançaram um novo patamar. Sob o título "Cruzada de instrução do Ginásio Triângulo Mineiro", por exemplo, um editorial do *Lavoura* representou a trajetória de Mário Palmério por meio de uma retórica que invocava uma verdadeira guerra santa contra as trevas do analfabetismo e a favor da iluminação dos espíritos por meio da educação.

Todos os louvores são poucos [...] para saudarmos a vitória dos que põem o seu ideal a serviço da educação e da juventude no Brasil. Aparecem no campo de luta do magistério particular como verdadeiros cruzados. [...] Devorados pela chama sagrada da vocação, fazem da própria vida um altar de oferenda, por um Brasil maior e mais consciente de si mesmo.

Mário Palmério é um desses. Na falange de denodo dos jovens professores da nossa terra, conquistou um lugar de exceção. [...]

Quis, persistiu, venceu. Se as suas mãos se mostravam pobres de elementos materiais, a sua alma tinha a riqueza infinita de um idealismo incomportável. Mário Palmério sentiu que não se pertencia a si mesmo, mas à sua terra, ao seu povo, às gerações novas de Uberaba, que ele ajuda

A CONSTRUÇÃO DO MITO MÁRIO PALMÉRIO **165**

a nutrir com o pão do espírito, fortalecendo-a intelectual e moralmente, para as lides maiores, nos planos superiores da vida. E a sua obra se mediu pelo tamanho do seu ideal. Aí está, na paisagem das nossas conquistas, ligando um presente de grandezas a um futuro de portentosidade. Uberaba tem razão de orgulhar-se de filhos dessa estirpe, de moços que têm a temeridade confiante dos Jasões, na conquista dos velocinos de ouro. (ibidem, 20.12.1946, p.6)

Ou seja, a partir de 1946, Mário Palmério passou a ser descrito como um desses guerreiros "devorados pela chama sagrada da vocação" que faziam "da sua própria vida um altar de oferenda" em favor do país. Em mais uma representação de abnegação e de altruísmo absolutos, Palmério era um homem que "não se pertencia a si mesmo, mas à sua terra, ao seu povo". Ao oferecer o "pão do espírito" às novas gerações, conduzindo-os aos "planos superiores de vida" com aquela "temeridade confiante dos Jasões na conquista dos velocinos de ouro", Mário Palmério era o portador sagrado de "um presente de grandezas" de um "futuro de portentosidade". Desse modo, podemos afirmar que os termos utilizados para representar Mário Palmério, como "sacrifícios", "heroico", "auréola", "apostolado", "sagra-se", "paladino", "Cruzada", "chama sagrada da vocação", "altar", entre outros, sugerem um empenho inequívoco em carregar a sua figura de sagrado. Portanto, não foi casual que, por ocasião da criação da Faculdade de Odontologia, o *Lavoura e Comércio* (5.8.1947, p.1-2) tenha atribuído propriedades miraculosas ao dinamismo do professor: "Os que não creem em milagres apenas têm de abrir os olhos e ver, como nós vimos, em três tempos transformados dois pavilhões do Colégio do Triângulo Mineiro, que antes se destinavam ao internato, em anfiteatros, em salas especiais disso ou aquilo".

É particularmente interessante notar o empenho da imprensa em distinguir as promessas de Mário Palmério das "confabulações de gabinete" que, podemos facilmente deduzir, diz respeito à tradição local em contentar-se com o imaginário. Gomes de Matos empenhou-se bastante para firmar essa distinção. Referindo-se a Mário Palmério, escreveu:

166 ANDRÉ AZEVEDO DA FONSECA

E sonho, para ele, não quer dizer nefelibatismo, não significa viagens de abstração pelos intermúndios. Sonho para ele significa princípio de ação e dessa ação grandiosa que põe estremecimentos de contágio em todos quantos bem avaliam o valor e a grandiosidade de uma das mais ousadas iniciativas que já se tomaram entre nós. (ibidem, 2.2.1944, p.2)

Assim, vemos que, nesse processo de consagração, Mário Palmério passou a ser representado como o herói sagrado capaz de sobrepujar todas as frustrações históricas da "Terra Madrasta" e de seu povo infeliz. A sincronia daquele empreendedorismo épico com o caráter sagrado de sua figura parecia querer forjar a imagem quase mágica do homem que transforma sonhos em realidade – a partir da lâmpada mágica de Aladim, na metáfora antológica de Gomes de Matos.

Quem transformou o espólio de falência do antigo Ginásio Brasil no incomparável triunfo do Colégio Triângulo Mineiro, também podia reabilitar a cidade do fracasso da sua antiga escola de Odontologia e Farmácia, que não passou de uma aventura malograda, por lhe terem faltado os necessários fundamentos de patrimônio material e de convicção idealista. (ibidem, 5.8.1947, p.1)

Em outro editorial publicado por ocasião da criação da Faculdade de Odontologia, Palmério foi descrito como um homem que seguia "transformando as suas palavras em cimento armado" antes que as pessoas tivessem tempo de duvidar das suas promessas.

Ainda mal se sussurrava que Mário Palmério iria fazer em Uberaba uma Escola de Odontologia e já os pedreiros estavam levantando paredes, o material necessário já começava a chegar para a montagem dos laboratórios e gabinetes e as *démarches* junto às autoridades oficiais do ensino estavam quase concluídas. (ibidem, 6.8.1947, p.2)

O caráter épico de seu empreendedorismo era expresso por meio de metáforas diretamente relacionadas ao imaginário da mitologia clássica, bem ao gosto do ideal de erudição daquelas elites ilustradas. Como vimos, o professor chegou a ser comparado a Jasão em busca

A CONSTRUÇÃO DO MITO MÁRIO PALMÉRIO **167**

dos velocinos de ouro. Referindo-se mais uma vez a Mário Palmério, certa vez um editorial do *Lavoura e Comércio* (1°.8.1947, p.6) registrou o seguinte: "A Faculdade de Odontologia que funda e que, como Minerva saiu armada da cabeça de Júpiter, sai dos seus planos de ação e de dinamismo pronta a funcionar".

Todo aquele dinamismo de sua escalada profissional inspiraria um discurso cada vez mais apoteótico no *Lavoura e Comércio* (30.1.1947, p.6), tal como no seguinte editorial:

> Com Mário Palmério, uma das etapas decisivas da nossa vida educacional
>
> Não devem faltar as nossas felicitações ao prof. Mário Palmério quando sobe mais um degrau, na escalada do grandioso cometimento que é o Ginásio Triângulo Mineiro. Classificado entre os primeiros do país, o estabelecimento de ensino que concretiza toda a sua poderosa vocação de educador, agora recebe autorização para funcionar como Colégio.
>
> Já tivemos ocasião de acentuar o arrojo de ideal, num sentido de conquistas plenas, que conduz à ação deste jovem uberabense. O prof. Mário Palmério, como que ajuda o tempo, na sua marcha veloz, para o amadurecimento dos seus planos. Que era, há quatro anos passados, o Ginásio Triângulo Mineiro? Nada mais do que um sonho alto e distante, talvez inacessível. A massa falida de uma série de tentativas frustradas foi ter às mãos do prof. Mário Palmério. Toda gente dizia que era mesmo impossível dotar Uberaba de nova e grandiosa casa de instrução secundária. Quantos tentaram a empreitada, encontraram, ao fim de muita luta e muita canseira, o zero dos desenganos.
>
> Mário Palmério, entretanto, mostrou que era de outra fibra o valor de sua coragem, na caminhada audaciosa. Em vez de marcar passo, com a lentidão dos tímidos, fez-se de velas pandas, abertas a todos os ventos de uma ousadia quase temerária, em direitura ao seu desiderato. E a vitória impossível lhe sorriu. Impossível a quem não se armou cavaleiro para as justas da perseverança e da fé, impossível a quem não participa da confiança ilimitada que o prof. Mário Palmério deposita nos destinos da sua terra.
>
> O Ginásio Triângulo Mineiro aí está, como um monumento de força de vontade e de abnegação. Custa a crer que, em tão pouco espaço de tem-

168 ANDRÉ AZEVEDO DA FONSECA

po, se conseguisse tanto, em favor da instrução e educação da juventude uberabense. E a admiração sobe de ponto, já raia pelo assombro, quando se verifica que tudo é obra de uma só pessoa, que tudo se deve à iniciativa de grandezas de um jovem professor, marcado da vocação de assinalados serviços à terra de seu berço. [...]

Os elogios são muita vez [sic] o leito fofo e macio em que adormecem os empreiteiros de fôlego curto. Pagam-se deles inteiramente satisfeitos, repousando, em definitivo, da marcha que já não continuam.

Tal não acontece com o prof. Mário Palmério. Certamente que não desdenha o estímulo dos aplausos. Mas procura sempre fazer deles um motivo novo de confiança e de certeza, para prosseguir com redobrado ânimo.

De Ginásio a Colégio e de Colégio a Universidade. Quem o duvida? Os progressos da organização do prof. Mário Palmério se acentuam a passos gigantes. Se ele meter ombros à conquista maior da Universidade do Triângulo Mineiro, podemos contar certo com esse cometimento. Porque com ele estará não somente Uberaba, como todas as outras comunas desta região, para apoiar o jovem professor pioneiro destacado da causa da instrução em terras mineiras, na sua escalada sempre para o alto, cada vez mais para o alto. [...]

Ou seja, reforçando o caráter mítico do herói na "escalada do grandioso cometimento", o editorial lançou mão de metáforas mágicas para atribuir a Mário Palmério a capacidade de transitar em uma esfera atemporal para realizar tarefas "impossíveis" a toda gente. Representado ora como "cavaleiro" de "perseverança", "fé", "fibra" e "coragem" diferenciados; ora como navegador fabuloso de "ousadia quase temerária" com suas velas abertas em direção aos seus sonhos, Mário Palmério era o herói que, sozinho, em sua escalada a "passos gigantes" e "sempre para o alto, cada vez mais para o alto", erguera um assombroso "monumento de força de vontade e de abnegação". Em outro editorial, o *Lavoura e Comércio* (4.3.1947, p.6) sentenciou:

Só mesmo uma energia à prova de todos os percalços de dificuldades, uma força de vontade que não mede a extensão dos trabalhos e sacrifícios, para que conseguisse o jovem educador realizar uma obra de tamanho vulto, inteiramente sozinho e em tão curto espaço de tempo.

O tema da abnegação heroica foi um dos elementos mais presentes nessa dinâmica de consagração. Quando Palmério anunciou a criação do curso noturno no Ginásio Triângulo Mineiro, por exemplo, o *Lavoura e Comércio* (13.2.1946, p.6) afiançou que o professor não tinha em vista nenhum lucro material, "mas apenas aumentar a pauta de serviços à sua terra". No editorial "A obrigação do louvor ao prof. Mário Palmério", o *Lavoura e Comércio* empenhou-se ainda mais para reafirmar esse imaginário. Afirmando que o professor nascera "com a predestinação dos prodígios" e caminhava a passos largos em direção à "Universidade do Brasil Central", a energia de Palmério foi louvada nos seguintes termos:

> Mário Palmério possui o segredo dos dinamismos aproveitados, sem dispersões comprometedoras do lucro total da ação. Quando objetiva qualquer decisão, soma as horas do dia com as horas da noite, desdobra-se, multiplica-se, está ao mesmo tempo em toda parte, como num tom de ubiquidade portentoso, sem nunca sair, todavia, de dentro de si mesmo, da linha reta que se traçou, para a seguir até o fim, constante, teimoso, infatigável, disposto à derradeira tentativa e ao último sacrifício. (ibidem, 6.2.1948, p.8)

Assim, vemos que todas as características importantes do herói já pareciam assentadas nessa representação construída durante toda a década de 1940. O guerreiro solitário, que possuía o "segredo" e a "predestinação dos prodígios", empreendia uma "ação grandiosa" para "reabilitar a cidade do fracasso". Atuando como "Júpiter", realizando tarefas "impossíveis" por meio do dom da ubiquidade, o herói estava disposto "à derradeira tentativa e ao último sacrifício" em nome de sua terra.

Segundo ato
A consagração do mito

"Tudo começa pela mística e termina em política."

Péguy apud Chacon, 1998, p.37

O grande papel com que sonham os políticos mais pretensiosos, observa Schwartzenberg (1978, p.21), é a figura de "herói" da nação: "É o homem excepcional, fadado ao triunfo, e depois à apoteose. O homem das façanhas, do entusiasmo e da glória. Em suma: o ídolo proposto ao culto dos mortais". Nos períodos históricos especialmente conturbados, esses atores sociais não deixam de empenhar-se conscientemente para construir em torno de sua figura a imagem de "salvador" ou de messias de seu povo: "O chefe providencial, o chefe genial, médium do espírito nacional. É o profeta de sua raça. Sempre imerso no solene, no sublime, na ênfase" (ibidem).

Vidente, profeta, chefe inspirado, é o guia infalível. O poder não lhe vem dos homens. Mas sim da história, do destino, de Deus. Este chefe providencial cerca-se de mistérios, para afirmar o caráter sobrenatural de sua vocação. Esteta e artista da política, ele governa através de sinais, mobilizando os sentidos dos governados, mais do que sua razão. (Schwartzenberg, 1978, p.21)

174 ANDRÉ AZEVEDO DA FONSECA

Para convocar a admiração e a adesão popular, esse gênero de liderança política conta, acima de tudo, com a sua autoridade "carismática" – ou seja, com aquele tipo de legitimidade que, segundo Weber (1993, p.57), se fundamenta nos "dons pessoais e extraordinários do indivíduo" e na "devoção e confiança estritamente pessoais depositadas em alguém que se singulariza por qualidades prodigiosas, por heroísmo ou por outras qualidades exemplares que dele fazem o chefe". Desse modo, o líder carismático se distingue pela imagem de "ascendência" e "resplendor" e impõe-se à admiração por um "talento pessoal" e por uma espécie de "dom da graça".

De acordo com Schwartzenberg (1978, p.22), para erguer e sustentar a imagem heroica perante o imaginário social, o líder deve cumprir um tríplice ofício de fazer o "espetáculo", proporcionar o "sonho" e conceder a "certeza". Ou seja, em primeiro lugar, para desempenhar o seu papel perante o público, o herói faz do "cenário político" uma autêntica arena com todos os recursos necessários para a espetacularização. "Sobressaindo da monotonia da autoridade de rotina, é o homem-orquestra, o homem-prodígio, o homem-festa. Sempre em representação." Como um "esteta da política", o herói assume uma pose e se mostra sempre empenhado em administrar cuidadosamente as suas aparições públicas, fazendo disso uma verdadeira arte de impressionar os espíritos.

Em seguida, armado o espetáculo, o líder carismático reúne as condições para exercer a função "profética e poética" de seu carisma. Nas palavras de Schwartzenberg (1978, p.22):

> Este fazedor de espetáculos é igualmente um provedor de sonhos. Como se ao poder coubesse desempenhar uma função onírica. [...] O guia se ergue então acima do prosaico cotidiano a fim de traçar uma nobre perspectiva. Com sua cota de mito e de sonho, de maravilhoso e de irracional. Com isso o herói se faz profeta, se não visionário.

Enfim, ao lado do esplendor e do sonho, o papel do herói se traduz também na sensação de segurança conferida pela ideia confortadora de uma "certeza" que ele traz nas mãos e oferece ao espírito de seu

A CONSTRUÇÃO DO MITO MÁRIO PALMÉRIO **175**

povo: "Tendo o domínio da segurança, ele ajuda a vencer a angústia, a incerteza dos períodos difíceis e de mudanças. Porque o herói não pode errar. Ele sempre enxerga mais longe, mais claro e mais certo" (ibidem, p23). Por isso, Balandier (1982, p.7) argumenta que é precisamente o "mito do herói" que exprime a teatralidade política em toda a sua intensidade, pois, como vemos, esse personagem inspira uma autoridade mais "espetacular" do que rotineira e, por isso, conta com grande poder de mobilização.

Quanto à força dessa mitologia no imaginário social, é importante notarmos que a racionalização política que marcou o desenvolvimento do Estado e da cidadania moderna não parece ter apagado inteiramente os antigos sistemas de crenças que ordenavam os costumes. Como observa Balandier (1982, p.17), as sociedades contemporâneas ocidentais estão, sob vários aspectos, mais próximas da tradição do que aparentam: "Elas mudaram o modo da representação, mas não tocaram no essencial. Um candidato ao cargo supremo não pode irromper, surgir do desconhecido, a não ser em circunstâncias excepcionais que façam dele um herói e salvador".

Evidentemente, para que o herói ascenda ao apogeu, é preciso que ele corresponda a condições históricas bem objetivas. A princípio, Girardet (1987, p.51) observa a necessidade de existir, nos setores da opinião que se espera conquistar, uma certa "situação de disponibilidade", um "estado prévio de receptividade" às ideias e valores representados pela mitologia do personagem. Em outras palavras, a mensagem do mito político deve corresponder a um código já inscrito no imaginário coletivo: "Aqueles mesmos que quisessem jogar com o imaginário se veriam obrigados, assim, a submeter-se às suas exigências. O mito existe independentemente de seus usuários eventuais; impõe-se a eles bem mais do que eles contribuem para sua elaboração" (ibidem).

Pois bem. O processo de heroificação, explica Girardet (1987), apresenta-se, em geral, organizado em três etapas sucessivas. A primeira delas é o tempo da "espera e do apelo", aquele em que "se forma e se difunde a imagem de um Salvador desejado, cristalizando-se em torno dela a expressão coletiva de um conjunto, na maior parte das vezes confuso, de esperanças, de nostalgias e de sonhos" (ibidem, p.72). Há também o tempo da "presença" e o tempo da "lembrança" – aquele em que a figura do herói, lançada de novo ao passado, vai "modificar-se ao capricho dos jogos ambíguos da memória" (ibidem).

Entre os tempos da "espera" e da "presença", a condição histórica necessária para a emergência das mitologias políticas é a ocorrência de uma crise. Na verdade, Schwartzenberg (1978) e Balandier (1982) são unânimes ao argumentarem que os períodos de crise são, de fato, a circunstância imprescindível ao surgimento do herói, que costuma ser reconhecido como um mito, não propriamente em função de sua capacidade e competência, mas sim em virtude de sua "força dramática". O herói aparece, age, provoca a adesão e recebe o poder. A surpresa, a ação e o sucesso são as três leis do drama que lhe dão vida.

Girardet (1987, p.180) também observa que é precisamente no segundo plano das grandes perturbações políticas que são despertadas as "efervescências mitológicas" favoráveis à ascensão do herói: "É nos períodos críticos que os mitos políticos afirmam-se com mais nitidez, impõem-se com mais intensidade, exercem com mais violência o seu poder de atração". Os sistemas mitológicos procuram sempre responder a situações de vacuidade, de inquietação, de angústia ou de contestação que são desencadeadas nas acelerações brutais do processo de evolução histórica, nas rupturas repentinas do meio cultural ou social ou na desagregação dos mecanismos de solidariedade que ordenam a vida coletiva: "Também não é à-toa que eles parecem muito geralmente encontrar seu impulso motriz no interior de grupos minoritários, ameaçados ou oprimidos – ou sobre os quais pesa, em todo caso, um sentimento de ameaça ou de opressão" (ibidem).

Por isso, é na crise que determinadas estruturas arquetípicas se configuram em busca de uma explicação para as inquietações históricas. Em geral, esse empenho em firmar significados em meio à instabilidade se manifesta por meio de "anúncios proféticos", tais como:

> Denúncia de uma conspiração maléfica tendendo a submeter os povos à dominação de forças obscuras e perversas. Imagens de uma idade de Ouro da qual convém redescobrir a felicidade ou de uma Revolução redentora que permite à humanidade entrar na fase final de sua história e

A CONSTRUÇÃO DO MITO MÁRIO PALMÉRIO 177

assegura para sempre o reino da justiça. Apelo ao chefe salvador, restaurador da ordem ou conquistador de uma nova grandeza coletiva. A lista recapitulativa está longe de encerrar-se. (Girardet, 1987, p.11)

Segundo Baczko (1985, p.300), foi com a instalação do Estado e a relativa autonomia do poder político que as técnicas de manejo dos imaginários sociais se desritualizaram e ganharam autonomia: "No decurso do longo caminho histórico que conduz dos mitos com implicações ideológicas às ideologias que escondiam uma parte dos mitos seculares, formou-se progressivamente uma atitude instrumental e utilitária perante os imaginários sociais". Dessa forma, a invenção de novas técnicas implicou uma manipulação cada vez mais sofisticada e especializada da imaginação social, e, a partir desse momento, a história do domínio dos imaginários passa a confundir-se com a história da propaganda.

Nos regimes democráticos, as potencialidades dramáticas das mitologias políticas são naturalmente menos intensas do que em outras naturezas de regime, tais como as ditaduras e os totalitarismos. No entanto, o sistema democrático não deixa de armar seu palco para a arte da persuasão e da criação de efeitos que favoreçam o reconhecimento do representante pelo representado. Como nota Balandier (1982, p.8), a democracia dramatiza principalmente nas eleições, ocasião em que "uma partida nova parece ser jogada". As técnicas de publicidade oferecem meios poderosos para a encenação da "dramaturgia democrática" e reforçam a importância das aparências ao relacionarem o sucesso dos homens de poder à qualidade de sua imagem pública.

No capítulo anterior, tivemos a oportunidade de estudar detalhadamente o processo de ascensão social de Mário Palmério na sociedade uberabense. Contudo, para que ele fosse alçado à condição de herói ou de mito político, sua imagem pública deveria revelar uma profunda correspondência com os sonhos e as expectativas da população local, que, por sua vez, sentia-se cada vez mais frustrada e desolada perante as crises social, econômica, política e identitária que conturbavam a região. É o que veremos a seguir.

5

O TEMPO DA ESPERA

Quando o Brasil declarou guerra ao Eixo, em março de 1942, uma intensa propaganda de teor patriótico procurou mobilizar o país para o imaginário da guerra. Por conseguinte, aquele compromisso habitual com a nação dos tempos de Estado Novo (cf. Capelato, 1998) foi subitamente elevado ao *status* de absoluta prioridade nacional, de modo que a manifestação ostensiva do patriotismo se configurou como a mais preciosa virtude social do "bom brasileiro". Essa mudança de patamar é visível nos jornais da época.

Como argumenta Cytrynowicz (2000), é evidente que essa mobilização deve ser interpretada como uma espécie de "álibi" para legitimar as ações da ditadura estado-novista. Para Vargas, a guerra oferecia a oportunidade de "mobilizar a população e uni-la em torno das Forças Armadas e de ideais cívicos nacionalistas" (ibidem, p.19). No entanto, as formas como as pessoas se apropriaram dessas mensagens no cotidiano foram muito variadas. No caso de Uberaba, se há pouco tempo as elites sociais atuavam para serem admiradas e legitimadas por sua índole humanitária e por seu "bairrismo" localista, a partir da intensificação da propaganda patriótica esses atores sociais passaram a buscar a distinção sobretudo por meio da exibição pública de um inabalável patriotismo, de um vínculo sagrado com a nação e de um inquestionável espírito de brasilidade. Ou seja, em um admirável senso de oportunismo, aqueles círculos autocongratulatórios aprenderam rapidamente a incorporar os novos valores para que pudessem permanecer em movimento.

Figura 49 – O Estado Novo convoca o apoio do povo à participação do Brasil na guerra.

E foi assim que um verdadeiro alvoroço nacionalista animou os diferentes estratos das elites locais. Na Rádio PRE-5, de Quintiliano Jardim, foi criado o programa diário "Hora cívica", que tinha o objetivo de "incentivar o ardor patriótico" e divulgar instruções para o combate ao "quinta-colunismo que infesta o nosso meio a serviço das nações agressoras" (*Lavoura e Comércio*, 26.8.1942, p.3). Desse modo, os uberabenses mais ilustres eram diligentemente selecionados para proferirem discursos animados pela rádio local, como se estivessem eles mesmos conduzindo tropas uberabenses pelas trincheiras da guerra ou liderando perseguições implacáveis aos sombrios espiões. Ou melhor, nas palavras do próprio *Lavoura e Comércio* (3.9.1942, p.3), os "elementos mais fulgurantes de nossos meios intelectuais" pronunciavam discursos "esplêndidos", "brilhantes" e "eloquentes" e recebiam "os mais calorosos aplausos" no auditório da PRE-5.

A CONSTRUÇÃO DO MITO MÁRIO PALMÉRIO **181**

O médico José Muniz de Melo, por exemplo, afirmou no programa a sua disposição em "defender a honra da pátria ultrajada e, se preciso, com o nosso próprio sangue, traçando mais uma página gloriosa da nossa história". Por meio de uma retórica que mesclava uma terminologia médico-cirúrgica e um bestiário mitológico com uma série de alusões religiosas aliadas a um patriotismo messiânico, Melo lamentou a "tragédia sinistra desenfreada pelas forças do mal", expressou sua repulsa pela "covarde" e "traiçoeira" agressão do "eixo sanguinário" e convocou os uberabenses a esmagar "esse polvo gigantesco e sinistro que se chama 'quinta coluna' e cujos tentáculos procuram esmagar nosso país". Em certo momento, referindo-se ainda ao quinta-colunismo, o médico conclamou: "Extirpemos, de uma vez para sempre esse cancro do organismo de nossa pátria e, só assim, nos sentiremos livres dessa ameaça tenebrosa à segurança nacional". E por fim, pronunciou uma oração épica aos heróis anônimos do campo de batalha: "aceitai a dádiva sincera dos nossos corações genuflexos perante o altar da pátria, pela qual morrestes – o nosso Brasil!" (ibidem, 26.8.1942, p.3).

Entretanto, nem tudo era pretexto para espetáculo nesses tempos de guerra. Já em maio de 1942, a cidade passara a sofrer racionamento de combustível, o que paralisou o comércio, trazendo transtornos consideráveis à vida local. Toda uma safra cultivada em sítios e fazendas circunvizinhos não tinha como ser transportada por caminhões para o mercado uberabense, e os primitivos carros de boi não eram suficientes – e nem adequados para tal (ibidem, 25.5.1942, p.6). Em agosto, por consequência da falta de combustível, a crise de abastecimento se agravou e a cidade sofreu escassez de carne, leite (ibidem, 29.8.1942, p.3) e também de álcool para uso de veículos de tração mecânica (ibidem, 31.8.1942, p.6).

Além disso, o noticiário sobre a escalada de destruição da guerra passou a despertar uma sensação cada vez maior de desamparo e incerteza, sobretudo entre os jovens. Uma proclamação de universitários uberabenses, que cursavam faculdades no Rio de Janeiro, indica o teor dessa insegurança: "É angustiosa a fase que atravessa o mundo. Quando a imensa fogueira reacendeu no coração da Europa e começou a alastrar-se, pressentimos que o grande incêndio atingiria

182 ANDRÉ AZEVEDO DA FONSECA

a nossa pátria" (ibidem, 24.9.1942, p.1). Em suas memórias, o então estudante Lincoln Borges de Carvalho (2006, p.88) sintetizou do seguinte modo a disposição de ânimo de sua geração: "Não importa que estivéssemos geograficamente longe das batalhas: esses dias nos marcaram. Seja pela destruição estatelada luminosa caída nos céus escuros dos bombardeios, seja pelas privações, dificuldades, limites e temores que nos afligiram na carne!".

Como vimos, toda essa representação literária das angústias e dos martírios daquela geração inspirava nos intelectuais locais um discurso messiânico que procurava representá-los como salvadores intrépidos a lutar contra os "monstros maus" que tentavam "destruir e aniquilar" a liberdade – para usar as palavras de José Mendonça (*Lavoura e Comércio*, 16.2.1943, p.2). Apesar de não sofrer as consequências objetivas da devastação da guerra, as elites ilustradas de Uberaba jamais deixavam de se incluir entre os homens imersos nos "gemidos, sofrimentos, lágrimas e sangue por toda a parte". No seu imaginário, eles eram, sem sombra de dúvida, heróis de seu tempo, tal como chegou a proclamar José Mendonça (ibidem):

> E, afinal, cada um de nós, cheios de cicatrizes e lembrando os companheiros que tombaram gloriosos na peleja, poderá olhar com ternura, o seu próprio filho e exclamar:
> "– Meu filho, és um homem livre!"
> Será este o destino heroico de nossa geração.

Diante do caráter mítico desse imaginário, foi natural que José Mendonça afirmasse, em outro artigo, que o mundo precisava de sacerdotes e professores para a "reconstrução do mundo" e a "restauração da civilização". Depois da guerra, argumentava, milhões de homens atormentados por toda sorte de angústias e sofrimentos estariam com o "sistema nervoso abalado" e "convicções morais subvertidas". Por isso, aquela era a hora de os padres e mestres atuarem no meio social para "resgatar a humanidade do materialismo rude, dos nacionalismos estreitos e agressivos, da violência e do ódio, salvando-as da hecatombe e do suicídio" (ibidem, 15.6.1944, p.2).

A CONSTRUÇÃO DO MITO MÁRIO PALMÉRIO   183

Como vimos, as elites ilustradas uberabenses jamais deixaram de se empenhar para relacionar o ideal da educação a uma representação simultaneamente heroica e sagrada de si mesmas. Naqueles tempos de guerra e holocausto na Europa, os intelectuais – que naquela cidade eram necessariamente jornalistas ou professores – passaram a se autodescrever como autênticos guerreiros que deveriam assumir a missão de resgatar a razão e trazê-la de volta à humanidade. "O conflito que ainda ensombra a vida de todas as nações da terra mostrou, perfeitamente, que a educação é o problema fundamental da espécie, que preparar e valorizar o fator humano é a condição essencial da vitória na guerra e na paz", escreveu Ruy Novais (ibidem, 11.7.1944, p.2). Desse modo, notamos que a conotação mítica que se atribuía ao ofício e ao papel social do professor Mário Palmério não dizia respeito apenas à sua figura, mas era uma questão de contexto cultural: na prática, todos aqueles envolvidos na atividade da educação estavam perfeitamente aptos a reivindicar uma imagem sacralizada. A questão é que, como Palmério era representado como um "incansável" criador de escolas, foi natural que atraísse mais adjetivos.

À medida que as tropas aliadas conquistavam posições nos fronts de batalha, outro estado de espírito começou a emergir por entre as ambiguidades da política do Estado Novo. Paulatinamente, a presença do Brasil na guerra ao lado das democracias passou a inspirar, na opinião pública nacional, um cada vez menos disfarçado discurso de liberdade política. Skidmore (1979, p.72) observou que Vargas esteve consciente sobre a nova atmosfera ao sinalizar, por diversas vezes, a sua intenção de "reajustar a estrutura política da nação". Quando se analisa o caso de Uberaba, notamos que, se em setembro de 1942, por exemplo, José Mendonça se dispunha a defender o ato que declarara o "estado de guerra" e estabelecera uma série de restrições em todo o território nacional (*Lavoura e Comércio*, 2.9.1942, p.2), em setembro de 1944 já estaria defendendo abertamente a democracia e o "governo do povo pelo povo" (ibidem, 14.9.1944, p.2). Pouco a pouco, a imprensa local se tornaria mais aberta e mais crítica, de modo que as contradições sociais passaram a ser mais bem reportadas e os articulistas se sentiram mais à vontade para empreender alguma crítica social:

184 ANDRÉ AZEVEDO DA FONSECA

Vêm vindo aí as eleições. Qual o dia certo, ninguém sabe. Mas que elas vêm ninguém nega, porque já foi proclamado, de público, por aqueles que estão empoleirados nos postos de comando. [...] como brasileiro, já tirei do fundo de uma mala velha o meu título de eleitor [...]. Foi usado poucas vezes e está novinho em folha. Também pudera, tanto tempo sem ser usado... (*Lavoura e Comércio*, 18.4.1945, p.3)

No dia 7 de maio de 1945, o *Lavoura* noticiou que a população de Uberaba estava comemorando entusiasticamente o fim da guerra. A prefeitura decretou feriado municipal e as escolas interromperam as atividades para que todos pudessem celebrar "a maior data de toda a humanidade", qual seja: "a vitória das nações livres sobre aqueles que se propuseram a escravizar o mundo, com a tirania, a opressão e a barbárie" (ibidem, 7.5.1945, p.6, 2). Esse clima de esperança que acendia o imaginário de uma nova era mundial de paz foi expresso em inúmeros artigos publicados no *Lavoura e Comércio*. O próprio José Mendonça, ao celebrar a criação da Organização das Nações Unidas, por exemplo, manifestou em tons apoteóticos o ideal de que "todos os homens, todas as mulheres e todas as crianças possam viver felizes, redimidos de todas as opressões e de todos os temores" (ibidem, 23.1.1946, p.2).

Enfim, somando-se a essa expectativa em relação aos bons ventos que pareciam começar a guiar os destinos do mundo, as eleições presidenciais de 1945, a queda de Vargas e o retorno à vida democrática com um novo governo inaugurado sob expectativas de "normalização" econômica despertariam sensibilidades políticas inéditas em toda uma geração de jovens adultos que, tal como Mário Palmério, jamais haviam experimentado a cidadania democrática.

6
AS CRISES

A despeito de toda essa onda de esperança desencadeada com o fim do conflito na Europa e com o retorno da democracia no Brasil, a realidade daqueles primeiros anos de pós-guerra não correspondeu às expectativas de progresso e de paz social, tal como apregoadas pelos excitados cronistas do *Lavoura e Comércio*. Na verdade, no que diz respeito à história de Uberaba e região, podemos observar que a segunda metade da década de 1940 foi marcada por recorrentes instabilidades sociais, econômicas, políticas e identitárias que desembocariam em crises regionais relativamente graves no início dos anos 1950. Evidentemente, parte dessa crise diz respeito ao próprio contexto do país. O otimismo inicial com a política econômica liberal de Dutra foi rapidamente substituído por uma grande apreensão diante das dramáticas improvisações e mudanças de rumo empreendidas no decorrer de seu governo. Em poucos meses, o país já sofria uma grave crise social, manifestada em políticas de restrição no tocante a economia interna, congelamento de salários, recessão econômica, inflação alta, perda do poder aquisitivo de parte da população e aumento da concentração de renda. Para muitos analistas, a situação social do país no final do governo Dutra era "caótica" (Ianni, 1971). Todos esses elementos criariam condições favoráveis para que o ex-ditador Getúlio Vargas fosse eleito presidente da República em 1950.

186 ANDRÉ AZEVEDO DA FONSECA

No contexto do Triângulo Mineiro, tendo em vista que as pessoas comuns dificilmente fazem questão de distinguir se os problemas concretos de sua vida são questões nacionais ou locais, notamos que uma série de perturbações faria despertar no imaginário regional aquele "estado de receptividade" particularmente favorável ao tempo do apelo e da espera de uma figura heroica que pudesse dissipar as sombras do horizonte de seu povo. Se Vargas parecia encarnar o herói nacional, aquela população parecia disposta à elaboração de seu próprio herói em nível regional.

A crise social

Em 1946, os jornais uberabenses ainda se empenhavam para manter aquela imagem da metrópole fabulosa que irradiava civilização para todo o Brasil Central. No entanto, com a abertura política, aos poucos as contradições sociais também passaram a conquistar espaço, de modo que uma outra Uberaba começou a emergir em contraste à assepsia dos arranha-céus imaginários. E foi assim que o rude cotidiano dos habitantes da zona rural apareceu por entre as representações literárias da "Capital do Triângulo":

> Reside numa palhoça miserável, ele a mulher e os filhos, em promiscuidade com galinhas, cachorros e porcos, que são uma espécie de prolongamento da família. [...] Nunca viu um médico, não sabe o que seja uma escola para os filhos e quando os braços fraquejam pelas doenças ou pela velhice, recorre à mendicância para cumprir os últimos dias de um destino miserável. (*Lavoura e Comércio*, 12.3.1946, p.6)

Se observarmos que quase a metade da população desse município de 60 mil habitantes morava na zona rural (Instituto Brasileiro de Geografia e Estatística, 1948), não é difícil imaginar o quadro social que aquele imaginário da civilização uberabense procurava negar.

Entretanto, não era apenas o mundo rural que aparecia miserável nas novas representações da imprensa, pois o empobrecimento do

A CONSTRUÇÃO DO MITO MÁRIO PALMÉRIO 187

núcleo urbano também começava a se manifestar. Inicialmente, sem deixar de lado a imagem da metrópole fabulosa, o jornal procurava explicar o aumento visível da miséria por meio da ideia de que, enquanto a modernidade avançava "em progressão aritmética", a miséria o fazia "em progressão geométrica". Contudo, os repórteres passaram a admitir que era preciso sair da zona dos "arranha-céus" e das casas luxuosas do centro de Uberaba para penetrar nos bairros distantes e registrar o cotidiano de uma gente esquecida que "vive por milagre ou, melhor, que morre a prestações, de fome e de doenças, carecendo de todo o socorro e entregue à sorte de uma devastação cruel e inevitável".

Um passeio pelos arredores da cidade enche a alma de consternação e de revolta. Em casebres, se é que se pode dar tal nome a uma coberta de zinco sobre paredes de terra batida, agoniza uma população de miseráveis, homens, mulheres e crianças, atirados como coisas inúteis, para os monturos da vida. (*Lavoura e Comércio*, 10.10.1947, p.6)

A propósito, é provável que o maior símbolo da pobreza de Uberaba nos anos 1940 tenha sido o Asilo Santo Antônio, localizado na área urbana. Em uma dessas nascentes reportagens de teor social no *Lavoura e Comércio* (6.10.1944, p.5), publicada em outubro de 1944, Rui Miranda expôs com requintes literários a penúria de uma das instituições filantrópicas mais antigas da cidade. O dormitório das mulheres, registrou o repórter, era de extrema miséria, e o próprio forro ameaçava ruir a qualquer momento. Na parte inferior, "onde outras tantas deserdadas da sorte se alojam em verdadeiros cubículos", vivia Maria Alexandre, uma interna que, nas palavras do jornalista, era uma "doida" que se levantava altas horas da noite para espancar as outras mulheres. "É o verdadeiro pesadelo do asilo e por isso dorme separada e bem vigiada", escreveu o repórter cada vez mais assombrado: "Nesta seção, vimos tipos verdadeiramente disformes, verdadeiras aberrações da natureza e que se não sofrem muito é porque nunca conheceram a felicidade e julgam que a vida é igual para todos". Na seção dos homens, a miséria ainda era maior: "No dormitório a luz da lua e das estrelas penetra pelas aberturas do telhado. Se chove, o dormitório

188 ANDRÉ AZEVEDO DA FONSECA

transforma-se num lago. Se faz frio, nem é bom pensar. Muitos não resistem ao inverno, tendo por cobertas minguados farrapos". Por tudo isso, Rui Miranda conclui o texto clamando por auxílio financeiro ao asilo e evocando o espírito caritativo dos uberabenses: "Do contrário, a nossa cidade terá a pecha de ser um centro onde um zebu vale milhões de cruzeiros e a vida humana não vale um centavo...".

Por meio da Assistência Vicentina, as autoridades e a boa sociedade uberabense procuravam resolver, a seu modo, a questão da miséria na cidade. Para isso, realizaram, em outubro de 1944, a "Semana do Pobre", que consistia em missas, palestras e "publicidade diária pela imprensa local sobre as múltiplas conveniências da retirada dos pobres das ruas" (ibidem, 21.10.1944, p.6). Ou seja, o objetivo final dessas ações era a criação de um "dispensário" para recolher aqueles inúmeros mendigos que faziam o seu "doloroso desfile pelas ruas modernizadas, resfolegando-se pelas colunas de mármore ou pelos sócolos de granito dos nossos arranha-céus".

> São os cegos, os coxos, os paralíticos, as crianças maltrapilhas, as mães com a prole desnutrida, formando o cortejo dos desamparados no seio da nossa majestosa metrópole.
>
> Esse é o espetáculo de todos os dias, porque essa pobre gente, oprimida pelo custo asfixiante da vida, não tem dia e nem hora para deixar as suas cafuas vazias e miseráveis em busca do que matar a fome. (ibidem, 27.10.1944, p.2)

Ao lado dos miseráveis, as famílias pobres também passavam por um período de grande desamparo. Tendo em vista o crescimento da cidade, o jornal apontou as dificuldades a que os trabalhadores de bairros distantes estavam submetidos ao serem obrigados a caminhar a pé os quilômetros entre os locais de trabalho e as suas residências. Por isso, o jornal defendia que a cidade deveria contar com pelo menos uma linha de ônibus para oferecer transporte barato a essas pessoas de baixa renda (ibidem, 6.1.1944, p.2).

Entre os fatores que inspiravam a desilusão das famílias pobres, destacava-se a noção de que, naquele período, havia poucas perspecti-

A CONSTRUÇÃO DO MITO MÁRIO PALMÉRIO **189**

vas de ascensão social para os seus filhos: nem mesmo escolas públicas havia em número suficiente. O ano letivo de 1944, por exemplo, já havia sido marcado pelo que a imprensa chamou de "espetáculo acidentado e tumultuoso" do último dia de matrículas do Grupo Escolar Brasil – o único estabelecimento público de ensino primário regular de Uberaba até aquele ano. Centenas de pais e familiares se direcionaram à escola e passaram a disputar com ânimo acirrado as vagas já inexistentes das classes superlotadas de 1° grau. Quando a diretora Corina de Oliveira anunciou de modo categórico a indisponibilidade de novas matrículas, a multidão que enchia a sala de espera ameaçou um tumulto e passou a ofendê-la de forma exaltada, acusando-a de preterir alguns em benefício de outros e expressando a decepção de ver que seus filhos não tinham escola para estudar naquele ano (ibidem, 31.1.1944, p.2). Evidentemente, aquela não seria nem a primeira nem a última vez que centenas de pais seriam frustrados pela falta de vagas nos grupos escolares. O *Lavoura e Comércio* (10.3.1944, p.2) procurava esclarecer que esse era um problema nacional, pois milhares de crianças em todo o Brasil também não haviam conseguido ingressar no 1° grau. Mas, evidentemente, a realidade nacional não servia de consolo aos pais impotentes que não sabiam direito a quem reclamar. "A que porta iriam eles bater, a fim de conseguirem um banco de escola e uma professora para os filhos?" – questionou o repórter, sem responder à própria pergunta.

Os anos se passavam e o problema permanecia sem solução definitiva: em 1946, o jornal continuava lamentando o número insuficiente de escolas públicas para atender à crescente quantidade de crianças. Além disso, as instituições que existiam na cidade eram muito precárias, tal como o Grupo Minas Gerais, inaugurado havia pouco mais de um ano: "Funciona com as duas salas de aula providas de velhas carteiras desirmanadas e desconjuntadas, caindo pedaços. Suspensos das paredes, veem-se tábuas irregulares, pintadas, à guisa de quadros-negros" (ibidem, 16.2.1946, p.6). Em 1946, foram criados mais dois grupos escolares, o Uberaba e o América. Apesar de celebradas no início, as instituições tampouco conseguiram suprir a carência de instrução de Uberaba: "É precária, precaríssima, a

190 ANDRÉ AZEVEDO DA FONSECA

situação da Capital do Triângulo no tocante aos recursos de ensino público das primeiras letras. Centenas de crianças ficam, anualmente, entre nós, sem os benefícios da alfabetização, à míngua de escolas". Por tudo isso, ao descrever mais um lamaçal que tomava o pátio do Grupo Minas Gerais, o jornal resumiu o espírito de desamparo da época com o seguinte lamento: "É ou não é de desanimar?" (ibidem, 11.10.1946, p.6).

Na década de 1940, o cotidiano da cidade ainda foi marcado por várias privações. Ainda em 1946, por exemplo, a população de Uberaba sofria o racionamento de açúcar estabelecido pelo Instituto do Açúcar e do Álcool (IAA) – órgão criado em 1933 para controlar o mercado no país (Moura, 2007). Em uma ocasião, uma multidão chegou a se aglomerar na porta de um armazém, ameaçando arrombar as portas para saquear açúcar (Lavoura e Comércio, 23.10.1945, p.2). No empenho para suprir parte do fornecimento, a própria prefeitura passou a comprar as sacas e distribuir cotas aos varejistas que deveriam vender de acordo com uma tabela (ibidem, 12.2.1946, p.4). Evidentemente, essas medidas estimularam o câmbio negro que, por sua vez, alargou ainda mais a distância entre os consumidores (ibidem, 10.5.1946, p.1; 6). O *Lavoura e Comércio* se ressentia particularmente com essa situação, pois algumas lideranças de Uberaba haviam efetuado uma denúncia no IAA contra a Cooperativa dos Usineiros de Pernambuco, mas não obtiveram nenhum resultado – nem mesmo uma resposta oficial: "Sim, o povo não tem outro recurso senão baixar o pescoço e aceitar todas as cangas que os exploradores acharem de lhe impor" (ibidem, 13.6.1946, p.6). Somente em julho, depois que o governo revisou as cotas e determinou que a Usina Junqueira atendesse ao mercado local, é que a situação prometia normalizar (ibidem, 10.7.1946, p.1).

Naquele mesmo ano, a escassez de farinha de trigo no mercado nacional (tendo em vista a diminuição das importações da Argentina e dos Estados Unidos) fez com que a cidade passasse também por um desconfortável racionamento de pão, pois as cotas estabelecidas pela prefeitura não eram suficientes para atender à demanda local (ibidem, 10.5.1946, p.6). O jornal esclarecia a medida deste modo:

A CONSTRUÇÃO DO MITO MÁRIO PALMÉRIO 191

Haverá um corte de cinquenta por cento no fornecimento das padarias a todos os seus fregueses, sem exceção de ninguém. Quem, por exemplo, habitualmente comprava cinco cruzeiros de pão por dia, doravante somente poderá comprar dois cruzeiros e cinquenta centavos.

Para agravar a questão, a partir de setembro daquele ano, a população passou a perceber uma piora significativa na qualidade do pão. Segundo o *Lavoura*, o problema era a mistura de 30% de fubá na farinha de trigo, o que deixava a massa com uma cor amarelo-escura. O problema do chamado "pão amarelo" chegou a ser debatido em uma reunião na prefeitura (ibidem, 14.9.1946, p.6), mas não foi resolvido tão cedo. Em fevereiro de 1947, por exemplo, o *Lavoura* relatou a visita de um leitor que trazia nos braços um pãozinho tão pequeno, recém-comprado em uma padaria, que mais parecia assado por crianças em forninho de brinquedo. "Não encontrando a quem apelar, nosso assinante trouxe o rebento, autêntico aborto de sete meses à nossa redação, como um protesto contra a ganância de alguns padeiros que querem arrancar até os olhos da cara de seus fregueses", indignava-se o jornal, questionando-se até quando a cidade ficaria à mercê de negociantes sem escrúpulos (ibidem, 14.2.1947, p.6).

Além disso, desde 1946 a população também passara a ter dificuldades para comprar café devido ao aumento de preços. O jornal mostrava-se pasmo ao notar que, se no Rio de Janeiro o quilo do café custava sete cruzeiros, em Uberaba chegava a doze cruzeiros. Afirmando desconhecer a existência de uma comissão de tabelamento em Uberaba, o jornal lamentava que não tinha ninguém para apelar (ibidem, 21.4.1946, p.6). Em outro artigo, seu lamento se transformou em indignação contra a prática do câmbio negro no mercado de café:

> Uberaba não tem comissão de preços e a Prefeitura toma conhecimento por tomar, da alta de custo das utilidades. Quem quiser açambarcar, está na hora. A capital do Triângulo transformou-se no paraíso dos exploradores. [...] Café moído a doze cruzeiros o quilo! Era o que faltava para completar o rosário das extorsões. (ibidem, 23.4.1946, p.1)

192 ANDRÉ AZEVEDO DA FONSECA

Outro problema que fez o "calvário" dos uberabenses na segunda metade dos anos 1940 foi a deficiência do leite. Na verdade, desde meados de 1944 a cidade sofria períodos de absoluta falta de leite no mercado local (ibidem, 5.7.1944, p.1). Uma síntese geral dessas inquietações foi expressa no artigo "O Brasil está passando fome", de José Mendonça:

> Acentua-se, de modo alarmante, a crise econômica em nossa pátria.
>
> Não temos açúcar, não temos pão, não temos macarrão, não temos transportes econômicos. O leite, a carne, a batata, os óleos comestíveis só se encontram em quantidades mínimas.
>
> E os demais gêneros de primeira necessidade estão sendo vendidos por preços exorbitantes, quase proibitivos. (ibidem, 28.5.1946, p.2)

O problema foi se arrastando, e, como consequência, em 1948 o jornal ainda reclamava com indignação, afirmando que o leite que circulava na cidade, um verdadeiro "atentado vivo á saúde das nossas crianças", era composto de 50% de "água suja, de qualquer charco".

> Pão microscópico, leite com água, arroz e feijão com preços de escala acima, cada vez mais caros, carne três vezes por semana – a vida do uberabense é uma verdadeira tortura, assemelhando-se a nossa situação de carestia, de penúria e de miséria, à de uma cidade sitiada, por obra da ação malfadada dos que podem navegar à vela solta no mar largo da exploração. (ibidem, 19.10.1948, p.1)

Foi somente no dia 1º de outubro de 1946 que Uberaba teria a sua Comissão Municipal de Tabelamento de Preços, uma instância independente que, com o apoio da prefeitura, deveria estabelecer e fiscalizar o "equilíbrio necessário dos interesses dos vendedores e dos consumidores" na cidade (ibidem, 2.10.1946, p.6). "O pobre que faça por onde ficar rico, que procurem cavalgar os que hoje são cavalgados, mas não se venham com panaceias de justiça social, de princípios humanitários, para remediar o irremediável" – era uma das expressões correntes nessa época de frustração com as promessas do mundo pós-guerra.

A CONSTRUÇÃO DO MITO MÁRIO PALMÉRIO   193

Desde que a crise estalou, num dia que vai velho e longínquo, no calendário do pobre, que se procura explicar as suas causas. A vida está pela hora da morte por causa da guerra. A frase fez furor. [...] Mas a guerra se foi e as coisas não melhoraram. Antes pelo contrário, a corrida dos altistas se verificou bem mais acentuada. (ibidem, 10.10.1946, p.6)

Por fim, o dilema histórico que persistia impondo obstáculos determinantes ao desenvolvimento da cidade era o péssimo funcionamento do sistema de abastecimento de água e de energia na cidade. O próprio diretor do Serviço de Força, Luz e Águas de Uberaba, Thomas Bawden, admitia publicamente a deficiência: "Realmente, ainda é precário o suprimento desta zona da cidade, cuja linha mestre de abastecimento não foi totalmente concluída por ocasião da construção do Serviço, devido à dificuldade de material e seu elevado custo" (ibidem, 19.1.1946, p.1). Apesar dos esforços federais, concentrados sobretudo no Plano Salte,[1] no sentido de propor soluções aos problemas relacionados à carência na infraestrutura de transportes e energia em todo o país, os jornais locais jamais deixaram de relacionar as crises sociais à administração municipal e sobretudo estadual.

A instabilidade no sistema de água favorecia a emergência de inúmeras teorias conspiratórias no imaginário da cidade. Em setembro de 1946, por exemplo, a população ficou atemorizada pelo boato de que a água servida em Uberaba estava comprometida por causa de uma avaria no aparelho de clorificação. Foi preciso que o *Lavoura e Comércio* (21.9.1946, p.6) tranquilizasse os leitores, garantindo que não havia nada de anormal no tratamento de água. Contudo, tendo em vista a extrema degradação a que as pessoas assistiam dia a dia em suas torneiras, o próprio jornal passou a alertar que Uberaba estava consumindo "água imprestável", "barrenta", com o "mais alto índice bacteriológico", implicando "gravíssimo perigo" para a população. "A água poluída pode, de um momento para outro, provocar o alastramento de uma grave epidemia de tifo, paratifo, disenteria e outras

---

1 O Plano Salte (Saúde, Alimentação, Transporte e Energia) foi um programa criado em 1947 no governo de Eurico Gaspar Dutra. O objetivo era promover o desenvolvimento integrado desses setores no país.

194 ANDRÉ AZEVEDO DA FONSECA

moléstias graves do aparelho digestivo", advertia o *Lavoura e Comércio* (4.3.1948, p.6).

Em um editorial em tom de desabafo, o *Lavoura e Comércio* registrou que Uberaba, cidade que já sofria todas as inconveniências da escassez de água, estava prestes a ver o sistema entrar em pane definitivo a qualquer momento.

> Em certas horas do dia, Uberaba não tem água, até mesmo para as mais inadiáveis serventias, e bem se pode ajuizar a tragédia que disso decorre. O povo sofre, o povo brada, o povo reclama e se desespera, em vista das providências que tardam, que não vêm nunca, em seu benefício. (ibidem, 26.2.1949, p.1)

A situação do sistema de energia era ainda mais perturbadora. Segundo o *Lavoura e Comércio*, rara era a semana em que, uma ou duas vezes, o próprio jornal não era forçado a paralisar os trabalhos por falta de eletricidade. E se na área central da cidade os *blackouts* eram rotineiros, um passeio à noite pelos bairros era, nas palavras do *Lavoura*, um "mergulho no reino da escuridão" (ibidem, 10.9.1948, p.1). Em março de 1949, quando a cidade ficou por oito horas seguidas sem energia, o jornal publicou mais um editorial furioso, indignando-se contra a frequência dessa "irregularidade exasperante e prejudicialíssima" que "descontrola os nervos" de qualquer um.

Entre as inúmeras instabilidades que Uberaba experimentava no pós-guerra, o "retardamento" da industrialização era interpretado como consequência direta da precariedade da energia na cidade. "Estamos com a vida de atividades da cidade em colapso.", exasperava-se o jornal. "Nenhuma máquina se movimenta, em qualquer oficina. Nos hospitais, nas casas de saúde, nos consultórios médicos, casos urgentes de intervenção cirúrgica têm de ser adiados, nem se pode tirar nenhuma chapa radiográfica, muita vez de necessidade inadiável" (ibidem, 3.4.1948, p.1). É importante notar que tanto o desespero pela falta de energia quanto esse recente discurso em favor da modernização estavam ligados à súbita mudança de paradigmas às quais as lideranças locais procuravam se lançar, em meio à mais grave instabilidade econômica que Uberaba vivenciava desde a derrocada comercial no século XIX – trata-se da inesperada crise do zebu, uma verdadeira catástrofe na economia local que em poucos meses provocou a ruína de pecuaristas e assombrou o imaginário da cidade com a perspectiva de uma nova era de empobrecimento e decadência urbana.

A crise econômica

"Uberaba, o maior centro de criação de gado zebu de todo o mundo, apresenta sensacional desfile de valores", vangloriava-se o *Lavoura e Comércio*, em março de 1945, em um anúncio publicado em toda a primeira página. A peça de propaganda exibia oito espécimes de touros reprodutores que valiam milhões de cruzeiros e evidenciavam, mais uma vez, a fabulosa fortuna que circulava nas mãos dos pecuaristas. Ao mesmo tempo, a manchete realimentava aquela tradicional representação da cidade que se consolidara no imaginário local: Uberaba, a capital mundial do gado zebu – título honorífico que os pecuaristas conseguiram incorporar à identidade local para reivindicar o orgulho de toda a população.

Figura 50 – Notícia sobre a crise da pecuária.

196 ANDRÉ AZEVEDO DA FONSECA

No entanto, já naquele ano, diversos sinais indicavam a cada vez mais visível fragilidade dos criadores de gado perante o contexto econômico da época, que experimentava um processo de "transferência de renda" dos "setores produtivos agrícolas e manufaturados para os setores industriais voltados para o mercado interno" (Saretta apud Szmrecsányi; Suzigan, 2002, p.114). Na primeira metade da década de 1940, auge do zebu, pecuaristas de diversas regiões do Brasil passaram a manifestar o interesse na compra dos reprodutores e, de certo modo, pareciam ameaçar a supremacia dos uberabenses nesse ramo. Contudo, como o Indubrasil era um gado fabulosamente caro, eram poucos os pecuaristas com recursos para uma aquisição em quantidade suficiente para atender aos seus rebanhos. Para se ter uma ideia da escalada de preços, se em 1941 o touro "Aragão" foi comercializado por quinhentos mil cruzeiros, em 1943 "Turbante" valeria um milhão e, no ano seguinte, "Soberano" seria vendido por dois milhões (Mendonça, 2008, p.165). No intuito de pensar soluções para democratizar o acesso aos animais, o político Fidélis Reis chegou a sugerir que o governo comprasse gado zebu e cedesse, por empréstimo, aos pecuaristas necessitados (*Lavoura e Comércio*, 15.3.1945, p.2).

Contudo, uma ideia bastante desfavorável à causa dos uberabenses começou a circular no país: criadores paulistas, liderados pelo pecuarista Rolin Gonçalves, defenderam que o governo brasileiro deveria importar levas de zebus diretamente da Índia para fornecê-los a todo o país e abaixar os preços dos reprodutores puros-sangues (ibidem, 21.2.1945, p.6). Os grandes zebuzeiros uberabenses ficaram atemorizados e passaram a defender que o zebu uberabense era "bem mais perfeito" e "dotado de superiores qualidades econômicas" em relação ao nativo indiano, pois o gado local já estava aclimatado e havia sido aperfeiçoado por cinquenta anos de seleção e melhoramentos. Segundo os uberabenses, a incorporação desses espécimes no rebanho nacional poderia anular por completo todo o paciente trabalho empreendido pelos zebuzeiros históricos e, portanto, significaria uma "marcha à ré de consequências catastróficas" (ibidem). Para contrapor esse argumento, Rolin Gonçalves afirmou que os novos zebus indianos não afetariam o gado "multimilionário" de Uberaba, pois os animais seriam encami-

A CONSTRUÇÃO DO MITO MÁRIO PALMÉRIO 197

nhados "tão somente aos 98% dos criadores brasileiros que não fazem parte dos privilegiados". Gonçalves fez questão de criticar os preços do gado de Uberaba, que estavam atingindo "cifras astronômicas, quase absurdas" (ibidem, 21.3.1945, p.4-5). Todo esse debate, realizado às vésperas da exposição anual de gado zebu na cidade, despertou grande polêmica na imprensa local:

> Sem dúvida começa agora uma propagandazinha contra o Zebu. Cuidado com ela! É um movimento organizado, capitalizado, incorporado, imprensificado etc. etc., para uma queda, uma baixa no maravilhoso boi de Uberaba, e do Brasil. Queda e baixa em estilo de terremoto. Coisa pavorosa!! (ibidem, 17.3.1945, p.2)

Não foi por acaso que, em maio daquele ano, os pecuaristas tenham decidido dar publicidade aos planos de edificar um grande monumento ao zebu, que deveria ser confeccionado em cobre e teria o custo de um milhão e quinhentos mil cruzeiros. A notícia foi destaque no *Lavoura e Comércio* (19.5.1945, p.1, grifo nosso) sob pomposo título: "O monumento pró Zebu se erguerá como símbolo da *verdadeira grandeza econômica de Uberaba*". Para justificar a utilização de recursos públicos, o jornal dizia o seguinte: "Não foi somente Uberaba que se beneficiou com a aclimação e o selecionamento do boi de cupim. Foi o Brasil inteiro, sacudido por uma autêntica revolução nos domínios da pecuária". Assim, diante dos ataques e da crise iminente, os pecuaristas procuravam lançar mão de procedimentos simbólicos para reafirmar a legitimidade de sua ascendência.

No entanto, as investidas contra os zebuzeiros ganharam força na campanha eleitoral de 1945, quando o candidato brigadeiro Eduardo Gomes, ao discursar em Uberlândia, atacou a prodigalidade da política financeira de Vargas em relação ao zebu e criticou a falta de critérios na distribuição de "graças" aos pecuaristas, argumentando que tais recursos eram "não raro desviados para especulações artificiosas" (ibidem, 17.10.1945, p.6). O *Lavoura e Comércio* (18.10.1945, p.6), ao afirmar que o gado indiano entrara para a "lista negra" de Eduardo Gomes, empreendeu a partir de então uma campanha sistemática

198 ANDRÉ AZEVEDO DA FONSECA

contra o candidato. Falando em "conspiração contra o Zebu", o jornal alertava contra a "terrível ameaça aos destinos da pecuária uberabense, caso o brigadeiro lograsse ir à presidência da república" (ibidem, 22.10.1945, p.6).

No entanto, o brigadeiro não estava equivocado. Como contam Lopes e Rezende (2001, p.106), um dos mais importantes fatores que favoreceram a era de ouro do zebu foi, de fato, a ação governamental que, por meio da Carteira Agrícola do Banco do Brasil, liberara empréstimos ilimitados sem estabelecer controles efetivos sobre os preços: "A facilidade para obter estes financiamentos levou muitas pessoas inexperientes a abandonarem antigas profissões e entrarem nos negócios do zebu, comprando e vendendo sem verdadeiro conhecimento quer da mercadoria, quer do mercado". Quando o governo anunciou em 1945 mais rigor na política de créditos, a instabilidade já se anunciara.

Por isso, em janeiro de 1946, mesmo com a vitória de Eurico Gaspar Dutra, a "crise da pecuária" e "a situação aflitiva em que se debatem os meios ruralistas triangulinos" já apareciam com todas as letras no jornal. Em um relatório encaminhado ao presidente Dutra, o deputado federal uberabense João Henrique foi enfático em seu diagnóstico: "A pecuária nacional se debate em tremenda crise. Não apenas o criador de reprodutores finos, mas a própria criação de gado destinado ao corte". O deputado esclarecia que, ao mesmo tempo que faltava carne nas grandes cidades do país, o gado de corte se atulhava nas invernadas por falta de comprador. Para agravar a situação, os impostos, os salários concedidos aos trabalhadores do campo e o preço das utilidades de uso corrente nas propriedades rurais estavam quase impraticáveis: "As fazendas de boa administração rendem menos de 5% sobre seu valor. Isso é um convite ao abandono das atividades ruralistas" (*Lavoura e Comércio*, 16.1.1946, p.1).

A falta de compradores dava margem ao "jogo baixista dos frigoríficos e matadouros" e depreciava ainda mais o valor do gado (ibidem, 1º.2.1946, p.6). Por fim, os criadores passaram a sentir mais fortemente as consequências da suspensão das linhas de crédito pelo Banco do Brasil, que também estabelecera um valor máximo do preço do gado financiado. Naturalmente, a tabela mantinha-se muito aquém das

A CONSTRUÇÃO DO MITO MÁRIO PALMÉRIO **199**

cotações milionárias dos reprodutores de elite e, por consequência, acelerou o movimento já corrente de depreciação dos rebanhos. Com tudo isso, a classe ruralista foi lançada a uma situação incontornável de insolvência.

As restrições ao crédito não se restringiram aos pecuaristas, pois era parte da política de estabilização empreendida pelo governo (Saretta apud Szmrecsányi; Suzigan, 2002). No entanto, o colapso do zebu se alastrou em proporções avassaladoras sobretudo devido aos exageros nos anos anteriores, quando uma geração de novos pecuaristas se entusiasmou temerariamente com as promessas de fortuna fácil, tendo em vista os valores astronômicos que envolviam o negócio de zebu. Havia relatos de infindáveis excessos e abusos na obtenção de créditos, tanto do lado dos bancos como dos fazendeiros, de modo que não era incomum encontrar zebuzeiros negociando valores dez vezes maiores do que a sua verdadeira capacidade financeira. "E o povo como que se enlouqueceu pela pecuária" (*Lavoura e Comércio*, 22.3.1946, p.2). Com a extinção da era de crédito ilimitado, a estrutura que sustentava as fortunas dos pecuaristas se desmoronou.

> Num clima de euforia, com as transações e os lucros se multiplicando, ninguém poderia prever a queda do zebu. No início de 1945, às vésperas da *débâcle*, provocada pelo corte sumário e repentino do crédito, para qualquer negócio ligado ao zebu, na Carteira Agrícola do Banco do Brasil, um touro de nome "Tigre" foi vendido em Uberaba por 1 milhão e 200 mil cruzeiros. Duas semanas depois, o dono não encontraria nem cem mil cruzeiros pelo boi. O ato do Governo apanhou todo mundo de surpresa. Foi um pânico geral. Homens acostumados a lidar com grandes somas, de repente ficaram sem crédito. [...] Era uma classe inteira, toda poderosa na véspera, que entrara em concordata. (Amorim apud Lopes & Rezende, 2001, p.109)

A falência generalizada dos pecuaristas foi rapidamente incorporada no imaginário local. Em pouco tempo, qualquer habitante era capaz de relatar alguma história de um conhecido ex-pecuarista falido que perdera todos os bens "quando a crise do gado quebrou

200 ANDRÉ AZEVEDO DA FONSECA

meio mundo em Uberaba" (Carvalho, 2006, p.81). Todos sabiam que as famílias "mais importantes e progressistas" de Uberaba se achavam "emaranhadas nas malhas da questão da queda do Zebu". Entretanto, ao lado do folclore e do vexame expresso na ruína fragorosa dessas parentelas, a crise do zebu começou a disseminar um temor verdadeiro na cidade.

> Não fazemos mal em dizer que quase toda a fortuna de Uberaba está fundamente abalada. E podemos adiantar que, se não vier uma medida ampla em benefícios dos zebuzeiros de Uberaba, nossa cidade, talvez, será em breve um montão de casas desabitadas e de ruas mortas. (*Lavoura e Comércio*, 22.3.1946, p.2)

A crise do zebu se aprofundou e a insolvência dos pecuaristas perturbou substancialmente a economia local. "Uberaba atravessa, nesta hora, uma das suas grandes crises econômicas em face da queda vertiginosa do zebu, pedra de toque de sua economia e base de todo o seu movimento financeiro" – registrou o *Lavoura e Comércio* (16.11.1946, p.2). Nesse momento, o jornal já começava a argumentar que essa crise sem precedentes impunha um ultimato para que a população começasse a se dedicar a "profundas cogitações em torno do futuro da cidade", pois era preciso se convencer definitivamente de que Uberaba não podia e não deveria mais viver "exclusivamente da pecuária" e nem esperar "milagres continuados na multiplicação das fortunas". Em outras palavras, a crise da pecuária parecia favorecer a libertação de um discurso de modernização urbana que deveria ser efetuada por meio do incentivo ao comércio e da instalação de um parque industrial da cidade. (Daí a angústia das elites locais com a questão da energia.) No entanto, esse discurso nascente ainda precisava vencer uma mitologia conspiratória que ameaçava paralisar Uberaba com um dilema aparentemente insolúvel: deixar de lado a pecuária poderia implicar a derrocada final de Uberaba, que seria inevitavelmente arrastada a uma nova era de decadência e de miséria social. O melhor exemplo dessa mitologia se encontra em um artigo apocalíptico que José Mendonça publicou no *Lavoura e Comércio* (4.3.1947, p.2):

A CONSTRUÇÃO DO MITO MÁRIO PALMÉRIO 201

Se vier o "CRACK" da pecuária, sofreremos, no Brasil, uma catástrofe sem precedentes em nossa história.

Credores e devedores rolarão no abismo.

O Banco do Brasil, os bancos particulares e os demais credores terão prejuízos tremendos, calamitosos.

Arrasada a pecuária, a economia nacional entrará em colapso.

As fazendas despovoadas, as lavouras definhadas [...] e as nossas cidades do interior transformar-se-ão em Itaocas, iguaizinhas àquela que Monteiro Lobato descreveu.

As gerações futuras de nossa pátria serão totalmente sacrificadas, porque os pais não terão mais recursos para educar os seus filhos e estes, além de tudo, em vez de herdarem uma situação próspera, receberão o quinhão da miséria e do desalento.

A crise política

Como temos visto, a tendência à paralisia, à resignação e ao sentimento de impotência diante da dimensão dos problemas sociais era uma constante na cultura daquela sociedade em crise. "A que porta bater?", "É ou não é de desanimar?", "O povo não tem outro recurso senão baixar o pescoço...", "Não há a quem apelar...", "Até quando a cidade ficaria à mercê...", "Brada aos céus a falta de solução...". Todas essas expressões, empregadas de modo recorrente na imprensa local, revelam a sensação de desamparo a que até mesmo as elites ilustradas pareciam se entregar.

A despeito do retorno à democracia, o sentimento de impotência se agravava com a frustração das pessoas diante da visível desordem partidária nos diretórios locais. "A situação atual da nossa política é mais confusa do que o emaranhado que o morcego faz nas crinas dos cavalos", escreveu um cronista referindo-se à política de Uberaba: "e por isso mesmo deixamos para os grandes resolver a situação, porque em festa de jacu nhambu sempre fica de fora" (ibidem, 17.10.1947, p.6). Essa perplexidade naturalmente aumentava ainda mais a desconfiança das pessoas em relação aos políticos tradicionais. Em outubro de 1947, por exemplo, quando os diretórios locais ainda buscavam

202 ANDRÉ AZEVEDO DA FONSECA

os nomes para compor suas listas de candidatos naquela que seria a primeira eleição municipal depois do fim da ditadura, o *Lavoura e Comércio* lamentava que essas escolhas se davam "de acordo com as conveniências" de pessoas meramente vaidosas que, tendo mordido "a isca da vereança", mostravam-se dispostas a "dar uma perna ao diabo" em troca da oportunidade da sua própria candidatura. Para o jornal, o objetivo da maioria dos candidatos era apenas:

> Ver o nome escrito nas faixas vistosas de cinco ou seis metros e a fotografia mais cinematográfica ocupando lugar de destaque nos jornais, poder aliciar votos, com um abraço carinhoso para a direita e para a esquerda, enfim sentir, por alguns dias uma elevação de prestígio, mesmo ilusória, no requesto da opinião pública. (ibidem, 19.10.1947, p.6)

Em um reflexo da desorientação partidária da época, o próprio *Lavoura e Comércio* (23.10.1947, p.6) admitia que as suas notícias sobre a política local não faziam mais do que reproduzir os rumores que circulavam na própria sociedade: "Nós, francamente, não sabemos de nada. Vendemos os boatos pelo preço que compramos". Um desses rumores dizia respeito, por exemplo, à improvável combinação de forças entre a União Democrática Nacional (UDN) e o Partido Social Democrático (PSD) local – fato que, quando oficialmente anunciado, não deixou de causar surpresa na cidade. Todos sabiam que o PSD estava profundamente ligado a Getúlio Vargas desde a criação. Reunindo sobretudo os políticos tradicionais da área rural, o partido tornara-se particularmente forte em Minas Gerais, graças ao significativo prestígio de Benedito Valadares, getulista histórico. A UDN, por sua vez, era constituída pelos constitucionalistas liberais, identificava-se com o corpo de oficiais do Exército brasileiro e se caracterizava por um agressivo sentimento anti-Vargas (Skidmore, 1979, p.80-9). Uma combinação de forças daquela natureza não podia deixar de desnortear os eleitores.

Nos municípios do interior, em especial, o retorno à democracia não impediu a emergência dos antigos coronéis ou de seus descendentes diretos na política local. Como testemunha o ex-político petebista

A CONSTRUÇÃO DO MITO MÁRIO PALMÉRIO 203

tijucano Luiz Junqueira (apud Fonseca, 2006a), a UDN de Uberaba era quase que a institucionalização partidária da família Rodrigues da Cunha e de seus protegidos. Da mesma forma, o PSD "pertencia" aos Borges, chefiados por um grande fazendeiro, o coronel Ranulfo Borges do Nascimento. Distante de qualquer discussão programática, o controle de um partido significava acima de tudo um empenho para o retorno das famílias tradicionais ao governo local. Com essa falta de critérios nas alianças, esses homens que "não fazem questão de legendas", nas palavras do *Lavoura*, acabaram por desequilibrar ainda mais a vida político-partidária local.

Para se ter ideia da desordem dos diretórios locais, notamos que, além da aliança entre o PSD e a UDN, causaram "admiração de pasmo" outras combinações de partidos que nacionalmente se separavam por verdadeiros "abismos ideológicos", tal como as uniões entre o Partido Trabalhista Brasileiro (PTB) e uma ala da UDN local, assim como a do PSD agrário com o Partido Popular Progressista (PPP) – "pseudônimo do partido comunista brasileiro", nas palavras do *Lavoura*. Com tudo isso, os eleitores sentiram-se definitivamente desorientados ao se depararem, na campanha eleitoral municipal, com anúncios políticos francamente contraditórios e discrepantes, tais como os seguintes, publicados na mesma página, no dia 24 de outubro de 1947.

Figura 51 – Anúncio político do PTB e da "ala renovadora" da UDN, em 24 de outubro de 1947.

Figura 52 – Anúncio político da UDN em 24 de outubro de 1947, publicado na mesma página do anúncio anterior.

Contudo, o PTB acabou se tornando o grande vitorioso nas eleições municipais de 1947. Além do prefeito Boulanger Pucci e do vice-prefeito Antônio Próspero, o partido elegeu oito dos quinze vereadores. O PSD ficou com quatro cadeiras e a UDN com três (*Lavoura e Comércio*, 29.11.1947, p.1). Essa vitória não foi casual. Como argumenta Ferreira (2005), o sucesso político dos trabalhistas e o crescimento eleitoral do PTB não foram somente o resultado de propaganda ideológica e controle estatal sobre os sindicatos, mas correspondeu a "tradições, crenças e valores" que circulavam na cultura política da sociedade brasileira. Na verdade, desde a década de 1940, expressivos segmentos da sociedade já manifestavam a crença de que a modernidade seria alcançada com políticas nacionalistas de industrialização e distribuição de renda. Os anos 1950 seriam marcados precisamente pela emergência de toda uma geração de homens e mulheres entusiasmados pelo discurso da "utopia desenvolvimentista", em que o nacionalismo, a soberania nacional, as reformas socioeconômicas e a ampliação dos direitos trabalhistas passaram a ser interpretados como elementos imprescindíveis para alcançar o progresso e o bem-estar social. "Da personalização da política, o 'getulismo' institucionalizou-se em um partido político,

A CONSTRUÇÃO DO MITO MÁRIO PALMÉRIO 205

o PTB, transformando-se em um projeto para o país, nomeado de trabalhismo" (Ferreira, 2005, p.12). Em Uberaba, o PTB também encarnou esses ideais e tornou-se um partido muito popular.

A vitória dos trabalhistas em Uberaba e o festejado retorno do município à vida constitucional, entretanto, não aplacaram a descrença da sociedade com os políticos. Esse espírito foi expresso em um editorial contundente do *Lavoura e Comércio* (19.1.1948, p.6), intitulado: "Estamos fartos de partidos políticos". Para o jornal, três anos após a criação dos novos partidos e apenas dois meses depois das eleições, a "politiquice" havia dominado e absorvido toda a vida partidária local, "torcendo rumos e intenções, para o espetáculo medíocre e desolador das vantagens pessoais sobrepostas às conveniências coletivas". Por isso, o diário posicionou-se contra a criação até mesmo do "Partido Ruralista Brasileiro", fundado para defender a causa dos pecuaristas em crise.

Além disso, a despeito do sucesso nas eleições de 1947, o PTB local logo entraria em uma grande crise devido a uma série de discordâncias internas irreconciliáveis, mas sobretudo por causa de uma disputa de poder entre suas duas principais lideranças: o prefeito Boulanger Pucci e Antônio Próspero, vice-prefeito e presidente do diretório local. Visivelmente ambicioso, Próspero começou a reivindicar uma autonomia que por fim incomodou profundamente o colega. Quando o vice Antônio Próspero geriu a prefeitura entre 28 de março e 14 de junho de 1949, por ocasião de uma cirurgia do prefeito, foi acusado pela Câmara de cometer irregularidades na gestão financeira e não contou com o apoio de Pucci em sua defesa. Essa instabilidade impôs um racha irreversível no diretório. Em 1949, o líder udenista na Câmara chegou a comemorar o fato de que o PTB local estava se "esfarelando" devido à sua crise interna. Por sua vez, a facção descontente com o "acordo absurdo e sem nexo" com a UDN começou a se articular para organizar um diretório dissidente com o auxílio dos "verdadeiros trabalhistas e getulistas" (ibidem, 25.7.1949, p.1). No entanto, Antônio Próspero empregou todo o seu prestígio para conquistar o apoio do diretório estadual, manteve-se na presidência e, com vistas às eleições de 1950, obteve a autorização para liderar a criação de diretórios do PTB em

206 ANDRÉ AZEVEDO DA FONSECA

diversas cidades do Triângulo, tais como Campo Florido, Nova Ponte, Santa Juliana, Conceição das Alagoas, Prata, Monte Alegre de Minas, Tupaciguara, Veríssimo e Ituiutaba (ibidem, 1°.8.1949, p.1). Desiludido com o PTB sob o comando de seu desafeto, Pucci desfiliou-se do partido e ingressou no Partido Social Progressista (PSP), levando consigo um grupo de ex-trabalhistas que guardariam um rancor profundo dos antigos colegas.

A crise identitária

Desde os primeiros anos de povoamento, no início do século XIX, a região do Triângulo Mineiro tem experimentado, de forma mais ou menos cíclica, uma recorrente crise de identidade que, em regra geral, tende a se manifestar com toda força nos períodos de instabilidades econômicas, sociais e políticas. Devido a um intercâmbio econômico e cultural intenso com o norte paulista, com o sul goiano e com leste mato-grossense, em contraste ao quase isolamento em relação aos mineiros metropolitanos, os triangulinos ora se identificam com esses Estados, ora procuram negar ou confrontar a "mitologia da mineiridade" (Arruda, 1990) em nome de uma suposta identidade própria, autônoma, mas sobretudo desvinculada de Minas.

Uma das principais expressões dessa crise identitária se relaciona aos recorrentes movimentos separatistas (ou emancipacionistas) que, desde meados do século XIX, propõem que o Triângulo se desligue definitivamente de Minas Gerais para que a região possa se tornar uma nova unidade federativa independente. Como observa Gomide (1993), os movimentos emancipacionistas do Triângulo Mineiro são regulares e sempre emergem quando se associam determinadas condições históricas. Para Oliveira (1997), em síntese, essas campanhas costumam ser acionadas quando as lideranças se unem para reclamar que o Estado mineiro não confere a devida atenção à região; e se encerram, em geral, quando as reivindicações são atendidas ou quando o governo promove algum outro investimento de impacto nas principais cidades.

A CONSTRUÇÃO DO MITO MÁRIO PALMÉRIO **207**

Oliveira (1997, p.29) verificou que, no discurso dos emancipacionistas, o Triângulo é sempre interpretado como uma região rica, povoada por gente trabalhadora, "mas que se vê prejudicada pelo Estado de Minas Gerais, na medida em que a maior parte da arrecadação de impostos vai para a capital [...] e não retorna, através de benefícios, para a região". Dessa forma, o "vizinho" Estado de Minas é invariavelmente representado como um parasita que apenas suga as riquezas dos produtores locais. O Triângulo, por sua vez, era comumente descrito como "uma espécie de filho enjeitado, do qual o governo provincial só se lembrava para as arrecadações de impostos" (Pontes, 1978, p.108).

É importante observar que, na verdade, a concentração do poder no Brasil sempre se processara por meio do enfraquecimento do município. No Império, as províncias pressionadas pelo fisco apertavam os municípios, de forma que as finanças, nas palavras de Leal (1978, p.142), "mal lhes permitia[m] definhar na indigência". A situação não foi diferente na República: a deficiência fiscal dos Estados fizera com que os governadores passassem a invadir deliberadamente a esfera tributária municipal, o que resultava em um estrangulamento das fontes de renda locais. Ou seja, esse verdadeiro saque nas finanças das municipalidades não era uma exclusividade do relacionamento entre Minas e o Triângulo, mas era a regra geral entre Estados e municípios brasileiros. As circunstâncias que levaram às ideias separatistas devem ser compreendidas, portanto, no cruzamento de diversos fatores da história e da cultura local.

Podemos afirmar que as crises identitárias e a questão do emancipacionismo se configuraram como elementos fundamentais da cultura política regional. Como explica Berstein (1998), a "cultura política" pode ser compreendida como um conjunto de referentes difundidos em uma tradição, formando assim um sistema mais ou menos coerente de normas e valores que acabam determinando a representação que uma comunidade faz de si mesma, do seu passado e do seu futuro. Essa visão de mundo pode se formar por meio de uma leitura comum e normativa do passado, expressa mediante "um discurso codificado em que o vocabulário utilizado, as palavras-chave, as fórmulas repetitivas são portadoras de significação, enquanto ritos e símbolos

208 ANDRÉ AZEVEDO DA FONSECA

desempenham, ao nível do gesto e da representação visual, o mesmo papel significante" (ibidem, p.350-1).

Assim, observamos que os ideólogos do separatismo procuravam direcionar a interpretação da memória regional no sentido de salientar um sentimento de "não pertencimento" à "Minas histórica" e de enfatizar os elementos que contrariavam os "valores da mineiridade", utilizando principalmente a imprensa para difundir essas representações anti-Minas: "Por não ter nascido com Minas, e nem pertencer a ela na época da Inconfidência, por não possuir laços econômicos, culturais e de comunicações com o centro do Estado durante décadas, o Triângulo, segundo os defensores da emancipação, criou uma identidade regional peculiar" (Longhi, 1997, p.30). Até mesmo aspectos da geografia local – como a localização entre rios, a ausência de montanhas, a predominância de chapadões e a demarcação natural imposta pela Serra da Canastra – eram anunciados como argumentos determinantes de uma desunidade original. Em outra mão, fundamentados em uma leitura histórica bem particular, os líderes emancipacionistas buscavam produzir discursos e símbolos para forjar uma identidade triangulina – ou uma "triangulinidade" (ibidem) – e legitimar a luta pela autonomia. Dessa forma, desenvolveu-se a ideia de que um dos principais aspectos que justificam a independência era a própria formação histórica da região do Triângulo.

O atual território de Minas Gerais, criado e isolado pela Coroa a partir de muitas porções de outras capitanias (tendo em vista que, sendo mediterrâneo, não teve origem direta nas donatárias), conquistara grande proeminência no período colonial por causa da exploração mineral. Mas a distribuição populacional e o dinamismo econômico ficaram circunscritos em zonas bem definidas ao redor das áreas de mineração. Ou seja, enquanto as regiões auríferas fervilhavam de vitalidade, os territórios mais longínquos permaneciam inóspitos. Como vimos, foi apenas no decorrer do século XIX, a partir da decadência das minas e do esgotamento das terras agricultáveis, que uma forte emigração dos geralistas passou a ocupar o oeste. Desse modo, as migrações internas favoreceram o desenvolvimento de novas experiências econômicas e sociais distantes da centralidade administrativa

A CONSTRUÇÃO DO MITO MÁRIO PALMÉRIO 209

da província e, por isso mesmo, propensas a fundar núcleos regionais relativamente autônomos.

Desse modo, como argumenta Longhi (1997, p.30), o território de Minas Gerais impôs sérias contradições ao processo de construção de uma identidade mineira, na medida em que apresentou uma grande diferenciação interna. E não é de causar surpresa que essas diferenças sejam potencializadas nos conflitos entre as retóricas separatistas de algumas de suas regiões e a "mitologia da mineiridade".

Sabemos que a noção definidora de uma região não está necessariamente vinculada aos limites fronteiriços definidos pela organização territorial administrativa, mas se relaciona, acima de tudo, com a existência de um polo capaz de centralizar uma dinâmica cultural e socioeconômica de um conjunto representativo de formações sociais. Ou seja, organizada por um campo de forças com interesses objetivos, a demarcação regional transcende limites territoriais fixados pelo Estado (Guimarães, 1990).

> Este é o caso particular da região do Triângulo Mineiro, cuja delimitação territorial de suas fronteiras, com certeza, é muito mais perceptível pela objetividade dos marcos geográficos naturais, representados pelo formato geométrico dos leitos fluviais dos rios Paranaíba e Grande, do que pelas características intrínsecas de sua formação socioeconômica, cuja integração com São Paulo e Centro-Oeste, ao mesmo tempo, ultrapassam os limites do território estadual e se dissociam das tradicionais características da formação socioeconômica das Minas Gerais. (Guimarães, 2004, p.9)

Como vimos, as terras que hoje compreendem a região do Triângulo Mineiro pertenceram a São Paulo (1720-1748), a Goiás (1748-1816) e finalmente a Minas Gerais. No período em que o Desemboque se tornava um centro de contrabando de ouro, uma grave disputa fronteiriça foi travada entre Minas e Goiás. Quando os habitantes se dispersaram para o interior, autoridades goianas passaram a impor obediência a fazendeiros cujas propriedades localizavam-se em lugares sabidamente fora da linha de demarcação. Dessa forma, novos conflitos de jurisdição entre Minas e Goiás tornaram a ocu-

210 ANDRÉ AZEVEDO DA FONSECA

par os ânimos de seus representantes, até que, em 1816, a região foi desagregada da Capitania de Goiás e incorporada a Minas Gerais (Pontes, 1978, p.70).

É interessante observar que esse episódio fundou um dos primeiros mitos políticos do imaginário regional. Nos relatos memorialísticos, conta-se que a anexação do Triângulo a Minas Gerais teria sido vitoriosa porque um ouvidor mineiro, em visita a Araxá – então sob jurisdição goiana –, teria se apaixonado perdidamente por uma jovem conhecida como Dona Beija e mandado raptá-la para que pudessem se casar. Processado em Goiás – de cujo governo era desafeto –, o ouvidor teria uma atuação decisiva junto a D. João VI no processo de transferência da região a Minas, onde ele estaria protegido juridicamente (ibidem, p.69).

O aspecto mais interessante a ser ressaltado nesse mito triangulino é um esforço – talvez inconsciente – de abastecer a memória regional com uma fábula popular que inspirasse a ascensão de um folclore e, consequentemente, de uma identidade comum. Além disso, de forma pejorativa, se a anexação do Triângulo a Minas, afinal de contas, fora fruto de um arbitrário capricho de um aliciador, não haveria, de fato, nenhuma legitimidade nessa transação.

Vimos que a primeira população do Triângulo passara a dedicar-se à produção agropecuária, aproveitando uma série de facilidades no processo de empossamento de terras, tendo em vista a necessidade de criar um ponto de apoio de suprimentos alimentícios para a conquista do interior. Dessa forma, os povoados de Araxá, Uberaba, Santa Maria, São Pedro de Uberabinha e Araguari conheceram um período de relativo desenvolvimento. No entanto, sentindo-se cada vez mais prejudicadas pela dificuldade de escoamento da produção, as elites econômicas passaram a se empenhar pela inserção da economia regional em um mercado mais amplo. Dessa forma, vinculado às economias de São Paulo, de Goiás e do Mato Grosso, o Triângulo, por um lado, fortalecia a interação mais ou menos independente com esses Estados e, por outro, se afastava cada vez mais da longínqua administração mineira. Para Guimarães (2004, p.3), "esta histórica inserção complementar à economia paulista imprimiu uma singularidade na estruturação espacial dessa atípica região mineira".

A CONSTRUÇÃO DO MITO MÁRIO PALMÉRIO 211

Como observou Wirth (1982, p.74), aquele distanciamento físico, econômico e cultural da capital já servira de pretexto nas primeiras movimentações emancipacionistas da segunda metade do século XIX. A "negligência" da capital Ouro Preto, os altos impostos e o fato de o comércio regional ser efetivamente realizado por meio do porto de Santos foram os fatores que despertaram o interesse dos líderes triangulinos ora em incorporar a região a São Paulo, ora em instituir uma província independente. Segundo Pontes (1978, p.108) – um memorialista abertamente favorável ao emancipacionismo –, em 1857 já haviam sido registradas agitações nesse sentido na cidade do Prata. Em 1875, Des Genettes, médico e jornalista francês radicado em Uberaba, liderou o que é considerado o primeiro movimento que defendia a anexação do Triângulo à Capitania de São Paulo. No ano anterior, o francês fundara *O Paranaíba*, o primeiro periódico da região, sucedido pouco depois pelo *O Eco do Sertão*.

Em 1890, por ocasião da elaboração da Constituição da República, foi proposta ao Congresso constituinte uma revisão das antigas províncias em nome de uma equitativa redistribuição territorial dos Estados. Nesse momento, as elites do Triângulo Mineiro, do sul de Goiás e do sudoeste de Mato Grosso – regiões unidas por intensas trocas comerciais – lançaram uma campanha em prol da criação do Estado do Paranahíba. Uberaba seria a capital do novo Estado que agregaria, além de municípios mineiros que hoje compreendem as regiões do Triângulo e Alto Paranaíba, algumas cidades goianas (como Ipameri e Catalão) e mato-grossenses (como Campo Grande e Três Lagoas). No entanto, o governo mineiro conseguiu desbaratar a iniciativa separatista.

Em 1906, novas agitações emancipacionistas foram despertadas a partir do fechamento da Escola Normal, do 2º Batalhão de Polícia e, uma vez mais, de uma genérica "falta de apoio do governo estadual". As nascentes elites urbanas, descontentes com as deficiências infraestruturais, notaram a oportunidade de unir-se às elites agrárias que demandavam pontes, estradas e isenções de impostos (Longhi, 1997, p.35). Naquele mesmo ano, as lideranças fundaram o Clube Separatista em Uberaba e o Partido Separatista em Araguari. Mas o

212 ANDRÉ AZEVEDO DA FONSECA

governo de Minas logo tratou de atender a algumas reivindicações no setor de educação e transportes, de modo que o movimento perdeu novamente o sentido (Oliveira, 1997).

Evidentemente, a imprensa foi um fórum privilegiado para os emancipacionistas do começo do século XX. Um importante veículo desses ideais surgiu com a fundação de um outro jornal igualmente chamado *O Paranahíba*, em 1914, que apresentava como base de seu programa de ação "o compromisso de se fazer propugnador da velha legítima e natural aspiração da nossa terra", qual seja, a "organização do novo Estado". Entre 1918 e 1920, sob o impacto de novas elevações de imposto sobre a terra, uma nova campanha emancipacionista tomou corpo. Nesse período, os *slogans* partiam da crença de que o Triângulo sustentava Minas e que o Estado retirava muito mais do que oferecia. Em 1919, foi fundado o semanário *A Separação*, editado por Boulanger Pucci, também em nome da causa manifesta de defender o ideal emancipacionista. Segundo Leila Gomide (1993, p.25), diversos jornais regionais expressaram essa ideologia separatista, reclamando em coro das históricas dificuldades de integração com a capital do Estado e dos impedimentos infligidos pelo governo no sentido de atender aos "justos reclamos da população".

No final da década de 1920, o jornalista Orlando Ferreira (1927) passou a expressar a antiga ideia da transferência da região do Triângulo para o Estado São Paulo. Afirmando que Uberaba era habitada por um povo infeliz e resignado, que passava os dias a queixar-se em lamúrias, Ferreira (1927) indignava-se ao ver a sua comunidade "nesse estado deprimente e vergonhoso", enquanto as cidades do interior paulista cresciam vertiginosamente devido à "inteligência e patriotismo de seus filhos". Assim, em busca de respostas para essa falta de ânimo, o autor procurou analisar a cultura local e, citando *Populações meridionais do Brasil*, de Oliveira Viana, concluiu que o atraso de Uberaba estava ligado a uma característica do modo de vida rural do mineiro, voltado para o retraimento, a timidez e a rotina.

> Porque não é nada recomendável viver-se *como o mineiro vive*, triste, recluso, isolado, numa vida de quietude e "simplicidade"; e se isto é uma

A CONSTRUÇÃO DO MITO MÁRIO PALMÉRIO 213

das feições da alma mineira, deve-se-o ao atraso material, moral e intelectual a que o povo está entregue há muitos anos... [...]
Ora, o mineiro *não conquistou nada, vive muito mal, não é homem enfim*; logo, não é simples; a sua "simplicidade" deve ser batizada com outros nomes: covardia, acanhamento, pessimismo, analfabetismo, atraso, miséria, tristeza, doença no corpo e na alma... Em outras palavras: população de jeca-tatus!... (Ferreira, 1927, p.5-6)

A retórica anti-Minas é um elemento fundamental na sua argumentação em busca da identidade triangulina. Para Ferreira (1927, p.7), em violento contraste à tradicional boa imagem da "mitologia da mineiridade", o Estado de Minas era, na prática, constituído por uma gente "inepta e indolente", de modo que os mineiros viviam "tristes e retraídos", em "cidades imundas", "sem conforto", "dispersos e sem meios de comunicação". Por isso, a administração era "acanhada, nula, improdutiva", precisamente devido às próprias características do mineiro, um sujeito ignorante, desonesto e rotineiro, historicamente destituído do sentimento progressista, do "arroubo" e do "entusiasmo sadio" dos paulistas: "Uberaba é uma cidade mineira. Infelizmente está encaixada no Estado de Minas e por isso sofre as consequências do atraso mineiro: não progride" (ibidem, p.25). Por conseguinte, em seu receituário para promover a modernização, Ferreira (1927) propõe a anexação da região a São Paulo, um "Estado adiantado" cujas lideranças mostravam-se "preocupadas com o progresso". Para ilustrar sua retórica, o autor idealizou às alturas a modernização paulista e fez questão de incluir em seu livro um mapa com a região do Triângulo acoplada a São Paulo. Para ele, os uberabenses não eram mineiros de coração, mas queriam ser "ardentemente" paulistas de fato.

Ferreira (1927, p.180) animava-se com a ascensão do paulista Washington Luiz à Presidência, pois assim o "sonho dos triangulinos" poderia obter um importante apoio. Longhi (1997) afirma que o presidente de fato chegou a cogitar a criação do novo Estado, mas o governador de Minas, Benedito Valadares, enfraqueceu o emancipacionismo ao efetivar mais uma série de medidas concretas e simbólicas para "apaziguar os ânimos": mandou construir estradas, edificou o

Grande Hotel de Araxá e instalou a Companhia de Força e Luz de Uberaba. Porém, quatro anos depois, a campanha ressurgiu quando o governo mineiro determinou a supressão da Escola Normal e do Aprendizado Agrícola em Uberaba. Além disso, as lideranças reclamavam que o governo não havia cumprido as promessas em relação às melhorias no serviço de água, esgoto e eletricidade do município (Oliveira, 1997). Um dos articuladores desse movimento foi Quintiliano Jardim, o diretor do jornal *Lavoura e Comércio*. Contudo, o governo mineiro mais uma vez realizou um conjunto pontual de benfeitorias e as lideranças se desmobilizaram. É importante observar que as efervescências separatistas, pelo menos até meados da década de 1940, ocorreram basicamente em Uberaba e não se alastraram pela região.

Figura 53 – O mapa elaborado por Orlando Ferreira anexou o Triângulo Mineiro ao Estado de São Paulo.

Na era Vargas, foi firmada uma aliança entre essa oligarquia regional e os interesses da União (Gomide, 1993, p.33). Tendo em vista o plano nacional de integração e colonização expresso na chamada "Marcha para o Oeste", as elites econômicas vislumbraram uma oportunidade para convencer o governo federal da necessidade de dotar o Triângulo de infraestrutura para a efetiva ocupação do Centro-Oeste. Essas ne-

A CONSTRUÇÃO DO MITO MÁRIO PALMÉRIO 215

gociações implicaram a criação de uma série de dispositivos de apoio ao desenvolvimento, capitaneados pela Fundação Brasil Central. Instalada primeiramente no Triângulo e em regiões de Goiás, a fundação promoveu a abertura de estradas, a criação de pequenos núcleos industriais, além de campos de pouso, de abastecimento, hospitais e escolas (Lenharo, 1985, p.73). É importante notar que, durante o Estado Novo, a imprensa deixou de veicular a propaganda separatista. No contexto da ditadura e das relações diretas entre as elites regionais e o governo federal, a causa recolheu-se aos bastidores.

O separatismo no pós-guerra

Com a abertura democrática, o movimento separatista não irrompeu de modo imediato, mas desenvolveu-se a partir da emergência de uma série de ideias políticas em meio a um crescente ressentimento daquela região historicamente predisposta a descontentar-se com o governo mineiro. Com a politização da vida local, promovida sobretudo pelas eleições municipais de 1947, tornou-se mais comum o lamento e depois a manifestação da revolta das elites econômicas com as irregularidades nos serviços de água e de energia da cidade, que na época estavam sob responsabilidade estadual. "Pobre terra, vítima de tanta injustiça e de tanto descaso", lastimavam os articulistas, queixando-se que Minas promovia uma sangria de recursos em impostos que jamais beneficiavam a cidade (*Lavoura e Comércio*, 5.9.1947, p.6). A imprensa aproveitou a oportunidade para acender as antigas mágoas com o fechamento da Escola Normal de Uberaba (ibidem, 11.9.1947, p.6), com as promessas sempre adiadas da construção de rodovias e estradas de ferro e com tudo aquilo que chamavam, de modo genérico, de política de "abandono do pontal do Triângulo" (ibidem, 4.9.1947, p.6).

Ainda no calor do resultado das eleições municipais, um grupo de políticos e intelectuais passou a expressar um entusiasmo desmedido com a perspectiva de que, a partir da recente Constituição, os municípios ganhariam autonomia e seriam mais valorizados na vida política nacional (ibidem, 16.12.1947, p.2). Esse novo ânimo é explicado também pela difusão nacional das ideias municipalistas no pós-guerra,

216 ANDRÉ AZEVEDO DA FONSECA

que, segundo Melo (1993), haviam alcançado "notável capacidade de mobilização e surpreendente apelo programático" entre as elites burocráticas de diversas localidades do país.

Durante a redemocratização de 45, o municipalismo ressurge com um apelo doutrinário espetacular, vindo a ter forte penetração na Constituinte de 1946. Não seria exagerado supor que se buscou, em larga medida, convertê-lo em mito *fundador* da segunda República.

Melo (1993) observa no ideário central do municipalismo desse período a presença de um forte apelo simbólico que favoreceu a disseminação de toda uma "elaboração discursiva, mítica e apologética" sobre a questão da modernização do "interior". Quando se analisa o caso de Uberaba, pode-se verificar essa mitologia em inúmeros artigos publicados a partir de dezembro de 1947, onde se expressava a ideia de que o município, "célula *mater* da nacionalidade", havia sido confinado no trabalho rural, na penúria e no analfabetismo para sustentar o "luxo", a "magnificência" e os arranha-céus das capitais (*Lavoura e Comércio*, 27.2.1948, p.6). Nesse contexto, surgiu, sob a égide da Sociedade dos Amigos de Uberaba (ibidem, 11.3.1948, p.6), um movimento político liderado pelo vereador e simpatizante do emancipacionismo Antônio Alberto de Oliveira, no qual se propagava a ideia de que Uberaba poderia se tornar a pioneira do municipalismo na região. "Ou fortalecemos o município", diziam as lideranças, "ou sucumbiremos no abismo de erros que nós mesmos cavamos" (ibidem, 24.7.1948, p.6).

Com tudo isso, não foi uma surpresa notar que o grupo municipalista de Uberaba logo se desdobrasse em um franco movimento emancipacionista, desencadeado oficialmente em fevereiro de 1948, quando Afrânio Azevedo, banqueiro, pecuarista e deputado estadual em Goiás, decidiu publicar um manifesto que provocou algum debate na região. Argumentando que os habitantes do Triângulo Mineiro haviam desenvolvido "usos e costumes próprios, divergindo dos paulistas e dos outros mineiros", Azevedo louvou com todas as palavras esse "povo de fibra ímpar nos anais da história do Brasil" para reforçar

A CONSTRUÇÃO DO MITO MÁRIO PALMÉRIO 217

a mitologia da conspiração e reacender, de modo solene, a chama do movimento separatista.

> Apesar de viver relegado ao abandono e ao esquecimento dos governantes mineiros durante dois séculos, construiu um Estado dentro de outro Estado, conseguindo fazer do Triângulo o melhor pedaço de Minas Gerais. Quase duzentos milhões de cruzeiros são arrecadados aqui anualmente, e remetidos para Belo Horizonte para ajudar a construir a sua beleza, o seu conforto, as suas escolas, as suas largas e belíssimas avenidas [...] quando nos falta tudo isso e muita coisa, como estradas, energia elétrica etc. (*Lavoura e Comércio*, 23.2.1948, p.2)

Assim, conclamando-se herdeiro dos pioneiros do emancipacionismo, tal como Leopoldino de Oliveira, Boulanger Pucci e Camilo Junior, entre outros, Azevedo reafirmou o orgulho de ser uberabense "de sete gerações" e enalteceu o pulso desse "povo heroico que vem atravessando os séculos, tudo dando e nada recebendo". Para Azevedo, a riqueza da região tinha todas as condições para se criar "o melhor Estado do país". Graças às facilidades geográficas, a administração seria "facílima" com a articulação dos municípios por meio de "ótimas rodovias" e estradas de ferro: "As suas escolas, hoje insuficientes, poderão ser duplicadas ou triplicadas e poderemos ter até uma capital nova, construída a propósito, com universidade própria, para que nossos filhos tenham facilidade de estudar". Assim, vemos que a emancipação passou a ser apresentada como a derradeira solução, ou melhor, a salvação para os problemas sociais, econômicos e políticos da região.

Em outro manifesto publicado duas semanas depois, o próprio Camilo Chaves Junior, emancipacionista histórico, procurou reafirmar a ideia de que o Triângulo sempre tivera uma vida à parte e buscou instituir um novo mito fundador para legitimar a luta. Para Chaves Junior, os emancipacionistas triangulinos eram autênticos herdeiros do "espírito autonomista" dos aguerridos índios caiapós que, nos "primórdios" da colonização do oeste mineiro, haviam lutado sem tréguas contra o branco invasor: "Agora, novo alento, novo sopro de

218 ANDRÉ AZEVEDO DA FONSECA

idealismo sacode o Triângulo de ponta a ponta. Aqui, ali e acolá o ideal surge espontâneo, vivo, e a voz da Terra, o sangue do Caiapó brada: A SEPARAÇÃO!" (ibidem, 9.3.1948, p.2).

A partir desses manifestos, o municipalismo e o separatismo jamais deixaram de se cruzar no debate político regional – ainda que houvesse profundas divergências, tendo em vista que um influente grupo de municipalistas defendia a ideia de que os tempos eram outros e que a região já havia se integrado ao Estado. "Minas e o Triângulo estão em boa harmonia, fumando tranquilamente o cachimbo da paz", defendeu Odorico Costa (*O Triângulo*, 10.3.1948, p.1). "Mutilar Minas é ferir mortalmente o Brasil", escreveu Moacyr Pimenta Brant (*Lavoura e Comércio*, 8.4.1948, p.6). Naqueles tempos de carestia nacional, alguns defenderam a ideia de que um movimento separatista como aquele chegava a ser impatriótico: "O contrário disso é que deveria acontecer, isto é, campanhas que visassem o congraçamento de todos os mineiros, afim de que reconquistemos o nosso lugar de prestígio no seio da federação" (ibidem, 20.7.1948, p.6). Nesse período, a principal voz do sentimento de "comunhão mineira" era o influente deputado federal Rondon Pacheco da UDN (ibidem, 6.7.1949, p.171).

Considerando que Uberaba arrogava a si o papel de "Capital do Triângulo", uma terceira linha de ideias políticas logo passou a defender uma perspectiva mais regionalista do que propriamente municipalista, buscando alguma autonomia sem partir para o franco emancipacionismo. No decorrer de 1948, é notável o esforço do *Lavoura e Comércio* para estimular um senso de identidade regional e encorajar a sensação de "pertencimento" das cidades circunvizinhas à comunidade triangulina. Era preciso encontrar um historiador com a virtude excepcional de síntese, argumentavam as elites ilustradas, para oferecer uma visão de conjunto sobre a história do Triângulo, de modo que todos pudessem conhecer os grandes feitos desse povo e se entusiasmar por eles (ibidem, 20.12.1947, p.2). O *Lavoura* intensificou a veiculação de notícias sobre esses municípios, criou uma coluna especial para publicar um resumo da imprensa regional e fez com que a expressão "Triângulo Mineiro" passasse a aparecer com mais frequência nos títulos.

A CONSTRUÇÃO DO MITO MÁRIO PALMÉRIO 219

No entanto, entre as três tendências havia um consenso: o ressentimento contra Minas Gerais, elemento presente até mesmo no discurso daqueles que pregavam a união com o Estado. Os problemas com a questão da água, da energia e das vias de transporte jamais deixaram de inspirar o discurso de que a região era "a mais esquecida" pelo governo mineiro e, por isso, estava "condenada à rotina, sem capacidade para desenvolver todas as suas possibilidades de progresso" (ibidem, 11.6.1948, p.6). "Por piedade, mais boa vontade para conosco", clamou o *Lavoura e Comércio* (24.6.1948, p.1) para o governo mineiro.

Discretamente, o diretório local do PTB passou a expressar solidariedade pelo "sentimento de revolta" dos uberabenses e triangulinos que estavam submetidos à "indiferença" do governo em relação aos problemas da cidade (ibidem, 26.6.1948, p.6). Essa seria a primeira manifestação de uma simpatia que, em pouco tempo, levaria o movimento emancipacionista ao programa central dos principais líderes trabalhistas no Triângulo Mineiro.

Enquanto isso, o tema da conspiração e o tempo da espera de um salvador cresciam no imaginário local. O *Lavoura* registrou que a população "pressentia" e "aguardava", "quase já desiludida", a "ação salvadora" que pudesse resolver os problemas regionais e evitar que o Triângulo afundasse na decadência: "Até quando se perderá sem eco o clamor das nossas súplicas?". Os títulos desse período são eloquentes: "O velho tema do abandono do Triângulo Mineiro" (ibidem, 9.9.1948, p.1), "Prejuízo intenso no presente e prejuízo indizível para o futuro enquanto os poderes públicos fazem ouvidos de mercador ao nosso apelo" (ibidem, 10.9.1948, p.1) e "A velha conspiração contra os destinos do progresso de Uberaba" (ibidem, 8.10.1948, p.1). Os exemplos são inúmeros.

> Que há contra Uberaba? É a pergunta que nos acode, irreprimivelmente diante de tanta má vontade, de tanto desprezo. Nenhum motivo já se pode alegar que justifique o feroz castigo infligido à terra de Major Eustáquio. [...]
> O mal não é de hoje [...]. Mas nunca houve um governo como o atual, em que depositássemos tantas esperanças e tanta confiança. E nada se

220 ANDRÉ AZEVEDO DA FONSECA

faz em nosso favor. Não se arreda uma palha. Estamos condenados a clamar no deserto, até que não tenhamos mais voz para as lamentações e os protestos. (ibidem)

No segundo semestre de 1948, o *Lavoura e Comércio*, que apesar do pessimismo ainda mantinha uma postura pró-Minas Gerais, lançou a ideia de realizar um Congresso de Prefeitos do Triângulo e foi logo atendido pelo prefeito Boulanger Pucci. Ainda que reclamasse da "política de abandono", o jornal passou a conclamar a união dos municípios para promover o fortalecimento regional e a intensificação das relações com o Estado (ibidem, 5.11.1948, p.6). Marcado para janeiro de 1949, o evento e todos os seus preparativos foram entusiasticamente noticiados pelo *Lavoura* – que até então tinha o cuidado de registrar que essa iniciativa nada tinha a ver com as "águas passadas" dos movimentos pela emancipação. Prova disso era a presença confirmada do próprio secretário do Interior de Minas, Pedro Aleixo, na presidência da mesa de abertura (ibidem, 26.1.1949, p.1).

O congresso foi realizado em 30 de janeiro de 1949 e contou com a presença de prefeitos ou representantes de vinte e três cidades da região. Diversos temas sociais e econômicos foram discutidos, tais como melhoria das vias de transporte, reforma de escolas e nomeação de professores, criação de pequenos núcleos industriais, empréstimos para obras de infraestrutura, aprovação de leis em benefício dos pecuaristas em crise, entre inúmeros assuntos de interesse local ou regional (ibidem, 2.2.1949, p.1). Contudo, não há dúvidas de que o aspecto mais relevante foi o caráter simbólico do discurso de união e fortalecimento regional, expresso no interesse em se fundar a "União dos Municípios Triangulinos" (ibidem, 26.1.1949, p.1).

O congresso conseguiu esfriar por algum tempo o calor das discussões emancipacionistas e, apesar da ausência de soluções concretas, fomentou a esperança e reduziu sensivelmente as queixas durante o primeiro semestre de 1949, a despeito de algumas manifestações emancipacionistas na Câmara Municipal de Uberaba que se estenderam até final de fevereiro (ibidem, 24.2.1949, p.1). No entanto, o pânico inspirado pela derrocada dos zebuzeiros, o acirramento das tensões políticas

A CONSTRUÇÃO DO MITO MÁRIO PALMÉRIO 221

no cenário local e a escalada dos problemas sociais aliada à frustração geral com a sensação de inoperância do Estado despertaram com todo ímpeto o discurso de ressentimento, tal como podemos verificar em um editorial do *Lavoura e Comércio* (9.6.1949, p.4):

> Só mesmo a paciência bíblica de nossa gente e a benevolência de nossa imprensa tem evitado aos dirigentes de nosso Estado críticas acerbas e campanhas ásperas, no sentido de conseguir providências capazes de resolver esse problema capital em nossa terra. [...]
>
> Inúmeros apelos, verdadeiros gritos de desespero de uma coletividade que está sendo economicamente estrangulada, já foram dirigidas ao Palácio da Liberdade.
>
> Infelizmente, porém, até agora esses brados não encontraram acolhida, o que vai aumentando amargamente a nossa penosa sensação de abandono.

Discretamente, o emancipacionismo ressurgia nas entrelinhas das ideias políticas ventiladas pelas elites ilustradas de Uberaba. E foi assim que o professor Alceu Novais, sob o pretexto de discutir reformas territoriais, explorou uma outra perspectiva da retórica separatista, sugerindo que a causa dos triangulinos dizia respeito a um debate que interessava a todos os brasileiros, pois era urgente discutir um novo mapa da nação em nome de uma divisão mais equitativa das unidades federativas. Com essa perspectiva patriótica, argumentava Novais, os mineiros não teriam justificativas para se opor: "Minas sempre apoiou a grande pátria" (ibidem, 25.10.1949, p.2). Ao mesmo tempo, o debate em busca de uma identidade regional inspirou a sistematização ou mesmo a reinterpretação sobre o que se queria entender pela expressão "Triângulo Mineiro".

> A atual divisão territorial do Estado rouba à região grande parte de suas terras, incluindo cidades como Araguari, Patrocínio, Araxá, na chamada zona do Paranaíba. Mas o nosso rincão ao qual estamos ligados pela mesma história, pela mesma personalidade, e pelo mesmo destino, é o Triângulo formado pelos Rios Grande e Paranaíba e os contrafortes das Serras da Canastra e Mata da Corda. (ibidem, 24.11.1949, p.3)

Desse modo, começaram a surgir na imprensa da capital alguns artigos pontuando a indiferença ou mesmo a "aversão" que os triangulinos faziam questão de demonstrar por Belo Horizonte, tal o grau de "desligamento econômico e espiritual" em que se encontravam em relação ao Estado de Minas. "Exceto o do sr. Benedito Valadares, os governos de Minas nunca deram importância ao Triângulo", afirmou um articulista no jornal *O Diário*, de Belo Horizonte, em um texto republicado no *Lavoura e Comércio* (24.11.1949, p.3). "Inda bem que o comércio da região é feito quase que exclusivamente com São Paulo e Goiás".

"No futuro os movimentos tendentes à separação, hoje latentes, poderão volver à tona e vir a constituir problema sério para o governo estadual, desde que não se promovam medidas eficazes para contorná--lo", profetizou Sétimo Moreira em um artigo publicado em dezembro de 1949 no *Diário de Minas*, e reproduzido no *Lavoura e Comércio* (31.12.1949, p.3), antecipando uma histeria que de fato estaria prestes a explodir às vésperas da campanha eleitoral de 1950, tal como veremos mais adiante.

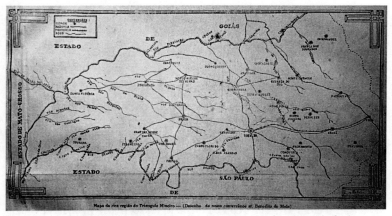

Figura 54 – Mapa do Triângulo Mineiro publicado por ocasião do aniversário de cinquenta anos do jornal *Lavoura e Comércio*, em junho de 1949.

7
O ANÚNCIO DO HERÓI

Em novembro de 1945, em pleno período de campanha eleitoral, um serviço de alto-falante passou a anunciar a realização de uma grande passeata que reuniria estudantes de todos os estabelecimentos de ensino de Uberaba para homenagear um dos candidatos à Presidência da República. Nessa ocasião, um aparentemente apartidário Mário Palmério foi o único diretor que se preocupou em informar que os seus colégios não tinham nenhuma ligação com aquela iniciativa: "Seus alunos são, em sua quase absoluta maioria, menores; não são eleitores, e não receberam, da diretoria do estabelecimento, qualquer insinuação para que se manifestassem publicamente por este ou aquele candidato" (*Lavoura e Comércio*, 29.11.1945, p.2). O informe no *Lavoura e Comércio* não mencionava qual candidato estava propagandeando a passeata dos estudantes. No entanto, naquele mesmo dia, o jornal publicava uma lista de mulheres uberabenses que manifestavam o apoio à candidatura de Eurico Gaspar Dutra. E assim o leitor era informado que Cecília Arantes Palmério, a esposa de Mário Palmério, era uma das que subscreviam a carta. Dessa forma, ficaram claras as preferências políticas do casal, mais próximas de Dutra e do getulismo do que da oposição udenista (ibidem, 29.11.1945, p.4).

É importante observar que uma das características marcantes da história da sociedade brasileira dos anos 1940 foi essa crescente

224 ANDRÉ AZEVEDO DA FONSECA

expectativa na transformação estrutural do Brasil com vistas à construção de um país moderno e promissor. Como observou Lucia de Almeida Neves (2001, p.171), nesse período desenvolveram-se um "forte sentido de esperança" e uma "consciência da capacidade de intervenção humana sobre a dinâmica da História" em busca de um "projeto de nação" comprometido com o desenvolvimento social. No ideário de grande parte daquela geração, os meios necessários para alcançar o progresso e o bem-estar da sociedade seriam encontrados no "nacionalismo, na defesa da soberania nacional, nas reformas das estruturas sócio-econômicas do país" e na "ampliação dos direitos sociais dos trabalhadores" (ibidem, p.171). Em suma, a esperança, o reformismo, o distributivismo e o nacionalismo foram elementos essenciais da "utopia desenvolvimentista" que se constituiu em um verdadeiro signo daquela época. Assim, vemos que, nesse tempo, Mário Palmério era apenas um entre toda uma geração entusiasmada pelos ideais do trabalhismo.

Vimos que, no decorrer dos anos 1940, Palmério jamais deixou de trabalhar para conquistar uma notoriedade pública que superava – e muito – um mero empenho corriqueiro por visibilidade comercial. Contudo, até 1949 o professor ainda não havia manifestado publicamente nenhum interesse em ingressar na vida partidária. É verdade que sua atividade profissional fomentava a interpretação de que ele era uma das lideranças sociais que mais participavam do desenvolvimento do Triângulo Mineiro. Essa impressão seria fortalecida com as ações assistencialistas empreendidas pela Faculdade de Odontologia por meio da policlínica e sobretudo pela instantaneamente popular "turma volante", formada por estudantes que prestavam atendimento odontológico gratuito na cidade e na região. Essas iniciativas fizeram com que Mário Palmério fosse recorrentemente homenageado e conquistasse grande visibilidade tanto entre a população como entre os poderes públicos (O Triângulo, 24.3.1949, p.2). Em abril de 1949, por exemplo, em acordo com a prefeitura de Veríssimo, os alunos de odontologia foram mobilizados para prestar serviços às crianças daquela cidade. Mário Palmério fez questão de integrar a comitiva e acompanhar pessoalmente os trabalhos: "No grupo escolar de Verís-

A CONSTRUÇÃO DO MITO MÁRIO PALMÉRIO **225**

simo foram atendidas cerca de cem crianças, feitas cento e dezesseis extrações e precedida a uma profilaxia dentária geral" (*Lavoura e Comércio*, 22.4.1949, p.2). Palmério prometia a prestação de serviços nas escolas municipais da zona rural e fazia questão de propagandear a iniciativa em todos os detalhes. Um projeto de um convênio entre a faculdade e a Secretaria de Saúde e Assistência do Estado de Minas previa assistência dentária às crianças de 6 a 14 anos em Uberaba e nos municípios de Campo Florido, Conceição das Alagoas, Conquista, Nova Ponte, Sacramento e Veríssimo (*O Triângulo*, 25.11.1949, p.4). Com todas essas ações sociais, o nome de Mário Palmério popularizou--se entre as famílias pobres, de modo que o professor parecia confirmar a ideia de que era "um dos maiores benfeitores de nossa terra" (*Lavoura e Comércio*, 25.6.1949, p.1). Na medida em que se aproximavam as eleições gerais de 1950 – em que seriam eleitos vereadores, prefeitos, deputados estaduais e federais, governadores e presidente da República –, Mário Palmério, representado como um verdadeiro herói, parecia cada vez mais tentado a lançar sua candidatura a algum cargo à altura do conceito que ele e a imprensa local faziam de seu nome.

A primeira iniciativa que indica esse interesse pode ser observada quando ele aproveitou a já tradicional cerimônia de entrega de diplomas do Colégio Triângulo Mineiro para proferir um discurso que, visto em retrospectiva, se configurou como o prenúncio de sua plataforma eleitoral. Na verdade, o próprio *Lavoura e Comércio*, conscientemente ou não, antecipou que aquele discurso fora "um verdadeiro programa de arrojadas iniciativas" em favor do Triângulo Mineiro. Diversos elementos indicam a importância simbólica desse evento para o iminente lançamento de sua candidatura. Primeiramente, naquele ano, o paraninfo dos alunos, centro de todo o prestígio da cerimônia, foi o próprio Mário Palmério. A mesa de honra foi ocupada por Quintiliano Jardim, diretor do *Lavoura e Comércio*; pelo vice-prefeito e presidente do PTB, Antônio Próspero; além, evidentemente, do paraninfo Mário Palmério. A presença de Próspero e a ausência do prefeito Boulanger Pucci são muito significativas, pois assinalam a que facções políticas Palmério estava disposto a se filiar. Além disso, a distinção a Quintiliano garantia, é claro, uma oportuna nova sessão de elogios no *Lavoura*.

226 ANDRÉ AZEVEDO DA FONSECA

E foi assim que Mário Palmério apareceu descrito pelo diretor do jornal como "pioneiro do ensino superior nesta região, moço de invejável capacidade de realização, a quem Uberaba já servia um sem número de benefícios no campo da instrução" (ibidem, 16.12.1949, p.6).

O discurso de Palmério esteve repleto de argumentos que procuravam estimular, nas entrelinhas, uma aclamação natural de seu nome para as eleições de 1950. Aproveitando-se daquela privilegiada cerimônia de autoconsagração, o professor encarregou-se de incitar uma grande expectativa sobre um tipo ideal de representante político triangulino que, antes de tudo, se ajustava rigorosamente ao papel social que ele próprio desempenhava conscientemente no imaginário daquela sociedade. Naturalmente, esse homem público invocado em seu discurso era aquele que compreendia a centralidade da educação nas políticas públicas de desenvolvimento.

"As [...] solenidades de entrega de diplomas e certificados a centenas e centenas de jovens estudantes permitem-nos dar larga aos mais ousados prognósticos, permitem-nos encarar com as perspectivas as mais audaciosas o futuro de nossa terra." Ora, se o progresso de um povo era medido pela "cultura e instrução de seus filhos", argumentou, as famílias uberabenses demonstravam profunda compreensão social, pois não estavam medindo esforços para encaminhar as crianças à escola e garantir-lhes uma vida de trabalho honrado: "Sabe Deus que sacrifícios isto custou a seus pais". Por tudo isso, Palmério defendeu que era preciso pleitear "incansavelmente dos poderes públicos, escolas, escolas e mais escolas, exigindo o emprego do dinheiro arrecadado em impostos, na construção e custeio de estabelecimentos de ensino" (ibidem, 17.12.1949, p.8, 3).

"Sabemos, nós, melhor do que ninguém, dos sofrimentos dos pais quando se sentem incapazes de proporcionar colégio, uniformes e livros para os filhos" (ibidem), insistiu Mário Palmério, defendendo também, em um discurso que sugeria o mais desprendido altruísmo, que, enquanto o ensino secundário estivesse nas mãos da iniciativa particular, as despesas de manutenção das escolas continuariam a exigir a receita produzida pelos alunos, o que inviabilizaria o ingresso de crianças pobres. Milhares de jovens poderiam ser portadores dos certificados de

A CONSTRUÇÃO DO MITO MÁRIO PALMÉRIO 227

ensino e ter acesso a trabalhos compensadores, vislumbrava Palmério, se os governos acordassem para a urgência de criar escolas gratuitas ao povo. "Utopia? Não. Compreensão, apenas, cada vez mais, por parte de nossos homens públicos: compreensão do fato evidente de que é a escola, somente a escola, é que traz o progresso" (ibidem) – sentenciou o hábil orador, arrogando inquestionável conhecimento de causa.

Mais escolas primárias, secundárias, técnicas e superiores! Houvesse, no Brasil, mais faculdades de medicina e mais médicos estariam cuidando da saúde do povo; mais escolas de odontologia e não estaríamos assistindo ao espetáculo deprimente de um povo de dentes podres, fonte de um sem número de moléstias dizimadoras; mais escolas de engenharia, e o nosso problema de estradas e comunicações não será tão cruciante. Mais escolas outras e mais outros e mais outros profissionais competentes à testa de serviços sem os quais não pode haver progresso. Mais povo alfabetizado e menor a ignorância dolorosa que inutiliza o nosso braço para a movimentação das fontes produtoras.

Tudo isso, meus caros amigos, tem sido dito e repetido. Nunca é demais, porém, insistir. Ou insistimos e progrediremos ou calamo-nos e pereceremos. (ibidem)

Alegando que o problema da educação no interior era ainda mais crucial, Palmério defendia que Uberaba e o Triângulo Mineiro já tinham todas as condições para abrigar uma universidade, sobretudo tendo em vista o sucesso da Faculdade de Odontologia e da recém- -criada Faculdade de Filosofia São Tomaz de Aquino, em 1948. "Não fiquemos, entretanto, esperando que a Universidade nos caia do céu" – proclamou o diretor. "Ela só virá depois de um trabalho harmônico e persistente de todas as camadas sociais de nossa terra. É preciso que o povo sinta a sua necessidade e que aqueles homens que se julgam capaz de fundá-la, unam-se e se disponham a tal empresa" (ibidem).

Sabendo que o público daquela noite era formado de familiares de várias cidades da região, Palmério teve o cuidado de instigar a imaginação e o amor-próprio dessas pessoas ao sugerir que, se Uberaba era sede natural de uma grande escola de veterinária e zootecnia, Ituiutaba, por sua vez, município que detinha "as melhores terras do

228 ANDRÉ AZEVEDO DA FONSECA

mundo", era a zona ideal para a criação de uma escola de agricultura. Além disso, "Uberlândia, Araguari, Araxá, Prata, Frutal etc. etc. todas essas cidades têm condições mais que favoráveis para abrigar escolas técnicas e superiores", profetizou o orador. "Temos o direito de sonhar grandes coisas para o nosso Triângulo Mineiro". Se o povo triangulino se unisse, assegurou Mário Palmério, seria capaz de fazer "milagres" até se tornar a região líder do Estado. "Somos força política e econômica respeitável e o nosso mal é o de nunca termos exigido o reconhecimento desse fato. Pedir, não deve ser o nosso papel. Devemos demonstrar o que somos, exigir o reconhecimento do nosso valor e a liderança para solucionar os nossos problemas." Por tudo isso, Palmério reivindicava que todos os presentes deveriam voltar para casa possuídos do orgulho de serem mineiros e, acima de tudo, triangulinos.

> Procuremos criar condições melhores para o progresso de nossos filhos e campo fértil para o desenvolvimento de suas aptidões. Façamo-los sentir orgulhosos de serem filhos desta grande terra e lutemos para que, aqui mesmo no Triângulo Mineiro, encontrem as escolas superiores de que necessitam. [...]
> Instalemos a Universidade do Triângulo Mineiro, sozinhos, se assim for necessário; os governos virão com o seu auxílio, já que é sua função prestigiar as obras que visam o progresso da nação. (ibidem)

Portanto, vemos que, nessa ocasião, o socialmente consagrado Mário Palmério já tramava e ensaiava o papel de um personagem heroico que, diante das crises que inquietavam aquela sociedade, mostrava-se capaz de fabular um futuro de glórias para o seu povo ("Temos o direito de sonhar grandes coisas para o nosso Triângulo Mineiro"), de promover a união sagrada da comunidade triangulina no seio de Minas Gerais ("Unidas, o seu povo fará milagres. Acreditemos na sua força e seremos os líderes de nosso Estado"), de elevar a autoestima dos habitantes ("Devemos demonstrar o que somos, exigir o reconhecimento do nosso valor e a liderança para solucionar os nossos problemas"), de apontar caminhos entre os dilemas de seu tempo ("Ou insistimos e progrediremos ou calamo-nos e pereceremos"), de mobilizar os corações

A CONSTRUÇÃO DO MITO MÁRIO PALMÉRIO 229

para a ação ("Não fiquemos, entretanto, esperando que a Universidade nos caia do céu") e de encorajar a luta redentora ("Façamo-los sentir orgulhosos de serem filhos desta grande terra e lutemos...") com a audácia do mais abnegado heroísmo ("Instalemos a Universidade do Triângulo Mineiro, sozinhos, se assim for necessário").

O anúncio do herói, entretanto, ainda estava por vir. Como veremos, Palmério parecia apenas aguardar um pretexto mais oportuno, que não tardaria...

O manifesto fundador

Nos primeiros dias de janeiro de 1950, as articulações políticas com vistas às eleições que seriam realizadas apenas no dia 3 de outubro já eram o assunto número um nas capas dos jornais regionais. Essa excitação precoce era compreensível. Todo o país estava afoito para vivenciar, no ainda distante mês de outubro, as segundas eleições presidenciais da nova experiência democrática brasileira. Getúlio Vargas, com discrição e perspicácia, ia apagando a sua imagem de ditador e consolidando seu aspecto de democrata, procurando dinamizar o seu PTB, sobretudo por meio da propagação dos ideais do trabalhismo (Skidmore, 1979, p.103). A UDN, movida por um obsessivo antigetulismo, alimentava sofregamente a esperança de alcançar o poder e acirrava ainda mais a disputa pela adesão dos eleitores.

A política do Triângulo Mineiro, por sua vez, era animada pelo I Convênio dos Prefeitos do Pontal do Triângulo, realizado entre os dias 6 e 8 de janeiro de 1950, na cidade de Ituiutaba, quando chefes de Executivo e representantes de doze cidades[1] se reuniram para discutir soluções para o desenvolvimento regional. Poços artesianos, cooperativas agrícolas e crédito rural, mecanização da lavoura, assistência social, criação de armazéns gerais, agências telegráficas e bibliotecas

---

1 Campina Verde, Canápolis, Comendador Gomes, Frutal, Itapagipe, Iturama, Monte Alegre de Minas, Prata, Santa Vitória e Tupaciguara, Uberaba e Ituiutaba (O Triângulo, 9.1.1950, p.1).

230 ANDRÉ AZEVEDO DA FONSECA

públicas, questões de urbanismo, serviços de dedetização, problemas referentes à situação dos detentos e uma proposta de criação da Escola Elementar de Agricultura foram alguns dos assuntos debatidos. No entanto, a grande questão política que terminou por marcar o evento partiu das queixas genéricas em relação ao desprezo do governo do Estado à região, em um descontentamento que foi crescendo até explodir, ao final do encontro, em uma excitada exaltação à emancipação dos triangulinos.

"Cansado de ficar abandonado, desiludido de promessas que nunca se cumprem, assistindo ao morrer sem eco das vozes dos seus apelos inutilmente renovados, o homem do interior sacode de si o peso de submissões de uma resignação infinita", conclamou o *Lavoura e Comércio* (12.1.1950, p.1-2_, registrando que o *slogan* do encontro era precisamente: "Contra o descaso e o abandono do governo do estado".

Uma edição especial do diário *O Triângulo* (28.1.1950, p.3) estampou o provocativo título: "Liberdade! Ainda que tardia". A matéria conferia grande destaque para a declaração atribuída, dessa vez, ao próprio prefeito de Uberaba, Boulanger Pucci: "Uberaba está no pontal do esquecimento do governo estadual mineiro". O jornal publicou a íntegra do discurso de abertura proferido pelo prefeito de Ituiutaba, Mario Natal Guimarães, em que ficaram explícitos o ressentimento da elite política regional em relação à capital e a disposição das cidades triangulinas em se unir para reacender o movimento separatista:

> De longos anos sentimos arcar sobre este rincão da terra mineira o peso do esquecimento pelo governo. Uma região, cujas terras fertilíssimas são conhecidas, sem exagero, como as melhores do mundo; cujo potencial hidráulico é um dos maiores do Brasil; cuja produção agrícola e pastoril é a primeira do Estado e cujas rendas estaduais e federais estão em primeiro lugar quanto às regiões do interior; essa região, no entanto, é conhecida pelos nossos governantes, apenas através de relatórios administrativos ou mediante, viagens de candidatos a futuros cargos públicos. [...]
>
> Era preciso, portanto, que lançássemos o nosso brado: *LIBERTAS QUAE SERA TAMEM* – Liberdade ainda que tardia. (*O Triângulo*, 28.1.1950, p.3)

A CONSTRUÇÃO DO MITO MÁRIO PALMÉRIO 231

No decorrer de seu pronunciamento, cuja retórica fundamentava--se, acima de tudo, no heroico ideal de "liberdade" (tão caro à mitologia da mineiridade), Guimarães reivindicou uma nova rede de estradas, reclamou a instalação de centrais elétricas e protestou pela criação de escolas para que as novas gerações do Triângulo pudessem colocar-se "em pé de igualdade intelectual, ao lado dos demais irmãos que habitam o Brasil Central". Além disso, exigiu "liberdade representativa" para que "as vozes de nossas multidões" se fizessem ouvir nas assembleias e pediu a distribuição equitativa de verbas estaduais, "de modo que não só nos seja permitido contribuir para os cofres públicos, e sim, também, usufruir um pouco, ao menos, das subvenções".

O segundo orador, o presidente da Câmara Municipal de Ituiutaba, Alcides Gomes Junqueira, pregou a união das cidades e, ao criticar a inoperância do Estado e os "exaustos cofres públicos", louvou a "iniciativa particular" como um dos poucos empreendimentos que ainda promoviam o desenvolvimento regional. Após lamentar a ausência de muitos chefes de Executivo triangulinos no encontro (certamente, sem dizer o nome, referia-se à Uberlândia, cujas lideranças naquele momento se posicionavam a favor da integração com Minas Gerais), Junqueira criticou o fato de o governo mineiro não ter se dignado sequer a enviar um representante ao Convênio, embora tivesse sido, segundo o orador, formalmente convidado. "É pelo descaso e desprezo que vota a essa região", teria dito, em um aparte, Osmar de Oliveira Diniz, o diretor da *Gazeta de Ituiutaba*.

O emancipacionista Boulanger Pucci, tão comedido no ano anterior, seria dessa vez uma das principais vozes a reafirmar o imaginário da conspiração mineira:

O Triângulo é um mundo.

Possuindo condições geográficas, sociais e políticas que o poderiam transformar numas das regiões do país mais ricas e mais civilizadas, não o consegue, no entanto, pelo descaso clamoroso e revoltante que os Governos lhe emprestam.

Ao Triângulo não é proporcionado o auxílio indispensável, não é dado o amparo justo para a solução dos seus problemas vitais e para a satisfação dos seus interesses mais imediatos.

232 ANDRÉ AZEVEDO DA FONSECA

> É a terra abandonada... criminosamente abandonada!... (*O Triângulo*, 28.1.1950, p.3)

No encerramento do encontro, um vereador de Ituiutaba, o advogado Heráclito de Sá, em discurso de improviso, proferiu o que o jornal chamou de um verdadeiro "grito separatista". Segundo o jornal, Sá enfileirou os motivos pelos quais a população do Triângulo, "tão desprezada sempre, pelo poder público", deveria "bradar e lutar pela sua independência caso não se vissem atendidas – como nunca o foram, frisou bem – as suas reivindicações e justos anseios". Finalmente, depois de uma preleção do próprio Souza Junior (o diretor do jornal *O Triângulo*), eis que um coral feminino surge para entoar, magnificamente, o glorioso "hino separatista" dos triangulinos. A descrição do próprio Souza Junior, publicada em *O Triângulo* (16.1.1950, p.1), é significativa para compreendermos o estado de espírito dessa elite política:

> Todo o povo presente pôs-se, então, liderado pelo elemento feminino presente, a entoar, ardorosamente, entusiasticamente, a Canção do Triângulo, belíssimo hino separatista composto por "Barão do Carmo" com a música da admirada "Cisne Branco", e acompanhamento feito pela Banda de Música Cônego Ângelo [...].
>
> Foi, em verdade, um espetáculo maravilhoso, de entusiasmo, ardor, fé e confiança nos destinos e no futuro do Triângulo Mineiro [...].

Assim, naquele começo de 1950, inflamado pelas expectativas das eleições gerais, o movimento separatista passou a ser interpretado como a derradeira solução programática para as crises social, econômica, política e identitária da região. Contudo, se o palco (Triângulo Mineiro) e o enredo (separatismo) estavam postos, faltava ainda um ator social talentoso para assumir o papel de herói emancipacionista e arrebatar os corações dos triangulinos. Por isso, as elites políticas logo passaram a se movimentar em busca dessa figura, de modo que algumas lideranças passaram mesmo a disputar entre si a primazia do papel.

A CONSTRUÇÃO DO MITO MÁRIO PALMÉRIO 233

No dia 11 de fevereiro de 1950, o diário *O Triângulo* (que também costumava referir-se a Uberaba como "a capital do Triângulo") publicou a manchete retumbante: "Já não é sem tempo que devemos proceder à unificação dos municípios do Triângulo, lançando bem alto o grito separatista!". Dessa vez, o jornal referia-se à repercussão do discurso do vereador Antônio Alberto de Oliveira, proferido na Câmara Municipal de Uberaba. Em sua fala, Oliveira fizera críticas agressivas ao governo mineiro: "O que o Governo do Estado nos vem dando, é só desprezo, apenasmente e unicamente desprezo, o mais completo desprezo". Listando uma relação de exemplos do que entendia como descaso de Minas em relação à cidade, Oliveira disse que não era possível apontar "um único benefício" prestado a Uberaba pelos dirigentes estaduais. Segundo ele, a reabertura da Escola Normal só fora possível graças à prefeitura, e que mesmo assim havia sido lamentavelmente instalada em "um verdadeiro pardieiro, sem higiene e sem conforto"; a Rodovia Uberaba-Delta, estrada que ligava a região do Triângulo a Goiás, São Paulo e Distrito Federal, estava "em condições lastimáveis, cheia de buracos e atoleiros". Além disso, as atividades do Serviço Nacional de Malária haviam sido reduzidas pela falta de verba estadual, e a Escola de Agricultura, prometida pelo governador Milton Campos, ficara apenas no papel:

> O sr. Governador do Estado, quando esteve nesta cidade, enganou a nossa população, de modo revoltante, pois, criou, neste município uma Escola de Agricultura que não instalou, pois, exigiu de Uberaba a doação de um imóvel rural no valor de mais de um milhão de cruzeiros, para que a Escola funcionasse. Trata-se de um verdadeiro insulto, lançado à face de nosso povo! (ibidem, 11.2.1950, p.1)

Oliveira falou ainda das "angústias e das torturas" da população em decorrência do "imprestável serviço de energia elétrica", cuja irregularidade obrigava os moradores a interromper o trabalho diariamente, além de espantar muitas indústrias que desistiam de Uberaba pela falta de infraestrutura. (No dia anterior, o editorial "Uberaba às escuras", publicado em *O Triângulo* (10.2.1950, p.1), havia registrado a situação

234 ANDRÉ AZEVEDO DA FONSECA

"quase de pânico" da instabilidade de energia no município.) Além de outras sérias divergências em relação à participação da cidade na exploração da usina hidrelétrica de Pai Joaquim, Oliveira procurou expressar com toda a sua fúria a indignação dos uberabenses em relação ao precário tratamento de água da cidade: "A água que se distribui à nossa população é uma das piores do mundo, suja, imunda, pondo em constante risco a saúde de todos os habitantes da cidade", prosseguia o cada vez mais apocalíptico vereador. "Há assim, por parte dos dirigentes do Estado, um deliberado propósito de amesquinhar Uberaba, de aniquilar Uberaba, de enxovalhar Uberaba, de reduzir Uberaba às condições de burgo podre." Por tudo isso, Oliveira conclamava a região a lançar o "grito separatista", construindo uma "muralha chinesa" simbólica que separasse os triangulinos do descaso de governos como o de Milton Campos.

Não é difícil notar aqui o evidente interesse político no fomento de toda uma mitologia da conspiração. Quando uma sociedade experimenta períodos de sofrimento, explica Girardet (1987, p.55), é comum notar um empenho cada vez menos silencioso na elaboração da figura dramática de um "inimigo" a quem se possa atribuir todo o mal e sobre quem as pessoas possam "vingar-se de suas decepções". Com esse expediente, as angústias e os ressentimentos tendem a se cristalizar em torno de uma "imagem maldita" concretamente encarnada, com forma, rosto e nome, de modo que, "expulso do mistério, exposto em plena luz e ao olhar de todos, pode ser enfim denunciado, afrontado e desafiado". Por isso, o mito do complô preenche uma função social que não deve ser negligenciada, pois contribui para conter a ansiedade coletiva na busca por uma explicação, na medida em que a complexidade das crises tende a se reduzir a uma mesma e única causalidade. Em outras palavras, tudo se passa como se uma "chave interpretativa" revelasse o caminho para a resolução de todas as perplexidades, de modo que a insegurança das perguntas sem respostas é substituída por um sistema organizado de evidências, fazendo com que o "destino" daquela sociedade volte a ficar inteligível. Ao personificarem o mal, as vítimas se veem livres, pelo menos, da mais insuportável das ansiedades: a do "incompreensível" (ibidem, p.56).

A CONSTRUÇÃO DO MITO MÁRIO PALMÉRIO 235

Nesse sentido, como vemos, o Estado de Minas Gerais passou a ser representado como a grande força do mal empenhada em "amesquinhar" Uberaba, de modo que o único caminho para solução das crises locais passava necessariamente pela emancipação. E é interessante notar que Antônio Alberto de Oliveira, irmão de um popular ex-prefeito de Uberaba, Leopoldino de Oliveira, parecia reivindicar uma espécie de legitimidade cosanguínea no eventual lançamento de seu nome para um papel de maior relevo na mitologia política da cidade. Outro candidato natural era o prefeito Boulanger Pucci, tendo em vista que ele era um emancipacionista histórico.

Pois bem. Foi precisamente nesse contexto de acirramento do imaginário de conspiração e de incubação do herói que Mário Palmério decidiu movimentar-se para o centro do palco e irromper na cena política local. Talvez depois de refletir sobre a repercussão de seu discurso na colação de grau do ano anterior, Palmério percebeu que, se quisesse realmente marcar sua entrada na campanha eleitoral com grande força dramática, deveria sobressair da rotina e empregar todo o seu prestígio e carisma para reivindicar o papel de legítimo portador do sonho de uma nova era para o seu povo. Para desempenhar esse papel de líder visionário e sobrepor-se à figura de herói, Palmério precisava se erguer acima das incertezas cotidianas, enxergar mais longe, vislumbrar um ideal elevado, anunciar o caminho certo que pudesse aliviar a angústia daqueles tempos de insegurança e unir os espíritos para um objetivo em comum.

E foi assim que *O Triângulo* (13.3.1950, p.4) e o *Lavoura e Comércio* (14.3.1950, p.6), principais jornais da região, estamparam em toda a última página um extenso manifesto político, intitulado "Carta aos triangulinos", assinado pelo "professor" Mário de Ascensão Palmério. Esse texto é o documento mais significativo para interpretarmos o novo papel almejado por esse personagem naquela sociedade. Consciente da necessidade de instituir um manifesto fundador de sua própria mitologia política, Palmério se empenharia de modo consciente para difundir a ideia de que esse seu texto era uma espécie de certidão de nascimento de um novo tempo para o Triângulo Mineiro. E tendo em vista o sucesso de sua proposta pe-

236 ANDRÉ AZEVEDO DA FONSECA

rante o eleitorado, o estudo desse documento indica também todo um conjunto de crenças, expectativas e aspirações da cultura política daquela sociedade (Fonseca, 2006b).

Vejamos o manifesto. Observando que se aproximava a época da "larga e intensa campanha eleitoral", o professor inicia o texto defendendo a necessidade de um "sistemático e persistente" trabalho de "esclarecimento" do povo do Triângulo Mineiro para que todos pudessem participar da busca pela solução dos grandes problemas que perturbavam a região. Para ele, esse empreendimento mostrava-se particularmente necessário e oportuno porque era "facilmente previsível" a "demagogia" que estava prestes a se alastrar pelos discursos dos candidatos, tendo em vista a combinação entre o "descontentamento geral do povo" perante a ausência de um "ideário objetivo" dos políticos tradicionais e o recrudescimento das historicamente frustradas reivindicações regionais:

> Dentre estas, o separatismo do Triângulo Mineiro, por exemplo, será a bandeira que desfraldarão alguns partidos ou, melhor, alguns líderes políticos regionais, que, sem terem realizado até agora, nenhum trabalho positivo nesse sentido ou, pelo menos, sabido reconhecer as características próprias e as reais necessidades dos grandes e progressistas municípios que compõem esta região, irão, agora, explorar em benefício próprio um notável movimento que tanta repercussão sempre tem encontrado em nosso meio.

Reconhecendo que não era de forma alguma opositor das ideias separatistas – e que, ao contrário, era defensor da criação do novo Estado –, Palmério defendeu, contudo, que a emancipação deveria ser levada em consideração pelos homens públicos desde que "integrada num plano nacional, sério e profundo, de redistribuição e recomposição das unidades federativas brasileiras". Em outras palavras, os políticos regionais e a sociedade triangulina deveriam, portanto, "estudar o nosso movimento separatista sob esse prisma elevado, de interesse nacional. Nunca, como um problema local, isolado, particular, apenas 'nosso'".

A CONSTRUÇÃO DO MITO MÁRIO PALMÉRIO 237

É uma questão que, pela sua magnitude e pelas suas relações de ordem social, econômica e política com as demais unidades da federação, deve merecer um debate ressonante, em câmaras esclarecidas, por parte de parlamentares capazes [...]. Luta elevada, com a participação de representantes de todas as outras zonas territoriais brasileiras interessadas em nova e mais racional divisão político-administrativa do País e à luz dos vários estudos já realizados, entre os quais deve ser citado o atual e desapaixonado trabalho empreendido pelo Instituto Brasileiro de Geografia e Estatística.

Assim, nos quatro primeiros parágrafos, Palmério demarcou com precisão as duas faces do personagem que procuraria trajar nesse período de pré-campanha eleitoral, quando ainda nem havia assumido publicamente a sua candidatura. Insistindo nos vocábulos "esclarecimento", "ideário", "racional", "nortear", "debate", "estudar", assim como "trabalho", "participação" e "empreendimento", Palmério procurava distinguir e enfatizar a posição social em que proferia seu discurso: tratava-se do instruído "professor" e "realizador" Mário Palmério, reconhecidamente o pioneiro na instalação de um curso superior em Uberaba, apresentando-se como um cidadão esclarecido que, dadas as qualidades próprias advindas de sua notória função na sociedade, estava plenamente capacitado para "examinar", "raciocinar" e "propor" medidas "a serem consideradas pelos nossos políticos". Ou seja, na sua retórica, o "professor" Mário Palmério ainda não falava como um candidato: era o intelectual orgânico que, em uma iniciativa "despretensiosa", oferecia sua competência analítica para contribuir na politização dos eleitores triangulinos.

A ideia nova cintilando nas mãos era a análise professoral que indicava a solução da controvérsia emancipacionista por meio de um caminho sinalizado por um "prisma mais elevado", capaz de suplantar a perspectiva provinciana em nome de um suposto "interesse nacional" na organização mais "racional" e "desapaixonada" do mapa político-administrativo do país. Ao anunciar o separatismo nessa dimensão, Palmério automaticamente procurava qualificar-se como o homem mais capacitado para conduzir o tema: "Debater este problema, porém, como mera represália ou espalhafatosa ameaça contra

238 ANDRÉ AZEVEDO DA FONSECA

o indiferentismo – real ou inexistente – dos governos estaduais com relação às nossas necessidades [...] é praticar demagogia extremamente nociva aos nossos interesses". Assim, para reforçar a racionalidade de sua própria argumentação, o professor empreendeu uma verdadeira descompostura àquele "precipitado" furor separatista manifestado em discursos de políticos regionais, tal como o do vereador uberabense Antônio Alberto de Oliveira e do próprio prefeito de Uberaba, Boulanger Pucci, que, no Convênio de Ituiutaba, juntara-se ao coro das bravatas emancipacionistas.

Dessa forma, no contexto das crises sociais, econômicas, políticas e identitárias da região, havia evidências de que se esboçava um novo mito: o messias esclarecido que, em meio aos desequilíbrios e incertezas de sua sociedade, enxerga o caminho e chama o povo à razão. Eis alguém que, pensando alto, suplantava a "curteza de vistas" dos políticos locais e elevava o tom da discussão por meio da racionalidade desapaixonada da ciência. Palmério parecia encarnar, portanto, a mitologia política do "profeta", tal como descrito por Girardet (1987, p.78):

> Anunciador dos tempos por vir, ele lê na história aquilo que os outros ainda não veem. Ele próprio conduzido por uma espécie de impulso sagrado, guia seu povo pelos caminhos do futuro. É um olhar inspirado que atravessa a opacidade do presente; uma voz, que vem de mais alto ou de mais longe, que revela o que deve ser visto e reconhecido como verdadeiro.

É importante notar que, nas formas contemporâneas, o profeta tende a ser menos "companheiro da sorte" do que um mestre da "ciência" das forças históricas: "Ele as conhece, ele pode dominá-las e tornar seus efeitos positivos". O governante moderno apresenta-se como alguém que, dotado da iluminação profético-científica, vislumbra o "destino histórico" de um povo e, do epicentro da crise, encena de modo espetacular as forças capazes de conduzi-lo à glória. O recurso ao imaginário, portanto, concentra-se na evocação de um futuro em que a perplexidade do presente se transforma em esperança para o maior número de cidadãos: "As luzes da cena do futuro iluminam a do presente" (Balandier, 1982, p.6).

A CONSTRUÇÃO DO MITO MÁRIO PALMÉRIO **239**

É preciso notar também que aquela não era uma ideia original de Mário Palmério, pois, como vimos, a relação do emancipacionismo triangulino com a redistribuição territorial já fora esboçada, havia poucos meses, pelo professor Alceu Novais (*Lavoura e Comércio*, 25.10.1949, p.2). Contudo, Palmério seria mais enfático e se empenharia para debater o tema com muito mais brilho e vivacidade, tendo em vista, é claro, as suas ambições políticas.

Pois bem, estabelecido o seu papel no teatro das representações sociais, Mário Palmério procurou enfatizar o seu compromisso com a sociedade triangulina e, consequentemente, legitimar-se como um líder social apto a convocar o seu povo à ação:

> Triangulinos:
> Examinadas as nossas possibilidades eleitorais, feita com honestidade a autocrítica de nosso procedimento até hoje, verificamos que vimos desprezando a nossa própria força, enfraquecendo, lamentavelmente, a nossa própria posição e, consequentemente, não podemos culpar estranhos pelo nosso desprestígio. (*O Triângulo*, 13.3.1950, p.4; *Lavoura e Comércio*, 14.3.1950, p.6)

Assim, ao observar que o Triângulo Mineiro contava com um contingente eleitoral poderoso, de cerca de 150 mil eleitores, lamentou: "E quantos representantes destinados às câmaras, estadual e federal, elegemos?". Evidentemente, tratava-se de uma pergunta retórica, pois os conhecidos políticos regionais na Câmara Federal eram o ex-prefeito de Uberlândia, José Antônio de Vasconcelos Costa, e o ex-prefeito de Uberaba, João Henrique Sampaio Vieira da Silva, ambos do PSD; e na Assembleia Estadual eram Rondon Pacheco (UDN), Whady Nassif (PSD) e Carlos Martins Prates (PSD) – os dois últimos, ex-prefeitos de Uberaba. "Como ostentar força e prestígio se não conseguimos, até agora, eleger um grupo de parlamentares nossos, capazes de chamar sobre os nossos problemas a atenção necessária?", prosseguia Mário Palmério, sem mencionar diretamente os nomes dos deputados. "Como impor à Nação uma vontade nossa, por mais legítima que seja, se [...] temo-nos revelado eleitores sem vontade política própria, definida, firme?"

240　ANDRÉ AZEVEDO DA FONSECA

A realidade, infelizmente, é essa: temos eleito, "de graça", alguns afilhados e protegidos para nossos representantes – salvo raríssimas exceções – e políticos destituídos de programas realistas, sem visão econômico-administrativa e sem força intelectual, despidos de recursos pessoais outros mercê dos quais possam se impor aos demais legisladores, quando procuram fazer-se ouvir no interesse de nossa gente. (ibidem)

Para Palmério, o povo triangulino estava distribuindo votos "sem critério algum" e entregando cargos políticos "de mão beijada" a chefes de partidos "que nem sequer nos conhecem e muito menos nos prezam". Por isso, o povo havia perdido toda a sua força para exigir o que quer que fosse: "Temos servido até agora apenas para votar, para ser caudatários, acompanhantes servis, meros fazedores de força, dóceis carregadores de pedra para o alevantamento de obras alheias".

Culpa dos governos? Não. Culpa nossa, culpa exclusivamente nossa que só temos sabido lamentar quando não nos esmolam minguadas sobras orçamentárias de utilidade local [...]. Lamentamos, calamos, tornamos a lamentar, tornamos a calar e, chegadas as eleições, repetimos a mesmíssima história: encabrestamo-nos docilmente... Reclamar platonicamente do governo, eis o nosso procedimento até o presente. (ibidem)

Visto isso, Palmério se arrogou o direito de assumir uma posição entre professoral e paternalista para ministrar uma verdadeira lição aos homens e às mulheres adultos de seu povo: "Passemos, doravante, a raciocinar com mais clareza e a agir com menos infantilidade quando fizermos política", aconselhou. Com isso, ele passou a ensinar, de forma meticulosamente didática, que a educação política dos triangulinos deveria ocorrer de forma simultânea a um intenso alistamento eleitoral, de modo que cada eleitor se transformasse em um militante e também ensinasse a todos como proceder. Para reafirmar seu compromisso desinteressado com a democracia, Palmério defendeu que era preciso fazer novos eleitores "sem a preocupação de serem, estes, possíveis e futuros adversários políticos locais", pois o alistamento deveria ser uma verdadeira campanha cívica, "sem preconceitos primários" e "sem curteza de vista". "Mais eleitores, maior força, lembremo-nos disto."

A CONSTRUÇÃO DO MITO MÁRIO PALMÉRIO 241

Ainda para fortalecer a representação regional, Palmério propôs que os eleitores triangulinos simplesmente rejeitassem os candidatos oriundos de outras zonas do Estado, além de políticos que jamais haviam beneficiado a região, e também aqueles que não apresentassem programas concretos sobre as grandes questões da época – tal como reforma agrária, leis protetoras do trabalhador, salário mínimo, férias remuneradas, participação nos lucros das empresas e demais temas trabalhistas. Da mesma forma, era preciso exigir dos candidatos um compromisso público na luta pela obtenção de medidas de caráter regional e reivindicar que o governo de Minas incorporasse técnicos e lideranças triangulinos nos quadros administrativos do Estado: "Ninguém melhor do que nós para conhecer de nossas necessidades e, consequentemente, para procurar atendê-las".

Atento à necessidade de responder às angústias mais pungentes daquela região, Mário Palmério se dispôs a prognosticar uma série de medidas que deveriam ser empreendidas para suplantar as diversas crises que atingiam aquela sociedade. Para isso, o professor defendeu primeiramente uma série de melhorias no sistema de saúde pública, incluindo a criação de "serviços volantes de assistência médica e dentária às populações da zona rural", assim como de combate à malária e ao mal de Chagas; além de subvenções a hospitais, asilos, casas de caridade e demais estabelecimentos de assistência social. Não por coincidência, a maior parte dessas propostas estava diretamente relacionada à sua própria atuação social. No que diz respeito à questão educacional, por exemplo, Palmério pregou a instalação de mais grupos escolares (com serviço médico-dentário em anexo), a criação de escolas rurais, a instalação de estabelecimentos de ensino secundário nas cidades com mais de 10 mil habitantes e auxílio financeiro aos particulares que desejassem instalar essas escolas em municípios menores. Palmério defendeu também a criação de cursos técnicos de agricultura, pecuária e indústria, e, apregoando com todas as letras um dos sonhos mais acalentados do imaginário regional, expressou a ideia de que um programa político para o Triângulo Mineiro deveria necessariamente contemplar a criação de escolas superiores de medicina, engenharia, agricultura, veterinária, química industrial e ciências econômicas,

242 ANDRÉ AZEVEDO DA FONSECA

tendo em vista a futura organização da "Universidade do Triângulo Mineiro" – instituição que deveria integrar os estabelecimentos a serem instalados "em diversas cidades do Triângulo Mineiro". Desse modo, procurando reafirmar-se como um representante da diversidade de municípios da região, Palmério passou a empregar todo o seu capital social para firmar na agenda política regional o debate sobre a criação de uma universidade – que até então parecia uma bandeira exclusiva do ex-deputado Fidélis Reis (UDN). E evidentemente, aqui quase ouvimos o eco de uma espécie de dito popular que a imprensa local procurava atribuir ao professor: "De Ginásio a Colégio e de Colégio a Universidade. Quem o duvida?" (*Lavoura e Comércio*, 30.1.1947, p.6).

Ainda no manifesto, no contexto da assombrosa crise que atingiu os criadores de gado, Palmério fez questão de registrar a necessidade de empreender um apoio "decidido" à pecuária, que deveria ser efetivado por meio de "crédito fácil, a juros baixos, e a longo prazo aos criadores", além da abertura de financiamentos em todas as etapas da criação de gado, do estímulo ao pequeno pecuarista, do incremento às cooperativas rurais, do favorecimento à realização de congressos de agricultura e pecuária, além da proteção ao trabalhador do campo, "estendendo-lhe os benefícios das leis trabalhistas".

Palmério listou também a urgência de um "plano rodoviário" que atendesse aos municípios triangulinos, o prolongamento dos trilhos da Rede Mineira de Viação e o aproveitamento do potencial hidroelétrico das diversas cachoeiras da região "com o fim de se produzir e de se distribuir energia elétrica abundante e barata aos nossos municípios".

Estas, triangulinos, apenas algumas das medidas que já deviam ter merecido debates e estudos parlamentares intensos. E se tal ainda não aconteceu, responsabilizemos a nossa quase ausência nas câmaras legislativas e a não participação nossa na administração governamental. Responsabilizemos o nosso próprio procedimento político e a nossa falta de confiança em nós mesmos. Responsabilizemos o nosso pouco critério no votar. (*O Triângulo*, 13.3.1950, p.4; *Lavoura e Comércio*, 14.3.1950, p.6)

A CONSTRUÇÃO DO MITO MÁRIO PALMÉRIO 243

"Pode parecer exagerada e pretensiosa esta carta aberta. Não o é, porém" – pregou Mário Palmério, reassumindo o papel de provedor de sonhos. Argumentando que outras regiões já haviam se mobilizado e obtido todos aqueles benefícios, o professor insistiu na necessidade de alcançar a unidade dos triangulinos em torno de uma bancada de representantes políticos capazes de pleitear medidas de utilidade coletiva: "Com a nossa força eleitoral elegeremos – e para isso basta decisão – uma boa dezena de deputados estaduais e a metade desse número de deputados federais!". Dessa forma, a região teria uma "autêntica bancada parlamentar", que teria todas as condições se ser respeitável. "Se já tivéssemos este grupo de parlamentares triangulinos, estariam eles, hoje, falando, pleiteando, levantando questões de nosso interesse e obtendo atenção para os nossos urgentes e vitais problemas", argumentou. "Poderiam eles ser os porta-vozes de nossas reivindicações, os únicos capazes e verdadeiramente credenciados para chamar a atenção de todo o país sobre a conveniência ou inexequibilidade da grande e momentosa causa dos triangulinos: a criação do Estado do Triângulo!"

Parlamentares nossos e numerosos, honestos, inteligentes e idealistas, legítimos representantes de nossa gente, autênticos solicitadores de nossos desejos, eis o caminho, eis a nossa conquista primeira! Abandonemos, de vez, os queixumes inexpressivos, as lamentações infantis, as ameaças ridículas. (*O Triângulo*, 13.3.1950, p.4; *Lavoura e Comércio*, 14.3.1950, p.6)

"Deputados nossos e muitos, esta, sim, deve ser a nossa bandeira de luta democrática, digna e eficiente. Levemo-los para as câmaras, depois de avaliadas a sua capacidade de luta, a sinceridade de seus propósitos, e a firmeza de seu idealismo", sentenciou Mário Palmério, conclamando o povo de forma cada vez mais arrebatadora. "Aproxima-se a campanha eleitoral. Venham para as ruas, junto ao povo, os nossos candidatos! Assomem às tribunas! Lancem os seus manifestos!" Para Palmério, o povo estava pronto para oferecer seu apoio "decidido, entusiástico, eficiente e vitorioso" àqueles políticos

244 ANDRÉ AZEVEDO DA FONSECA

que souberem "penetrar os nossos corações, auscultar os nossos mais legítimos anseios, nossas mais sentidas reivindicações e levá-las para o debate parlamentar, aceso, empolgante e patriótico!".

> Triangulinos:
> Tudo pela solidariedade de nossos municípios!
> Tudo pelo progresso e bem estar do nosso povo!
> Tudo pela Nova Divisão Territorial Brasileira!
> Tudo pela criação do Estado do Triângulo! (ibidem)

Com tudo isso, notamos claramente o empenho de Mário Palmério em fomentar uma expectativa em relação ao lançamento de seu nome para as eleições de 1950. O carismático professor enunciava-se como um homem excepcional, capaz de enxergar mais longe, mais claro, mais certo e, por isso, parecia pronto para encarnar o papel do profeta e do herói capaz de unir o seu povo em torno de um grande ideal. A própria publicação de um texto dessa natureza já se configura como uma nítida autocelebração de seus dons pessoais, de suas virtudes cívicas e inte-lectuais, de sua visão de futuro e de seu caráter exemplar – qualidades que não podiam deixar de inspirar a admiração e a confiança daquela sociedade em crise. Ao perceber na cultura local um estado prévio de receptividade à figura de um mito político, Palmério não tardou a proporcionar o "sonho" e a profetizar a "certeza" que conduziria o seu povo a uma era de grandeza coletiva.

É preciso dizer que a afinidade de Mário Palmério com as ideias trabalhistas não parece um mero oportunismo. Em seu discurso e em sua atuação social, o jovem professor, tal como muitos de sua geração, parecia simpatizar, de forma bem natural, com o projeto petebista. Como argumenta Ferreira (2001, p.103), no trabalhismo já estavam presentes uma série de "ideias, crenças, valores e códigos comporta-mentais" que circulavam entre os trabalhadores desde os anos 1930. Assim, as ideias políticas registradas em seu manifesto não deixavam de expressar todo um conjunto de expectativas históricas legitimamente compartilhadas por seus contemporâneos. Como notou Ferreira (2001, p.104), o sucesso do trabalhismo não foi arbitrário ou apenas imposto

A CONSTRUÇÃO DO MITO MÁRIO PALMÉRIO 245

pela propaganda política e pela máquina policial: "Igualmente, não foi casual que o PTB, a institucionalização do projeto, tenha sido a organização mais popular durante a experiência democrática pós-45".

Com tudo isso, notamos que o programa de desenvolvimento regional de Mário Palmério, que condicionava o sucesso do trabalhismo regional à emancipação do Triângulo Mineiro, parecia corresponder às aspirações populares da região, assim como às orientações gerais do diretório local.[2]

Por tudo isso, a publicação desse texto proporcionou a instantânea ascensão de Mário Palmério no círculo das lideranças petebistas da região. Conduzido por Antônio Próspero, que já conquistara prestígio no diretório mineiro, o estreante Palmério conseguiu impor seu nome no partido e, em algumas semanas de negociação, convenceu os dirigentes a chancelar o lançamento de seu nome não apenas para o cargo de vereador, vice-prefeito ou deputado estadual, mas como candidato à Câmara Federal – cargo normalmente disputado por ex-prefeitos e ex-deputados. Assim, unindo a mítica getulista expressa no PTB e a sua própria mitologia pessoal, Mário Palmério parecia pronto para empreender a jornada que o consagraria politicamente na campanha eleitoral de 1950.

A jornada

Quando Getúlio Vargas foi destituído da Presidência em outubro de 1945, poucos acreditavam que ele permanecesse fora da política por muito tempo. Na verdade, como notou Skidmore (1979), mal havia Dutra se instalado no Palácio do Catete e os varguistas já começavam a articular a candidatura de seu líder às eleições presidenciais de 1950. Já no pleito de dezembro de 1945, Vargas fora eleito ao Senado por São Paulo pelo PTB e, dadas as peculiaridades da legislação eleitoral do período, elegeu-se também pelo Rio Grande do Sul, pelo PSD – car-

---

2 Não deixa de ser interessante notar que a UDN e o PSD do Triângulo Mineiro se posicionaram de forma contrária ao separatismo.

246 ANDRÉ AZEVEDO DA FONSECA

go que efetivamente assumiu. No entanto, no decorrer do mandato, ele não comparecia às sessões. Aparentemente afastado das disputas partidárias, o fato é que a sua estância, em São Borja (RS), tornou-se "a Meca dos aspirantes aos cargos públicos, o que vinha mostrar, a toda evidência, que a personalidade central do período não era o presidente recém-eleito, mas o recém-deposto" (ibidem, p.102).

Como notou Ferreira (2005, p.31), toda essa mitologia que envolvia o nome de Vargas não foi criada apenas pela propaganda ideológica do Estado Novo: "Não há propaganda, por mais elaborada, sofisticada e massificante, que sustente uma personagem pública por tantas décadas sem realizações que beneficiem, em termos materiais e simbólicos, o cotidiano da sociedade". Ou seja, a consagração popular de Vargas expressava um largo e legítimo conjunto de experiências da cultura política brasileira e, naquele período, estava profundamente arraigada na imaginação popular.

Diante de toda essa mítica, o desembaraçado Mário Palmério, entusiasmado pela disponibilidade de Vargas em receber correligionários em sua casa, não poderia deixar de aproveitar a oportunidade de vincular seu nome ao legendário chefe de seu partido. Evidentemente, um encontro com Vargas implicaria uma bênção capaz de sacralizar ainda mais o seu nascente prestígio político.

Assim, em abril de 1950, dois meses antes de Getúlio oficializar sua própria candidatura à Presidência, Mário Palmério estabeleceu contatos com a direção do partido, agendou uma visita à Estância Santos Reis (a "meca" dos petebistas), viajou com um grupo de partidários a São Borja e, no dia 17 de abril de 1950, encontrou-se pessoalmente com Getúlio Vargas, que o recebeu cordialmente, tal como fazia com todos que o visitavam em comitivas regionais.

É provável que Mário Palmério tenha tido poucos minutos para se apresentar a Vargas e alguns segundos para tirar o retrato. Isso pode ser inferido até mesmo pelo terno visivelmente mal abotoado na foto (Figura 55), talvez devido à pressa em aproveitar os raros momentos da concorrida agenda do ex-presidente. Contudo, o importante é que a cena foi registrada e Palmério conseguiu voltar para casa com o seu troféu. Além disso, na sua jornada do herói, Palmério poderia, a partir de então, arrogar a bênção do grande mentor do partido e sentir-se definitivamente confiante para empreender a sua própria mitologia no cenário regional.

Figura 55 – Mário Palmério se encontra com Getúlio Vargas na Estância Santos Reis, em abril de 1950.

Depois do encontro com o mentor, e assim que o PTB confirmou seu nome para as eleições à Câmara Federal (*O Triângulo*, 19.6.1950,p.1), a candidatura de Mário Palmério seria anunciada por um grupo de arautos em um panegírico. Não se sabe se por conta pró-

248 ANDRÉ AZEVEDO DA FONSECA

pria ou encorajados pelo próprio candidato, vinte e cinco professores que se apresentavam como "modestos colaboradores do gigantesco empreendimento do Prof. Mário Palmério" publicaram um manifesto para conclamar o povo do Triângulo Mineiro a votar em seu nome. Um dos elementos que mais se destacam no texto é precisamente o empenho em reforçar todos os signos da mitologia do herói sagrado dos quais Palmério procurava se apropriar.

Vimos acompanhando o esforço titânico de um moço pobre, de um idealista puro, de um batalhador incansável que, graças exclusivamente à sua prodigiosa inteligência, elevadíssima cultura e tenacíssimo esforço pessoal, já se impôs definitivamente no conceito social como um lutador de vários méritos, um autêntico construtor de obras progressistas e imperecíveis. (*Lavoura e Comércio*, 18.6.1950, p.6)

"Poucos homens no cenário nacional podem apresentar bagagem de serviços prestados à coletividade do volume e sentido da que pode o Prof. Mário Palmério ostentar", aclamou o manifesto. "A vida do Prof. Mário Palmério no magistério é uma sucessão impressionante de vitórias pessoais, todas elas deixando marcas profundas e duradouras, todas elas significando muito para as coletividades onde suas atividades educacionais se fazem sentir."

O que o Prof. Mário Palmério realizou em Uberaba, em menos de dez anos, poucas inteligências privilegiadas, poucos espíritos progressistas e criadores têm realizado em toda uma existência. Restam-lhe, ainda, muitos e muitos anos de vida e sua mocidade permite pressupor o que poderá ainda realizar.

Lembrando que o professor era filho de Francisco Palmério e membro de uma das famílias "mais radicadas no Triângulo Mineiro", o texto saudou a sua "incoercível vocação" e rememorou a luta empreendida no início da década para que, "sozinho, sem posses financeiras, dono apenas de inteligência e cultura invulgares", instalasse a sua primeira sala de aula. (Notemos que a irmã e parceira Maria Lourencina não

A CONSTRUÇÃO DO MITO MÁRIO PALMÉRIO 249

foi citada.) "Acostumado a reger classes universitárias, transformou--se em mestre escola de interior e começa a alfabetizar adultos. Funda o primeiro curso de madureza da cidade e, à noite, prepara jovens trabalhadores." Segundo o texto, graças ao empenho pela criação de cursos populares, grande parte de seus primeiros alunos já ostentava diplomas universitários.

Ao falar da escalada empresarial de Mário Palmério, o manifesto procurou fomentar sobretudo a representação heroica do intrépido guerreiro arriscando-se em uma batalha solitária em nome da glória de seu povo.

> Conhecemos, todos nós, a luta titânica que o Prof. Mário Palmério teve de sustentar. Bateu em muitas portas e nunca o desânimo conseguiu dissuadi-lo quando as negativas eram a quase costumeira resposta. Taxado de visionário, louco, insistia sempre...

"Quando os edifícios atuais do Colégio Triângulo Mineiro começaram a ser edificados", registrou o manifesto, "deram-lhe, os derrotistas, o prenúncio que sempre dão às grandes obras que se iniciam: o prenúncio do fracasso". Contudo, prosseguia o texto, Mário Palmério passava por tudo isso como sempre costumava passar pelas dificuldades que surgiam à sua frente: "sorrindo, confiante, absolutamente convencido de que vence".

> O ônus do empréstimo é quase asfixiante para as suas possibilidades de existência. Vencem-se os títulos, esgotam-se os prazos e os credores, contagiados pelo entusiasmo e pela fé do grande Pioneiro da Instrução e pelo sentido eminentemente patriótico de sua obra, vão cedendo, tolerando, acreditando. Seria longo enumerar todos os sacrifícios e angústias sofridas pelo Prof. Mário Palmério.

"Em 1947, ainda mal curado das consequências de tão árdua luta, empenha-se em uma maior" – prossegue o manifesto. "Entretanto, quando conhecemos da notícia de que o Prof. Mário Palmério iria fundar a sua primeira faculdade, não podíamos mais duvidar de seu

250 ANDRÉ AZEVEDO DA FONSECA

êxito." Assim, além de promover a educação na cidade, nota o texto, a criação do curso de odontologia favoreceu também a assistência dentária da população pobre. "O alcance deste gigantesco empreendimento assistencial demonstra a largueza e o sentido eminentemente patriótico que preside o espírito criador do Prof. Mário Palmério e sua inquebrantável energia em realizar o que idealiza."

Por tudo isso, em uma relação nitidamente carismática, os signatários declaram apoio entusiástico a Mário Palmério, observando que esse engajamento se dava por motivos extrapartidários e correspondia a "ditames superiores de patriotismo". Assim, o manifesto lançou pela primeira vez a ideia que se transformaria em um dos principais motes da campanha eleitoral de Mário Palmério:

> Sozinho, fora do governo, não dispondo dos recursos proporcionados por um posto na administração governamental, amparado apenas pelos seus meios pessoais, o Prof. Mário Palmério realizou obra ingente em benefício do nosso país e do nosso povo. Sabemos, nós que convivemos mais de perto com ele, do que é capaz de realizar se conseguir assento na nossa Câmara Federal. Conhecemos a sua tenacidade, a sua capacidade de luta e podemos prever os incalculáveis benefícios que sua atuação parlamentar trará para nós todos. Podemos afirmar que o Prof. Mário Palmério criará a Universidade do Triângulo Mineiro, seu mais ardente sonho. Podemos assegurar que as grandes cidades do Triângulo Mineiro terão os seus institutos de ensino superior onde todos, pobres e ricos, irão encontrar as possibilidades de realizar suas esperanças de progresso e vocação. Podemos garantir que o Prof. Mário Palmério cumpre o que promete, realiza o que sonha, faz o que deseja.

Assim, na representação que se procurava firmar, Mário Palmério era um "idealista puro", um "visionário" e um "batalhador incansável" de "incoercível vocação" que, com "prodigiosa inteligência", "elevadíssima cultura" e "tenacíssimo esforço pessoal", empreendera uma "luta titânica" com "inquebrantável energia" e, vencendo "sacrifícios e angústias", edificara obras "imperecíveis" e se tornara o "grande Pioneiro da Instrução" do Triângulo Mineiro. Por tudo isso, negar aplausos e apoio ao professor era, nas palavras do manifesto, "negar a

A CONSTRUÇÃO DO MITO MÁRIO PALMÉRIO 251

nós mesmos a indispensável educação de nossos filhos" e "impedir a criação da Universidade do Triângulo Mineiro". Todas essas representações, aliadas ao caráter sobre-humano de sua atuação ("gigantesco", "inquebrantável" etc.), confirmavam a imagem do herói sagrado que se procurava projetar sobre a figura do professor.

Naturalmente, sabemos que a relação da política com o sagrado se configurava também de modo mais direto. Em 1950, o semanário uberabense *Correio Católico* (15.4.1950, p.4), um periódico integralmente comprometido com a educação moral e cristã da sociedade local, lançava uma advertência aos leitores e fiéis: "Os fariseus caçam votos". O editorial criticava duramente a demagogia de políticos que se travestiam de católicos fervorosos para "conquistarem simpatias e, consequentemente, votos":

> Mandatários que até ontem se mantinham, por palavras e obras, alheios e hostis a qualquer confissão religiosa, comparecem agora a reuniões de associações, de grupos, principalmente católicos, com expressão contrita, postiça e, evidentemente hipócrita, e procuram se insinuar junto a futuros votantes. É comum, na época dos pleitos eleitorais, o florescimento dessa espécie de fariseus, que a votolatria brasileira moderna suscitou em grande número. Padres, dirigentes de Ação Católica, presidentes e membros de Congregações Mariana, transformaram-se, de um momento para outro, em personas gratíssimas dos nossos ambiciosos e bisonhos candidatos a candidatos. Os salamaleques, as lisonjas, os agrados são dirigidos com o arminho da bajulação pelos fariseus dos votos, que fazem a sorte de promessas, com vista nos prováveis sufrágios.

Contudo, a ascensão de Mário Palmério era de outra natureza. Quando em julho de 1950 a Faculdade de Odontologia foi oficialmente reconhecida pelo Ministério da Educação e Saúde (Brasil, 1950b), por exemplo, o *Lavoura e Comércio* (24.7.1950, p.1) registrou que o momento representava "a consagração definitiva de uma das maiores conquistas uberabenses até agora alcançadas no terreno do ensino". "A verdade é que o professor Mário Palmério operou uma grande transformação no nosso cenário de ensino, contribuindo admiravelmente para

252 ANDRÉ AZEVEDO DA FONSECA

elevá-lo ao mesmo nível alcançado pelas mais importantes metrópoles do país." Para o jornal, a chancela do governo estava "coroando o esforço", "selando o triunfo do dinâmico diretor do estabelecimento" e expressando a "vitória do idealismo" e de sua "vontade construtiva". É preciso notar que os verbos empregados para descrever as suas ações, tais como "elevar", "consagrar", "triunfar" e "coroar", estão carregados de símbolos poderosos, de modo que Palmério não precisava encenar qualquer devoção religiosa para conquistar seu espaço, pois, na verdade, ele é que deveria ser alvo de adoração.

Em julho, a imprensa passou a divulgar as instruções oficiais do Tribunal Superior Eleitoral (TSE) para o registro dos candidatos (*O Triângulo*, 31.7.1950, p.1). De acordo com o novo Código Eleitoral, os nomes deveriam ser oficializados até 15 dias antes da eleição (Brasil, 1950a). A prefeitura anunciou que estava terminantemente proibida "a propaganda eleitoral por meio de letreiros nos passeios e nos muros da cidade" sem a licença prévia da municipalidade (*Lavoura e Comércio*, 25.7.1950, p.3). Contudo, em meados de julho, cartazes não autorizados de propaganda eleitoral já começavam a aparecer em postes e fachadas de edifícios (ibidem, 29.7.1950, p.2). O jornalista Georges Jardim chegou a manifestar o seu espanto perante técnicas de fotografia e de propaganda, feita por artistas tais como o uberabense João Schroden Junior, que eram, nas suas palavras, verdadeiros "alquimistas modernos da imagem e da cor".

> O que estes realizam com as mil combinações de cores e aproveitamento de efeitos de luz é, sem dúvida, qualquer coisa de extraordinário que nos faz lembrar as bruxarias dos tempos imemoriais dos cadinhos fantásticos dos feiticeiros de antanho. (*Lavoura e Comércio*, 10.8.1950, p.2)

Mário Palmério fazia propaganda eleitoral pelo menos desde maio de 1950, antes mesmo da indicação oficial de sua candidatura. Aquela fotografia mágica de Palmério com Getúlio Vargas foi certamente a peça mais memorável da vitoriosa campanha do professor à Câmara Federal. Não é difícil imaginar a impressão que os contemporâneos tiveram ao depararem com a imagem do jovem conterrâneo posando sorridente ao lado de Getúlio Vargas, de botas e bombachas, iluminado pelo sol no pátio da lendária Estância Santos Reis. E é claro que essa foi uma das principais imagens empregadas nos panfletos e sobretudo no santinho político que passou a ser distribuído em toda região. Milhares de reproduções chegaram às mãos do eleitorado, trazendo no verso as indicações de voto a Antônio Próspero para a prefeitura de Uberaba, a Ovídio de Vito para Assembleia Estadual e a Mário Palmério para a Câmara Federal. Uma curiosa caricatura invocando a imagem do velho Getúlio, de perfil e mãos nos bolsos, completava o verso do santinho político. Mário Palmério costumava autografar as fotos com uma dedicatória do tipo: "Ao prezado companheiro, João Batista Camargo, oferece o Mário Palmério. Uberaba, 21-5-1950".

Figura 56 – O santinho de Mário Palmério (frente e verso) explorou encontro do professor com Vargas

Além da associação direta com Vargas, os panfletos de rua procuraram reafirmar o mote de que, se eleito, Palmério seria carregado de novos poderes para transformar a história de seus conterrâneos por meio da multiplicação das instituições de ensino na região. "Escolas para o povo. Instrução gratuita para todos! Este é um dos principais pontos do programa do Partido Trabalhista Brasileiro a ser defendido intransigentemente pelo prof. Mário Palmério na Câmara Federal", prometia o folheto de propaganda política distribuído em toda a região do Triângulo Mineiro.

> Trabalhadores do Triângulo Mineiro:
> Votai em Mário Palmério porque:
> – MÁRIO PALMÉRIO é um filho desta terra!
> – MÁRIO PALMÉRIO é o pioneiro da instrução no Triângulo Mineiro!
> – MÁRIO PALMÉRIO é um REALIZADOR!
> – MÁRIO PALMÉRIO é candidato do Partido Trabalhista Brasileiro!
> – MÁRIO PALMÉRIO é candidato de GETÚLIO VARGAS!

Figura 57 – Panfleto de campanha eleitoral.

Em 4 de agosto de 1950, Mário Palmério publicou a sua primeira propaganda política no *Lavoura e Comércio*. Ocupando quatro colunas na largura e meia página na altura, trazendo o professor de meio perfil, trajando sua popular jaqueta de veludo, de semblante grave, olhando para o alto sob a legenda de "pioneiro da instrução", o anúncio era, de longe, o maior dentre todos os anúncios dos outros candidatos que começavam as suas campanhas.

A CONSTRUÇÃO DO MITO MÁRIO PALMÉRIO 255

Figura 58 – Propaganda política veiculada no *Lavoura e Comércio*, em 4 de agosto de 1950.

Assim, o anúncio também convocava o voto dos eleitores, reafirmando a ideia de que Mário Palmério realizara "sozinho, sem as facilidades de um cargo oficial, a mais notável obra educacional de todo o interior do país", além de que, com a policlínica, executara a "mais audaciosa obra de assistência dentária jamais tentada no país" e trouxera "novo impulso" à vida econômica de Uberaba ao estimular a vinda de centenas de estudantes e acadêmicos que contribuíam decisivamente para o progresso de Uberaba.

Prof. MÁRIO PALMÉRIO, na Câmara Federal, se fôr eleito pelo voto dos triangulinos, terá facilidades e oportunidades de que necessita para criar novas escolas superiores, fundar a UNIVERSIDADE DO TRIANGULO MINEIRO e trabalhar com entusiasmo pelo engrandecimento e prosperidade de nossa região e nosso pôvo!

A partir do mesmo clichê fotográfico empregado no anúncio do *Lavoura e Comércio*, o candidato mandou confeccionar novos panfletos que também foram largamente distribuídos na região. "Mário Palmério precisa de seu VOTO, para poder abrir MAIS ESCOLAS e fundar a UNIVERSIDADE DO TRIANGULO MINEIRO", conclamava o "pioneiro da instrução".

Figura 59 – Panfleto de campanha eleitoral.

Figura 60 – Panfleto de campanha eleitoral.

Pouco a pouco, o professor foi deixando de lado as suas atividades profissionais nas escolas e passou a se dedicar com cada vez mais energia na vida partidária. Mário Palmério começou a frequentar o diretório mineiro do PTB e, na madrugada de 13 de agosto, foi eleito com os companheiros de chapa, Antônio Próspero, Carlos Alberto Lucio Bitencourt, Sinval Siqueira e Ulisses Brasil, entre outros, para a direção

A CONSTRUÇÃO DO MITO MÁRIO PALMÉRIO **257**

estadual do partido (*O Triângulo*, 14.8.1950, p.1). Nessa mesma data, ele foi confirmado como um dos candidatos do PTB mineiro à Câmara Federal (ibidem). Palmério passou a assinar os informes do diretório local como primeiro secretário (*Lavoura e Comércio*, 4.9.1950, p.8) e envolveu-se com todas as energias na campanha. A partir de então, empregaria todo o prestígio construído nos últimos dez anos para articular os diretórios regionais e mobilizar os eleitores.

> Em 1950 fiquei entusiasmado pela política e me candidatei a deputado federal. Ainda não havia participado de eleição nenhuma. Em função exatamente de meu trabalho como professor, por causa de relações que fizera com pais de alunos etc., eu me elegi deputado federal naquela ocasião. Foi uma campanha imensa, trabalhosa, que exigia visitas a núcleos, os mais longínquos. Eu já caçava naquela época e já pescava também, o que me ajudou muito. Fiz diretórios à base de ex-alunos pais de alunos, de companheiros de pescaria etc. (Quintella, 1970, s.p.)

Assim, Mário Palmério passou a viajar pela região e articular acordos com os diretórios municipais, muitas vezes formados por "ex--alunos", "pais de alunos" e "companheiros de pescaria". No início de setembro, por exemplo, firmou o apoio do diretório de Conceição das Alagoas, que deveria prestigiar "de todas as formas possíveis" a candidatura do professor, apresentado já naquela época como "dirigente trabalhista" (*Lavoura e Comércio*, 9.9.1950, p.3). Palmério passou também a mobilizar os seus próprios alunos para que eles se tornassem militantes em sua campanha. Assim, lançou a candidatura do estudante de odontologia Ivo Monti para a Câmara Municipal e fomentou a publicação de um manifesto dos acadêmicos em apoio à sua própria campanha.

> [...] Pioneiro da Instrução e a quem os acadêmicos devem a oportunidade que, hoje, gozam de poder realizar os seus mais caros ideais de cultura e de aperfeiçoamento técnico-profissional, desejamos testemunhar a elevada consideração que de todos nós merece sua candidatura à Deputação Federal e o nosso empenho em tudo fazer pela sua vitória. (*Lavoura e Comércio*, 9.9.1950, p.3)

258 ANDRÉ AZEVEDO DA FONSECA

O influente *Correio Católico* insistia sempre em sua campanha para ensinar o cristão uberabense a "votar bem". Um texto publicado em 19 de agosto divulgava, por exemplo, as instruções oficiais da Igreja para orientar o clero e os fiéis a "darem seus votos a candidatos que apresentem sérias garantias de agir como católicos, no exercício de suas funções públicas". Condenando o voto inspirado por "parentesco", por "simpatia pessoal" ou "gratidão", o artigo recomendava que o eleitor conhecesse o "programa do partido" para escolher os candidatos. Assim, delineando algumas orientações que julgava em conformidade com os princípios cristãos, o texto defendeu expressamente que a ação do Estado em matéria de ensino, por exemplo, deveria ser "meramente supletiva, cabendo aos poderes públicos amparar por todos os modos, a iniciativa privada, e agir diretamente apenas nos casos em que a ação particular seja ineficiente" (*Correio Católico*, 19.8.1950, p.1). Considerando que o mote da campanha de Mário Palmério era precisamente a criação de escolas, e notando também que todos os colégios particulares de Uberaba eram católicos, com exceção do Colégio do Triângulo Mineiro, não é difícil notar, na recomendação do *Correio Católico*, se não uma hostilidade, no mínimo uma reserva em relação ao petebista.

Pois bem. Em 1950 havia cinco candidatos de Uberaba à Câmara Federal. Homero Vieira de Freitas (PR), João Henrique Vieira da Silva (PSD), Boulanger Pucci (PSP), Fidélis Reis (UDN) e Mário Palmério (PTB) (*Lavoura e Comércio*, 9.9.1950, p.2). Naturalmente, estes eram os adversários diretos uns dos outros.

Homero Vieira de Freitas (PR) pedia o voto dos uberabenses para que o Triângulo não fosse "esquecido dos poderes públicos" (*Correio Católico*, 9.9.1950, p.3). Sua campanha pelos jornais foi, contudo, a mais inexpressiva entre os adversários.

"Ninguém pode deixar de reconhecer que o deputado João Henrique foi, na Câmara Federal, o amigo dedicado do Triângulo Mineiro", "representante leal e devotado de Uberaba", responsável pelo Palácio Postal e por uma verba de 400 mil cruzeiros para a Santa Casa de Misericórdia – garantia a propaganda do pessedista candidato à reeleição. Em outro anúncio, João Henrique dizia ser o "cérebro" e o "coração" do Triângulo Mineiro: "cérebro, por sua atuação na comissão de di-

A CONSTRUÇÃO DO MITO MÁRIO PALMÉRIO 259

plomacia; e coração, por seus trabalhos de assistência hospitalar, que honram e dignificam o seu mandato" (*O Triângulo*, 12.9.1950, p.1). Ao contrário do primeiro, João Henrique pertencia a um partido poderoso na região e já havia construído a sua base de sustentação.

No dia 28 de agosto de 1950, *O Triângulo* (p.4) noticia o lançamento da candidatura do prefeito Boulanger Pucci (PSP) à Câmara Federal e assume abertamente a indicação de voto. Na verdade, por todo o primeiro semestre de 1950, Pucci foi animadamente bajulado por toda a imprensa uberabense. "Enamorado de sua cidade natal, ligado ao solo uberabense pelos laços de um profundo e verdadeiro afeto, o Prefeito Boulanger Pucci é bem o símbolo dos homens que construíram a capital do Triângulo e ergueram uma grande metrópole em pleno sertão brasileiro", eram os termos empregados nas lisonjas do diário *O Triângulo* (17.1.1950, p.1). Além disso, tradicionalmente, o chefe do Executivo uberabense parecia um político forte o suficiente para puxar mais votos em Uberaba e região do que qualquer outro candidato.

Atento às demandas de sua época, Pucci também defendia a criação da "Universidade do Triângulo" (*Lavoura e Comércio*, 6.9.1950, p.6), que deveria se tornar "um grande laboratório onde se estudem os nossos problemas e onde se planejem, num ambiente de serenidade e fé, as suas soluções". Contudo, era preciso, segundo ele, que essa instituição se concentrasse na formação de técnicos inteligentes, tal como no modelo norte-americano, para que as empresas públicas e privadas encontrassem colaboradores eficientes: "Enquanto os países sul-americanos se entregavam apenas a exercícios metafísicos e gramaticais, a Norte América se preparou em massa e se orientou no sentido técnico, transformando-se na maior potência do mundo" (ibidem, 4.9.1950, p.8).

No entanto, sem levantar abertamente a bandeira da emancipação, a campanha de Boulanger Pucci foi marcada por extrema sobriedade e, consequentemente, pareceu burocrática e desapaixonada, tendo em vista que o candidato procurou sobretudo expor as suas ideias políticas por meio de longos artigos, nos quais discutiu temas como municipalismo (ibidem), progresso regional (ibidem, 8.9.1950, p.8), estradas de ferro e hidroelétricas (ibidem, 15.9.1950, p.6), entre outros. Além disso, nas entrelinhas até mesmo de alguns dos textos mais elogiosos,

260 ANDRÉ AZEVEDO DA FONSECA

sobretudo nos momentos em que a argumentação laudatória se tornava visivelmente defensiva, podemos observar que Pucci era considerado por muitos um "fracasso", incapaz de administrar as "crises graves" e os "obstáculos de ordem econômica" que assolavam Uberaba em sua gestão – como a frustrante instabilidade de energia elétrica que, se, por um lado, era responsabilidade estadual, agravava-se, por outro, pela falta de força política municipal.

Entre os candidatos, o nome de Fidelis Reis (UDN) também parecia bastante promissor. Deputado em mais de uma legislatura, fundador de diversas entidades de classe (entre elas, a poderosa Sociedade Rural do Triângulo Mineiro), presidente da Associação Comercial e Industrial, criador do Liceu de Artes e Ofícios (que daria origem ao Senai) e do Banco do Triângulo Mineiro, saudado sempre na imprensa como um homem responsável por "magníficas realizações para Uberaba" (ibidem, 5.8.1950, p.1), Reis mostrava-se absolutamente seguro de sua eleição e contava, sem modéstias, com a gratidão do povo de Uberaba.

Uberabenses reconhecidos. Votai em Fidelis Reis.
Ele já vos deu o SENAI, a Sociedade Rural do Triângulo Mineiro, a Casa do Comércio e da Indústria, o Banco do Triângulo Mineiro.
Se eleito, o que não poderá fazer por Uberaba? (ibidem, 22.8.1950, p.1)

Desde o início da década de 1940, Fidélis Reis falava sobre a necessidade de se criar o que ele chamava de Universidade do Trabalho, ou seja, uma instituição de ensino superior voltada sobretudo para os ofícios mais práticos (ibidem, 25.12.1940, p.8). Na campanha de 1950, ele passou a prometer que, se eleito, voltaria a defender o antigo projeto de instalar o ensino profissional em caráter compulsório no país. "O ensino técnico, o ensino profissional nos seus múltiplos aspectos, é o problema da hora contemporânea", argumentava. Assim, Reis dedicou parte de sua campanha para falar sobre a instituição de um "sistema universitário técnico" que culminaria na "Universidade Técnica da capital da República" para estimular a formação da "nova mentalidade brasileira" (ibidem, 2.9.1950, p.4). Com tudo isso, atento às demandas educacionais daquela época, o ex-deputado procurou apresentar-se como "pioneiro do ensino técnico-profissional".

Naturalmente, o candidato da UDN também era representado com características heroicas. Na campanha eleitoral, José Mendonça registrou que o ex-deputado era um dos homens que mais contribuíram para o progresso e a civilização no interior brasileiro: "Fidélis Reis constituiu um exemplo para todos nós, principalmente para a juventude, porque representa a vitória de próprio esforço alcançado a golpes de inteligência, de trabalho e de perseverança" (ibidem, 9.9.1950, p.1).

Entretanto, se Pucci e Reis preferiam expor suas ideias em longos artigos, Palmério foi o que mais investiu em *slogans* e frases de impacto em uma propaganda maciça na imprensa. "Escolas para o povo! Assistência social!", anunciavam o candidato e uma nova peça veiculada a partir de 2 de setembro: "A Universidade do Triângulo Mineiro. Mário Palmério não a promete: FUNDARÁ!".

O Partido Trabalhista Brasileiro recomenda votar, para DEPUTADO FEDERAL, em MÁRIO PALMÉRIO, porque:
MÁRIO PALMÉRIO, sozinho, sem um cargo oficial, muito já fez pelo nosso povo.
MÁRIO PALMÉRIO, eleito DEPUTADO FEDERAL, MUITO MUITO MAIS, ainda poderá fazer, em benefício da INSTRUÇÃO e da SAÚDE de nossos filhos.
Mário Palmério não promete, FAZ! (ibidem, 2.9.1950, p.3)

Figura 61 – Anúncio publicado no *Lavoura e Comércio*.

A primeira propaganda política de Mário Palmério publicada no diário *O Triângulo* foi veiculada num sábado, em 2 de setembro de 1950. Na edição seguinte, que circulava na segunda-feira, dia 4, o mesmo anúncio se impôs por entre os pequenos reclames dos outros candidatos – alguns não contavam com ilustrações ou fotografias. Dos dias 5 a 22, o professor anunciou diariamente, com uma propaganda nas mesmas dimensões. Mário Palmério foi visivelmente o candidato a deputado federal que mais anunciou em *O Triângulo*. Todos os dias ele estava lá, convocando o voto dos eleitores, repetindo o *slogan* sobre instalação de escolas, sobre a policlínica e sobre seu papel no desenvolvimento do comércio local.

A partir do dia 23, um sábado, uma nova fotografia, que trazia um professor visivelmente maquiado, trajando dessa vez um terno mais tradicional, passou a acompanhar o mesmo texto, reproduzido ininterruptamente até o dia 30 de setembro. O clichê foi empregado também em um novo panfleto.

Figura 62 – Anúncio publicado no jornal *O Triângulo*, em 23 de setembro de 1950.

A CONSTRUÇÃO DO MITO MÁRIO PALMÉRIO 263

Figura 63 – Panfleto de campanha eleitoral.

No *Correio Católico*, Mário Palmério começou a anunciar no dia 9 de setembro de 1950:

> O PARTIDO TRABALHISTA BRASILEIRO recomenda votar, para DEPUTADO FEDERAL em MÁRIO PALMÉRIO porque Mário Palmério sozinho, sem um cargo oficial, muito já fez pelo nosso povo.
> MÁRIO PALMÉRIO eleito Deputado Federal, MUITO, MUITO MAIS, ainda poderá fazer, em benefício da INSTRUÇÃO e da SAÚDE de nossos filhos.
> MÁRIO PALMÉRIO NÃO PROMETE, FAZ!

Na fotografia, a legenda: "Prof. Mário Palmério, pioneiro da instrução". Percebemos aqui que o anúncio de Palmério publicado no *Correio Católico* quase esbarrava nos interesses da Igreja no monopólio da educação. Esse ideário contrariava a orientação divulgada dias antes, quando os bispos recomendaram reservas aos programas partidários que defendiam a intervenção dos poderes públicos na criação de escolas.

No *Correio Católico*, o anúncio de Palmério era um pouco menor do que aqueles publicados em *O Triângulo* e competia de igual para igual em visibilidade com os seus adversários diretos; ainda que o destaque conferido pelo semanário aos candidatos da UDN fosse flagrante, pois João Laterza e Paulo J. Derenusson, postulantes à prefeitura e vice-prefeitura pela coligação UDN-PSD, tomaram integralmente a capa do jornal nas cinco edições consecutivas que compreenderam o período entre 26 de agosto e 30 de setembro. Entretanto, o fato é que Palmério anunciou e panfletou como nenhum dos outros candidatos.

> Trabalhistas! Trabalhadores!
> Nosso único CHEFE é GETÚLIO VARGAS!
> Nosso único PARTIDO é o PARTIDO TRABALHISTA BRASILEIRO!
> Nossos únicos Candidatos são os do P.T.B.!
> e nosso candidato a DEPUTADO FEDERAL é
> MÁRIO PALMÉRIO
> Pioneiro da Instrução
> Candidato do P.T.B.!
> Candidato de GETÚLIO VARGAS!

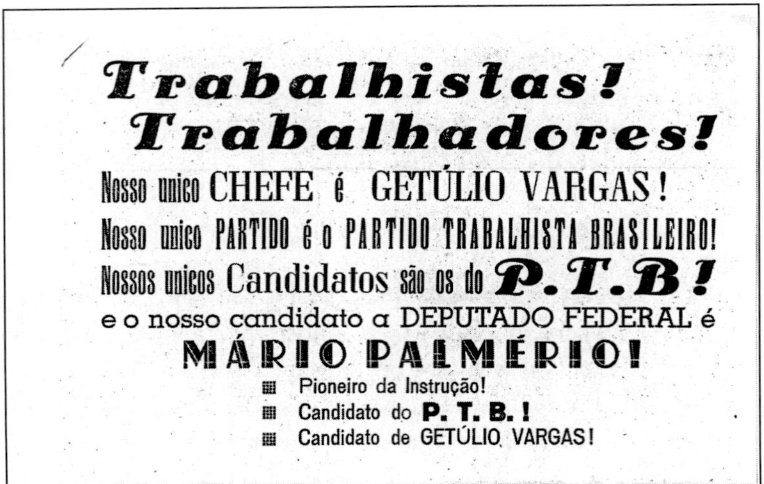
Trabalhistas!
Trabalhadores!
Nosso unico CHEFE é GETÚLIO VARGAS!
Nosso unico PARTIDO é o PARTIDO TRABALHISTA BRASILEIRO!
Nossos unicos Candidatos são os do P.T.B!
e o nosso candidato a DEPUTADO FEDERAL é
MÁRIO PALMÉRIO!
Pioneiro da Instrução!
Candidato do P. T. B. !
Candidato de GETÚLIO VARGAS!

Figura 64 – Panfleto de campanha eleitoral.

A CONSTRUÇÃO DO MITO MÁRIO PALMÉRIO 265

Observando, portanto, que os conceitos de "pioneiro da instrução", de "candidato de Getúlio Vargas" e de cidadão comprometido com a "assistência social" foram os principais temas da campanha de Mário Palmério em 1950, é preciso ponderar que as causas que inspiraram os eleitores triangulinos a consagrá-lo nas eleições não se restringiram estritamente à observância de sua plataforma política – até porque, como vimos, dois outros candidatos também incorporaram o tema da universidade em suas campanhas. Como lembram Goldman e Sant'Anna (1996, p.25), inúmeras são as motivações que levam as pessoas a votar: interesse, afinidade ideológica e adesão partidária, mas também "simpatia, identificação pessoal, torcida de futebol, autoridade materna etc., e mais uma infinidade de razões impossíveis de esgotar". Desse modo, "o correlato dessa pluralidade de motivações envolvidas no ato de votar é a multiplicidade de aspectos que o eleitor seleciona em seus candidatos ao escolhê-los", argumentam os pesquisadores. "Vota-se, pois, em um ou alguns atributos do candidato, ainda que se reconheça a existência de outros, muitas vezes, aparentemente contraditórios com aqueles que se privilegiou" (ibidem, p.26). Com isso, vemos que a política jamais deixa de contemplar uma forte dimensão de subjetividade, que pode orientar a escolha tanto pelas virtudes privadas do candidato quanto por reivindicações de cidadania. Em suma, "o voto está envolvido em uma rede de forças que transcende em muito o domínio do que se convencionou denominar 'política'" (ibidem, p.30).

Vimos que, no decorrer dos anos 1940, a imagem pública de Mário Palmério, tal como veiculada na imprensa regional, foi ascendendo até alcançar a representação de uma espécie de guerreiro sagrado de seu povo. Por causa de sua conhecida trajetória social, potencializada pelas representações heroicas dessa atuação, o professor tornou-se um personagem muito carismático em toda a região. Contudo, em uma disputa eleitoral, nenhum ator político fica inteiramente ileso nas lutas de representações que os antagonistas empreendem para deslegitimar a sua representatividade. Assim, para combater aquela imagem sagrada, os adversários se empenhariam de forma acirrada para carregar a figura do carismático Mário Palmério com uma representação bastante pejorativa, à beira da repugnância. É o que veremos a seguir.

A conspiração

No dia 18 de agosto de 1950, o *Lavoura e Comércio* noticiou que Getúlio Vargas planejava um comício em Uberaba, nos primeiros dias de setembro. Naturalmente, o PTB local ficou muito excitado com a perspectiva da visita do legendário líder trabalhista à cidade. Os correligionários Antônio Próspero, Whady Nassif, Ovídio de Vito e sobretudo Mário Palmério eram os candidatos que mais exploravam a figura de Vargas em suas campanhas eleitorais. A ostentação dessa imagem de intimidade com o líder máximo do trabalhismo seria, é claro, uma oportunidade extraordinária para reafirmar o vínculo com toda aquela mitologia.

Contudo, um detalhe protocolar parecia ter o potencial de ameaçar o brilho dos petebistas uberabenses. A coordenação nacional da campanha estabeleceu que Adhemar de Barros, o grande nome do PSP, deveria chegar a Uberaba um pouco antes para recepcionar Getúlio Vargas no aeroporto. Naturalmente, Adhemar seria acompanhado por sua própria comitiva de partidários locais, o que incluiria, portanto, a presença do prefeito Boulanger Pucci e demais correligionários. Adhemar de Barros garantia em entrevistas que não havia nenhuma divergência entre o PTB e o PSP (*O Triângulo*, 2.9.1950, p.4). Mas a excêntrica coligação de antigos adversários armada por Getúlio na política nacional estava prestes a fazer colidir, em uma mesma ocasião, os irreconciliáveis adversários da vida partidária local.

Assim, a poucos dias do grande comício, acendeu-se uma rumorosa controvérsia entre os diretórios dos dois partidos para disputar quem teria a honra de ciceronear Adhemar de Barros e Getúlio Vargas pelas ruas de Uberaba. Boulanger Pucci saiu na frente. No dia 5 de setembro, mandou publicar um informe, com timbre oficial da prefeitura, esclarecendo que Getúlio e Adhemar seriam "hóspedes oficiais do Governo uberabense" (ibidem, 5.9.1950, p.4). Na programação concebida pela municipalidade, Vargas chegaria no dia 10 de setembro, às 10 horas, e seria levado para o prédio da "Prefeitura Municipal", onde tomaria o café da manhã. Em seguida, os "eminentes hóspedes do Governo de Uberaba" seguiriam para o "Palanque da Democracia"

A CONSTRUÇÃO DO MITO MÁRIO PALMÉRIO 267

(montado pela prefeitura), na Praça Rui Barbosa, onde seriam saudados "pelo Prefeito Boulanger Pucci" e receberiam as homenagens do povo. Terminada a solenidade, Getúlio e Adhemar seriam levados ao Grande Hotel, onde seria oferecido um almoço "pela Prefeitura Municipal" com a participação de autoridades locais. Em seguida, os ilustres visitantes seguiriam para o aeroporto e tomariam o avião, que os levaria a Uberlândia.

Como se vê, utilizando-se da máquina pública municipal, Boulanger Pucci e o PSP local queriam controlar ao máximo a programação de Vargas para que pudessem desfrutar eles mesmos o prestígio do getulismo e impedir quaisquer ganhos políticos ao PTB. No dia seguinte, em mais um comunicado em nome do "Comitê nacional pró-candidatura Getúlio Vargas", Boulanger Pucci e João Naves insistiram em sua estratégia de firmar posição:

O Comitê nacional pró-candidatura Getúlio Vargas, por seus delegados no Triângulo Minero, tem satisfação em comunicar ao povo que domingo, dia 10, às 10 horas da manhã, chegará a Uberaba o grande brasileiro e ilustre homem público SENADOR GETÚLIO VARGAS. S. Excia., que será hóspede oficial da Prefeitura Municipal, falará ao povo, do "Palanque da Democracia", armado na Praça Rui Barbosa.

Nessa oportunidade, o SENADOR GETÚLIO VARGAS receberá as homenagens do povo de Uberaba, justamente devidas a sua personalidade de grande brasileiro. O Comitê, desde já, agradece o comparecimento, ao comício, de todos os admiradores do eminente Senador Vargas. S. Excia., após o almoço no Grande Hotel, seguirá para Uberlândia, às 14 horas.

Uberaba, 6 de setembro de 1950
BOULANGER PUCCI
JOÃO NAVES (*O Triângulo*, 6.9.1950, p.4)

Os membros do PTB local ficaram exasperados. Perder a primazia do encontro com Vargas para os adversários do PSP implicaria um fragoroso desprestígio e, por consequência, uma derrota política inconcebível. Assim, em uma atribulada reunião de diretório, ficou estabelecido que Antônio Próspero deveria viajar imediatamente ao Rio de Janeiro para combinar pessoalmente com o próprio comitê de

268 ANDRÉ AZEVEDO DA FONSECA

Getúlio Vargas os detalhes da visita a Uberaba. Simultaneamente, a executiva local do PTB entrou em contato com o coordenador geral da campanha, o major Newton Santos, pedindo que ele divulgasse um comunicado oficial que desautorizasse Boulanger Pucci e desbaratasse a manobra do PSP local. Assim, no dia 8 de setembro, o PTB uberabense, representado por Mário Palmério, publicou na imprensa local o seguinte comunicado:

> Recepção ao dr. Getúlio Vargas
> O sr. dr. Antonio Próspero, Secretário Geral da Comissão Executiva do Partido Trabalhista Brasileiro de Minas Gerais e Presidente do Diretório Local, recebeu do sr. Major Newton Santos, Coordenador Nacional da campanha do senador GETÚLIO VARGAS, o seguinte telegrama:
> "Dr Antonio Próspero
> Afim evitar explorações referência visita Senador Getúlio Vargas esse município queira presado [sic] companheiro com autoridade lhe compete providenciar hospedagem nosso chefe saudações trabalhistas Major Newton Santos pt"
> O Diretório Local do Partido Trabalhista Brasileiro, na ausência do sr. dr. Antonio Próspero que seguiu hoje para o Rio de Janeiro afim de entender-se pessoalmente com o dr. Getúlio Vargas sobre detalhes de sua vinda a Uberaba, fará, com a necessária antecedência e usados todos os meios de divulgação possível, a comunicação oficial da data, horário e de outros detalhes relativos à recepção que os trabalhadores e o povo de Uberaba farão ao ilustre brasileiro.
> Uberaba, 8 de setembro de 1950
> Mário Palmério, 1º Secretário. (ibidem, 8.9.1950, p.4)

No decorrer da tarde, o diretório municipal do PTB movimentou-se ativamente para acertar com as lideranças nacionais a nova programação da visita de Getúlio a Uberaba. No dia seguinte, véspera do grande comício, em um novo comunicado assinado por Mário Palmério, o PTB local reafirmava a sua própria versão. O informe garantia que o diretório uberabense havia recebido da executiva nacional um comunicado que orientava a programação do seguinte modo:

A CONSTRUÇÃO DO MITO MÁRIO PALMÉRIO 269

> S. Excia, que virá acompanhado do sr. dr. Antonio Próspero e de outros altos dirigentes trabalhistas, receberá, no Aeroporto, as manifestações dos trabalhadores e do povo de Uberaba e dirigir-se-á, em seguida, para a Av. Getúlio Vargas onde se realizará o comício monstro promovido pelo Partido Trabalhista Brasileiro.
>
> Logo após o comício, S. Excia. Visitará o Colégio do Triângulo Mineiro, ali almoçando, em companhia de sua comitiva.
>
> Receberá, naquele local, a visita de seus correligionários até o momento de seu embarque para Uberlândia. (ibidem, 9.9.1950, p.4)

Assim, até mesmo os detalhes da programação divulgada anteriormente pela prefeitura foram desautorizados. Pucci havia garantido que Vargas chegaria às 10 horas? Ora, o PTB tratou de corrigir, garantindo que o horário certo seria às 9h30. O comício seria realizado na Praça Rui Barbosa, no palanque montado pela prefeitura? Não. Os trabalhistas transferiram o evento para a Avenida Getúlio Vargas, em frente ao prédio da sede do partido. No programa anterior Getúlio almoçaria no Grande Hotel? Ora, a verdade era que Mário Palmério o levaria para almoçar em seu próprio colégio.

O prefeito Boulanger Pucci, por seu lado, mantinha-se inflexível em sua programação e, nesse mesmo dia, em um anúncio no *Lavoura e Comércio* (9.9.1950, p.8), reafirmava que Getúlio chegaria às 10 horas e, como "hóspede oficial da Prefeitura Municipal", falaria ao povo no "Palanque da Democracia" armado na Praça Rui Barbosa, almoçaria no Grande Hotel e seguiria para Uberlândia às 14 horas. Em uma verdadeira "guerra de propaganda", os dois partidos políticos trataram de contratar carros com alto-falantes para divulgar, em toda cidade, cada um a sua própria versão. "A tensão nervosa crescia a todo o momento e todo mundo previa desagradáveis acontecimentos para a manhã de domingo, em vista dos desentendimentos dos dois partidos que apoiam o senador Vargas", registrou o *Lavoura e Comércio* (11.9.1950, p.2).

E foi assim que, na explosiva manhã de 10 de setembro de 1950, correligionários do PTB e do PSP, sem chegarem a um acordo, aglomeraram-se desde cedo no aeroporto para aguardar Getúlio Vargas: "Se na noite de sábado os ânimos já estavam exaltados, a tensão nervosa aumentou de intensidade na manhã de domingo, à medida que se aproximava a hora de chegada do avião conduzindo o senador Getúlio Vargas!". No centro da cidade, às 8 horas, os dois partidos deram início ao serviço de alto-falante, cada um em seu palanque, anunciando a presença de Vargas. Ao mesmo tempo, um banquete era preparado pela prefeitura no Grande Hotel, enquanto o PTB preparava outro banquete no Colégio Triângulo Mineiro. "Enquanto isso se passava na cidade, no Aeroporto de Uberaba aglomerava-se grande número de pessoas, inclusive os principais líderes dos dois partidos que disputavam a presença do senador Vargas no local por eles indicado." Era de "inquietação" o ambiente no aeroporto, registrou o *Lavoura e Comércio*. "As duas facções estavam mais ou menos separadas, notando-se porém nervosismo em todas as fisionomias."

Pouco antes das 10 horas, o avião que trazia o governador Adhemar de Barros pousou no aeroporto. Naturalmente ele foi recebido de imediato pelos correligionários, tendo à frente o prefeito Boulanger Pucci e outras autoridades do PSP. Contudo, a chegada de Adhemar aumentou ainda mais a tensão, pois os petebistas passaram a temer a interferência do governador paulista junto a Vargas, no sentido de conduzi-lo maliciosamente ao palanque da prefeitura. A polícia redobrava a atenção e tomava providências no sentido de evitar a aproximação de integrantes dos dois partidos.

Enquanto isso, sob a propaganda simultânea dos sistemas de alto--falantes de ambos os partidos, aumentavam rapidamente as duas multidões de simpatizantes e curiosos nos palanques rivais da Praça Rui Barbosa e da Avenida Getúlio Vargas, cuja distância não passa de 600 metros. "Os ônibus desciam repletos e os adeptos de uma e outra facção iam tomando posição, confiantes na interferência de seus líderes junto ao senador Vargas. Todos lhe disputavam a preferência para o local do comício."

Finalmente, às 10h45, o avião que conduzia Vargas sobrevoou o aeroporto de Uberaba. Na descrição do jornal, esse momento foi de grande nervosismo para todos. Antes mesmo de o avião aterrissar, correligionários de ambos os partidos começaram a correr rumo ao portão de embarque, atropelando-se uns aos outros e disputando no

A CONSTRUÇÃO DO MITO MÁRIO PALMÉRIO 271

braço, literalmente, a primazia da recepção oficial na pista do aeroporto. Mário Palmério e os demais petebistas já estavam posicionados em frente ao portão. Boulanger Pucci, de modo ríspido, procurava abrir caminho para ingressar na pista. E foi assim, de repente, em meio à balbúrdia, que a multidão atônita ouviu o disparo de um tiro. E logo em seguida, outro tiro.

"A confusão foi geral, com gritos e corridas", registrou o *Lavoura e Comércio*. Muita gente se machucou durante o tumulto, tal como a esposa de Felício Frange, presidente do PSP, que fraturou um braço e sofreu escoriações na cabeça. Logo percebeu-se, no centro do alvoroço, que Boulanger Pucci cambaleava manchado de sangue nos braços dos companheiros, enquanto a polícia imobilizava o provável autor do atentado, ainda de arma na mão. Lá mesmo o agressor foi identificado: tratava-se de Florêncio Alves Filho, integrante da comitiva do PTB. Alves Filho foi imediatamente conduzido à delegacia, enquanto Pucci era encaminhado às pressas para a Casa de Saúde São Luiz. O piloto que conduzia o avião de Vargas foi informado pelo rádio e decidiu adiar o pouso por alguns minutos, até que os ânimos se acalmassem no aeroporto. O desembarque foi ao mesmo tempo tenso e festivo. Antônio Próspero, que acompanhava o voo, preferiu não descer imediatamente, permanecendo na aeronave por mais de uma hora: "Achava-se ele visivelmente emocionado com o triste desfecho da vinda do senador Vargas a Uberaba".

A polícia não fornecia nenhuma informação à imprensa. Desse modo, inúmeros boatos começaram a circular entre as pessoas. "São várias versões propaladas na cidade, todas desencontradas" – registrou o jornal. Nos palanques montados no centro da cidade, ninguém sabia ao certo o que havia acontecido. Somente quando Getúlio Vargas chegou à Praça Rui Barbosa, no palanque montado pela prefeitura, acompanhado por Adhemar de Barros e pelos correligionários do PSP, é que a multidão, notando a ausência do prefeito, pôde confirmar a veracidade das notícias sobre o atentado (ibidem, p.4).

De qualquer modo, Vargas foi ovacionado pela massa popular. Subiram também no palanque o petebista Whady Nassif, Paulo Rosa (representando o governo municipal) e Adhemar de Barros. Em seu

272 ANDRÉ AZEVEDO DA FONSECA

discurso, Vargas criticou a política econômica de Dutra, responsabilizou o governo pela crise da pecuária, mas não mencionou a agressão no aeroporto. Em um improviso, o líder carismático afirmou que não era absolutamente um candidato de partidos, mas um candidato do povo. A frase virou manchete do dia seguinte (*O Triângulo*, 12.9.1950, p.2).

Logo após o discurso, Getúlio e Adhemar foram conduzidos a uma visita a Boulanger Pucci no hospital e em seguida à fazenda-modelo de Mário Franco. Depois disso, equilibrando-se com habilidade entre os desejos das duas facções em disputa, Getúlio decidiu almoçar no Colégio Triângulo Mineiro e prestigiar os trabalhistas uberabenses. Foi somente aí que Antônio Próspero apareceu, acompanhado de Whady Nassif e de toda a comitiva petebista. Naturalmente, Mário Palmério foi muito festejado por essa honraria. Mas toda aquela atmosfera de conspiração comprometeria significativamente os ganhos políticos dessa façanha.

É claro que o noticiário do dia seguinte não podia ser outro:

> Vítima de um atentado do prefeito Boulanger Pucci
>
> Causou a mais viva repulsa a toda a população de Uberaba, o covarde atentado de que foi vítima, ontem, no Aeroporto Santos Dumont, o prefeito Boulanger Pucci, que ali, em companhia do governador Adhemar de Barros, de membros da comitiva do Chefe do Executivo estadual paulista e de destacadas figuras dos meios sociais e político-administrativos de Uberaba, aguardava a chegada do senador Getúlio Vargas.
>
> Quando se dirigia ao portão "A", de acesso à pista, o digno Chefe da Municipalidade, foi alvejado por um indivíduo, que mais tarde se averiguou ser o sr. Florêncio Alves Filho, cuja prisão se fez em flagrante.
>
> Verificada a gravidade de seu estado de saúde, o sr. Dr. Boulanger Pucci foi imediatamente conduzido ao Hospital São Luiz, onde se submeteu a delicadíssima intervenção cirúrgica [...].
>
> Segundo informações colhidas pela reportagem, o dr. Boulanger Pucci – que somente não se viu alvo de novos disparos pela pronta intervenção de populares que se encontravam próximo ao agressor – recebeu dois projetis: o primeiro, com entrada pelo hipograstro, perfuração dos intestinos grosso (1) e delgado (8), sem saída; o segundo, com entrada pelo braço esquerdo, na região do cotovelo, e saída pelo antebraço.

A CONSTRUÇÃO DO MITO MÁRIO PALMÉRIO **273**

Logo conhecida a dolorosa notícia, toda a população de Uberaba se tomou da mais viva e justa indignação, verberando acremente a conduta do elemento que dando mostras de irresponsabilidade e perversidade, escreveu a sangue uma das mais negras páginas da história de nossa terra, tentando contra a vida de um ilustre e digno filho de Uberaba [...]. (*O Triângulo*, 11.9.1950, p.4)

Um testemunho lavrado em cartório, assinado por Tancredo Pucci (irmão do prefeito), publicado nessa mesma edição de *O Triângulo*, tratou de firmar um dos boatos que mais corriam de boca a boca naquela luta de representações. Sob o título "O atentado contra a vida do prefeito de Uberaba" (ibidem, 11.9.1950, p.4), Tancredo Pucci registrava que o irmão, agradecendo a "UDN, PSD, PR, PSP e PST" (ou seja, todos menos o PTB), pedira que se tornasse público o seu desejo de "continuação da campanha eleitoral" que havia sido "silenciada ontem", porque mais importante que seu estado de saúde era a democracia e a liberdade de pensamento. "Continuemos, pois, com o mesmo entusiasmo cívico." Assim, em um esforço para demonstrar uma abnegada generosidade, o prefeito alvejado mandara dizer também que o "palanque da democracia", que a prefeitura construíra na Praça Rui Barbosa, continuaria à disposição de todos os candidatos, sem distinção de partidos, "mesmo desses que mandaram matá-lo", ironizou.

Quanto ao traiçoeiro atentado de ontem, friamente premeditado, praticado por mãos armadas de um tarado e determinação ou ordem de terceiros, quero esclarecer aqui (e o faço por minha conta própria), que o sr. Prefeito não esperava a inopinada agressão. Nem ele nem todos nós que o acompanhávamos, pois todos, sem exceção, estávamos desarmados.
Não podíamos supor que para lá, para receber um Governador de Estado e o sr. Senador Getúlio Vargas, mandasse alguém com a disposição de matar.
E tanto essa é verdade que apresentei o Governador de São Paulo, meu amigo, a todos, gregos e troianos.

Ou seja, sem mencionar nenhum resultado do inquérito, o irmão afirmou categoricamente a "determinação ou ordem de terceiros" na

274 ANDRÉ AZEVEDO DA FONSECA

execução do atentado. É interessante observar que, na sua retórica, Tancredo Pucci fez questão de afirmar a existência de "gregos e troianos" – ou seja, eles e os traidores. Nas palavras de Pucci, a cena se deu exatamente assim:

> Separando-se do Governador Adhemar de Barros, ao dirigir-se, como Prefeito, para o portão do aeroporto, afim de atravessá-lo e, como o faz todas as vezes que recebe visitantes ilustres, ir cumprimentar o Senador Getúlio Vargas, cujo avião aterrisava, sem dizer palavra e sem qualquer razão, o criminoso encostou o cano da arma no ventre do sr. Boulanger Pucci e detonou-a. Caído, deu-lhe mais um tiro, não lhe dando um terceiro porque o sr. Galdino de Carvalho conseguiu segurar o braço assassino.
> A vítima e testemunhas ouviram, claramente, o sr. Mário Palmério dizer: – "Atire, atire"
> É ele, pois, o autor intelectual do atentado.

Assim, Mário Palmério, que de fato se encontrava próximo ao agressor, era acusado em público de ter sido o "autor intelectual" do atentado a Boulanger Pucci. A prova eram as testemunhas de partidários e do próprio prefeito que o ouviram incitar Florêncio Alves a proferir os tiros: "– Atire, atire".

Na mesma edição de *O Triângulo*, no editorial intitulado "Onde estamos afinal?", Nicanor de Souza exprimia sua perplexidade ante a "brutal e inominável ocorrência", afirmando que a "bárbara cena de sangue [...] pincelada com tão fortes cores de covardia" tingira de rubro a história de Uberaba. Sem mencionar o nome de Mário Palmério, mas evidentemente se referindo a ele, o editorial esbravejava: "Uberaba de hoje já não mais comporta a presença de elementos perturbadores da ordem, de figuras completamente faltas de senso de responsabilidade, de indivíduos que, tomados de condenável paixão partidária, semeiam a loucura, a insensatez, a intranquilidade e o desassossego no seio de uma população pacata e ordeira como a nossa".

Desse modo, vemos que, se, no começo daquele mesmo ano, o consagrado Mário Palmério era representado como um dos "mais ilustres membros" da sociedade local, "moço portador de apreciá-

A CONSTRUÇÃO DO MITO MÁRIO PALMÉRIO 275

veis qualidades", além de "vanguardeiro do patrimônio educacional de nossa terra" (ibidem, 1º.3.1950, p.4), agora ele era o "elemento perturbador da ordem", o irresponsável, o semeador da "loucura", da "insensatez" e da "intranquilidade". Nas lutas de representações travadas pelos adversários para desconstruir toda aquela mitologia do herói sagrado, portanto, o atentado se configurou como uma ocasião imperdível para vincular a figura de Palmério ao avesso do herói. Em uma inversão diretamente proporcional à imagem sagrada construída nos últimos dez anos, era como se Palmério tivesse deixado cair sua máscara de divindade para se revelar como o "covarde", o "traiçoeiro", o "brutal", ligado aos conceitos de "bárbaro", "inominável", que provocava "repulsa" ao dar mostras de "irresponsabilidade e perversidade", pois, com sua "disposição de matar", havia escrito "a sangue", de forma "friamente premeditada", uma das "mais negras páginas da história" da cidade.

Na verdade, notamos que todo esse imaginário reverbera, na prática, uma variante narrativa da legendária e poderosa mitologia da "conspiração" (Girardet, 1987). A imagem "temível e temida" da organização secreta e de seus cúmplices; o fantasma das sombras e das trevas; a reunião de todo um bestiário que evoca imagens de tudo que rasteja, se infiltra e se esconde, que é onduloso, viscoso e portador da sujeira e da infecção; todos esses elementos compõem a fabulação do imaginário do complô. Ao associarem Mário Palmério àquele que fez das trevas o seu reino (escrevendo com "sangue" as "páginas negras" da história), que carrega consigo o veneno e a corrupção (o semeador da "loucura" e da "intranquilidade"), e cuja representação se animaliza (o "brutal", o "bárbaro", o "inominável"), os adversários não faziam mais que retornar, no essencial, os termos "bem mais antigos e bem mais profundos, de uma outra denúncia: a do Maligno, do Espírito perverso, do Satã invisível e onipresente". Como mostra Girardet (1987, p.48), essas variações narrativas, na verdade, se configuram como:

> Novos testemunhos, no final das contas, dessa espantosa permanência da presença diabólica no mais profundo das mentalidades coletivas no último século, e nos anos mesmo em que se costuma situar o apogeu oficialmente triunfante do Pensamento racionalista e da Ideia cientificista.

276 ANDRÉ AZEVEDO DA FONSECA

Dotado de seus atributos tradicionais, acompanhado das legiões sulfurosas de seus servidores infernais, o Príncipe das Trevas permanece, em pessoa, o herói privilegiado de uma vasta literatura.

Em suma, na concepção dos adversários, a torpeza do atentado de Boulanger Pucci deveria servir para profanar a sacralidade da qual Mário Palmério havia se travestido nos últimos dez anos. Nos dias seguintes, a repercussão na imprensa ateve-se quase que exclusivamente ao estado de saúde do prefeito, tendo em vista a cautela da polícia em anunciar quaisquer conclusões do inquérito. O jornal *O Triângulo* (12.9.1950, p.4) e o *Lavoura e Comércio* (13.9.1950, p.2) informavam apenas que as autoridades prosseguiam na "elucidação completa" do caso: testemunhas haviam sido ouvidas e o indiciado ainda iria prestar informações. No dia 13, os jornais informaram que Pucci estava fora de perigo (*O Triângulo*, 13.9.1950, p.1; *Lavoura e Comércio*, 13.9.1950, p.2). A imprensa noticiou também que o candidato da UDN à Presidência, brigadeiro Eduardo Gomes, em sua passagem por Uberaba, fizera uma visita de cortesia ao prefeito no hospital, mas nada se falava sobre o atentado em si (*O Triângulo*, 13.9.1950, p.4). É provável que esse silêncio tenha favorecido ainda mais a difusão de boatos e acusações enviesadas sobre o suposto envolvimento de Mário Palmério no crime.

O *Lavoura e Comércio* (16.9.1950, p.2) finalmente publicou o aguardado depoimento de Florêncio Alves Filho, prestado 15 de setembro. Na versão do autor do atentado, os membros do PTB estavam todos juntos, próximos ao gradil e ao portão de desembarque, "no firme propósito de não permitirem a entrada de outras pessoas no campo", pois, segundo ele, aos trabalhistas é que interessava diretamente a chegada de Vargas. Ora, se os membros do PSP já haviam recepcionado Adhemar de Barros sem nenhuma interferência do PTB, argumentou, o mesmo queriam os petebistas em relação aos seus líderes. No entanto, no momento em que o avião se preparava para descer, afirmou o depoente, Boulanger Pucci caminhou rumo ao portão, onde também se posicionava Mário Palmério, e pegou Alves Filho pelo braço, puxando-o com força para trás. O petebista empurrou o portão e Pucci voltou a puxá-lo. E foi assim que, num ímpeto, o irascível Florêncio Alves Filho sacou a arma e disparou no prefeito, sendo logo agarrado por todos os lados por diversas pessoas. O petebista negou que tivesse engatilhado o segundo tiro e afirmou que tudo o que aconteceu foi "resultado de atitudes momentâneas" – ou seja, não havia nada premeditado.

Ainda assim, o silêncio de Mário Palmério, que não se pronunciava sobre o caso, parecia inquietante. Essa atitude alimentava ainda mais as especulações sobre o seu eventual papel no atentado. Somente depois de divulgado o depoimento do agressor, Palmério sentiu-se à vontade para responder às acusações. E é claro que ele não perderia a oportunidade para espetacularizar o seu retorno ao debate público. E foi assim que, no auge dos boatos, o professor publicou mais um manifesto político, o último daquela movimentada campanha eleitoral: com o título de "Aos trabalhistas do Triângulo Mineiro" (ibidem, 20.9.1950, p.8), Palmério mais uma vez se empenharia com todos os recursos para se agarrar à mítica de Vargas e reerguer a sua própria mitologia.

> Estamos quase no fim da memorável campanha democrática que há de conduzir, à Presidência da República, nosso eminente chefe Senador Getúlio Vargas e aos outros altos cargos legislativos e executivos do país os candidatos que se inscreveram pela gloriosa legenda do Partido Trabalhista Brasileiro. [...] A vitória da candidatura do Senador Getúlio Vargas e a de seus companheiros de partido tem, para os trabalhadores brasileiros, uma significação muito mais transcendente de que a de um simples triunfo eleitoral.

Para Palmério, aquele era o início de um "novo ciclo" no país, do qual iriam participar as classes trabalhadoras, lideradas por "homens de luta" credenciados por um "passado cheio de dignificantes exemplos de fidelidade ideológica e partidária" pela "dedicação pessoal", "energia" e "entusiasmo".

> Quanto a nós, modestos soldados do movimento pró-emancipação política do trabalhador do Brasil, nada nos desviará da atividade que assumimos desde o início da campanha até as vésperas do grandioso triunfo que nos espera.

278 ANDRÉ AZEVEDO DA FONSECA

É perceptível a invocação da imagem do guerreiro messiânico imbuído do nobre ideal de libertação de seu povo rumo à terra prometida. Os vocábulos "glorioso", "transcendente", "grandioso triunfo" e "novo ciclo", assim como a sua autoinclusão no campo dos "homens de luta" com um passado repleto de "dignificantes exemplos de fidelidade ideológica e partidária", conotam a ânsia de reverter as representações negativas do "traiçoeiro" e "covarde" que inspiravam "repulsa". Foi assim, lançando mão da força do getulismo, invocando a mitologia do herói sagrado e se sobrepondo às forças do mal, que Palmério reuniu as condições para se pronunciar a respeito das acusações de que fora alvo:

> Incidentes, por mais lamentáveis que sejam, não poderiam, evidentemente, arrefecer nosso entusiasmo. Nas campanhas de libertação política, devemos nos conduzir acima da maldade humana. Por isso mesmo, às acusações grosseiras, como a que foi recentemente divulgada em dois jornais locais a propósito das dolorosas ocorrências verificadas no aeroporto local, por ocasião da visita a Uberaba do Senador Getúlio Vargas, e publicadas sob a responsabilidade do irmão do prefeito de Uberaba, respondemos com o nosso absoluto silêncio. Essa, a única atitude compatível com uma alegação que peca pela insensatez e pelo absurdo e cujos objetivos toda a população de Uberaba imediatamente compreendeu.

"O que podemos vos afirmar, companheiros do glorioso Partido Trabalhista Brasileiro, é que erraram o alvo" – retrucou o herói. "Não nos detivemos e nem nos deteremos em caminho para ouvir despropósitos e responder às invectivas dos que tentam inutilmente desviar nossa atenção e a dos nossos companheiros."

Assim, afirmando estar entregue à "grande causa dos trabalhadores brasileiros", qual seja, os anseios de um Brasil "melhor, próspero e feliz", Palmério reafirmou que esse era o "espírito" que o fazia prosseguir em sua "marcha". A relação da terminologia sagrada com a eleitoral fica cada vez mais explícita: "As urnas, em 3 de outubro, consagrarão a causa trabalhista. E esse é o nosso supremo ideal". Por fim, Palmério aproveita o manifesto para saudar a glória de seu líder e de seu partido – "Viva o glorioso Partido Trabalhista Brasileiro! Viva o nosso eminente

A CONSTRUÇÃO DO MITO MÁRIO PALMÉRIO **279**

chefe, Senador Getúlio Vargas!" – e para lançar habilidosamente o seu mais novo *slogan*: "Nossa arma é o voto".

Contudo, nessa etapa da campanha, não foi somente a mitologia da conspiração que procurou combater a imagem de Mário Palmério. Uma outra frente se empenhou, de modo distinto, a contestar outros elementos de sua representação social. Aquela antipatia do clero uberabense em relação ao candidato que se anunciava como o "pioneiro da instrução" seria mais uma vez explicitada na penúltima edição do *Correio Católico* antes das eleições. Não se sabe se o fato de Mário Palmério encontrar-se fragilizado por causa das acusações inspirou a verve do clero. Mas um evidente ataque ao *slogan* do petebista foi veiculado dois dias depois daquela mensagem de Palmério aos trabalhistas do Triângulo: "Saibamos escolher os nossos candidatos" (*Correio Católico*, 23.9.1950, p.2) era o título do artigo. O texto começava assim:

> A 3 de outubro compareceremos às urnas para levarmos o nosso voto. À primeira vista parece simples e para muita gente chega a ser um ato banal, ou desabafo de paixões políticas. Tristemente estamos nos certificando de que ainda não temos foro ou gente realmente civilizada. Alguma coisa porém se tem feito nestes últimos anos, no sentido de instruir o povo. A educação comporta na sua estrutura não só a instrução como muitos outros elementos. Consiste em se formar um indivíduo capaz de assumir na sociedade o papel que lhe é reservado. A instrução é apenas um instrumento, um meio para se atingir o fim da educação. Do descuido que se tem dado a esta distinção, resulta a incompreensão para os problemas do momento. A instrução sem a educação não constrói bases sadias para as atitudes altruísticas.

Nessa discussão semântica sobre os termos "instrução" e "educação", percebemos uma nítida alusão negativa a Mário Palmério – que na página ao lado, naquela mesma edição, anunciava-se precisamente como o "pioneiro da instrução". "Do descuido que se tem dado a esta distinção, resulta a incompreensão para os problemas do momento", registra o texto do jornal católico, lamentando a falta de "gente realmente civilizada" que se dava ao "desabafo de paixões políticas". Com isso, percebemos que, se a Igreja não chegava a ser abertamente hostil a Mário Palmério, tampouco se mostrava simpática.

Ser altruístico é colocar-se acima de qualquer interesse pessoal, visando o bem coletivo. É o que devemos fazer ao levar o nosso voto. [...] Que bom seria se os brasileiros, em vez de se atordoarem com alto-falantes, foguetes, comícios, *shows* e outras propagandas, se dessem ao trabalho de desenvolver uma "consciência cívica" e analisassem friamente os candidatos. [...] Que Deus nos ilumine neste pleito de 1950 para que sabiamente e conscienciosamente saibamos escolher os nossos candidatos.

A despeito da onda de boatos, Mário Palmério jamais deixou de anunciar de forma maciça a sua propaganda política. No dia 2 de outubro, véspera das eleições, Palmério ainda apareceu em dois novos anúncios no *Lavoura e Comércio* e em *O Triângulo*, ao lado de Vargas e dos correligionários, anunciando-se como um uberabense "devotado à sua terra", um homem disposto a bater-se pela "solução dos principais problemas que afligem o Triângulo Mineiro" e um candidato empenhado na "defesa dos mais puros ideais dos trabalhadores e do povo".

Figura 65 – Anúncio de campanha publicado em 2 de outubro de 1950, no *Lavoura e Comércio*.

A CONSTRUÇÃO DO MITO MÁRIO PALMÉRIO 281

Figura 66 – Anúncio de campanha publicado em 2 de outubro de 1950, no jornal *O Triângulo*.

O triunfo

"O uberabense teve eleições livres e honestas" era a manchete de *O Triângulo* no dia 4 de outubro de 1950. "Nada, absolutamente nada, perturbou essa paz que todos ansiosamente aguardávamos e pela qual tanto receio se vinha externando." Segundo o registro do jornal, a cidade votou em um ambiente tranquilo, na "mais completa ordem".

Nos dias seguintes, o diário uberabense passou a publicar os resultados parciais da contagem de votos nas seções uberabenses. Concentremo-nos nos resultados dos principais adversários locais à Câmara Federal. No dia 5 de outubro, Mário Palmério e Boulanger Pucci estavam quase empatados: Palmério com 310 votos e Pucci com 291 (*O Triângulo*, 5.10.1950, p.1). Dois dias depois, Boulanger Pucci estava na frente com 845 votos contra 804 de Mário Palmério (*Lavoura e Comércio*, 7.10.1950. p.1). No dia 9 de outubro o prefeito tinha 1.587 e o professor 1.549 (idem, 9.10.1950, p.1). Contudo,

282 ANDRÉ AZEVEDO DA FONSECA

no dia seguinte, Palmério passou na frente com 1.999 votos contra 1.975 de Pucci (idem, 10.10.1950, p.1). Mais um dia e eles estavam separados por apenas um voto: Mário Palmério vencendo com 2.332 e Boulanger Pucci com 2.331 (idem, 11.10.1950, p.1). No dia 12 de outubro Boulanger passou o adversário novamente, computando 2.685 contra 2.622 do petebista (idem, 12.10.1950, p.1). E com as urnas se esgotando, Boulanger aumentava a diferença: 2.961 contra 2.884 no dia 13 de outubro (idem, 13.10.1950, p.1) e 2.345 contra 3.216 no dia seguinte (idem, 14.10.1950, p.1). Até que, na contagem final de Uberaba, Boulanger Pucci obteve 3.723 votos e Mário Palmério ficou com 3.572 votos (idem, 16.10.1950, p.1). O petebista Antônio Próspero já era aclamado o prefeito de Uberaba.

Entretanto, se, em Uberaba, o estreante perdera do prefeito municipal por pouco mais de cem votos, no restante da região a vitória de Palmério seria definitivamente eloquente. Na contagem das cidades vizinhas de Veríssimo, Campo Florido e Conceição das Alagoas, por exemplo, segundo o relato de O Triângulo (11.10.1950, p.1), Mário Palmério fora o terceiro mais votado, totalizando 889 votos, ficando atrás do deputado João Henrique (1.594) e de Fidélis Reis (1.170). Boulanger Pucci conquistara apenas 136 votos nessas zonas eleitorais. No dia 18 de outubro, O Triângulo publicou uma série de fotografias do dia das eleições e, dentre elas, uma foto de Mário Palmério tomando um cafezinho com o próprio Souza Junior, o repórter e diretor do jornal. Na legenda, a garantia de que Palmério fora um candidato que se mostrara "calmo e que não se perturbou com a azáfama de 3 de outubro" (ibidem, 18.10.1950, p.5).

A contagem dos votos aos deputados federais prosseguiu até dezembro, quando O Triângulo divulgou os primeiros resultados provisórios dos candidatos do PSD. O pessedista uberabense João Henrique estava com apenas 9.008 votos (ibidem, 7.12.1950, p.1). No dia 19 de dezembro, O Triângulo anunciou a posição parcial de todos os candidatos mineiros Câmara Federal. E então, a grande surpresa: Mário Palmério era o segundo candidato do PTB mais votado em Minas, já totalizando, segundo o jornal, 12.697 votos em todo o Estado. Boulanger Pucci estacionara nos 4.954.

A CONSTRUÇÃO DO MITO MÁRIO PALMÉRIO   283

A despeito de não analisarmos propriamente a questão partidária, é interessante mencionar o contexto desse pleito. Nas eleições para o Congresso Nacional realizadas em 1945, o PSD havia conquistado 42% dos votos, ficando com 151 cadeiras. A UDN obteve 26% (77 cadeiras) e o PTB alcançara 10% (22 cadeiras). O PCB ficou com 9% (14 deputados e um senador), e o restante foi distribuído aos partidos menores (Skidmore, 1979, p.90). Nas eleições de 1950, quando Palmério foi eleito, o PSD perdeu algumas cadeiras, mas manteve a maioria parlamentar, ficando com 112 deputados. A UDN subiu para 81 cadeiras e o PTB mais que dobrou sua participação, obtendo 51 cadeiras. A novidade foi a ascensão do PSP, com 24 cadeiras – aparentemente, um dos partidos mais favorecidos com a clandestinidade do Partido Comunista, juntamente com o próprio PTB. As 36 cadeiras restantes foram divididas para oito partidos menores (ibidem, p.133).

No começo da década de 1950, Minas Gerais contava com uma população de 7,5 milhões de habitantes, dos quais 1,9 milhão eram eleitores – ou seja, 25% da população estava apta a votar. Nas eleições de outubro, compareceram efetivamente nas urnas 1,3 milhão de mineiros – uma presença de aproximadamente 70% do eleitorado (Tribunal Superior Eleitoral, 1964, p.7). O PSD mineiro conquistou 17 cadeiras na Câmara Federal. A UDN ficou com 12 representantes, o PTB elegeu 5 deputados e o Partido Republicano (PR) obteve 4 vagas.

O novato Mário Palmério, depois de uma campanha concentrada no Triângulo Mineiro, efetivou-se surpreendentemente como o segundo candidato mais votado do PTB mineiro, obtendo um total de 11.797 votos (ibidem, p.142). (Esses são os dados oficiais do TSE, diferentes daqueles 12.697 votos divulgados no diário O Triângulo.) Nenhum outro candidato de Uberaba foi eleito na Câmara Federal. Segundo os dados do TSE, o deputado João Henrique Sampaio Vieira (PSD), que buscava a reeleição, obteve apenas 9.114 votos; o autoconfiante ex-deputado Fidélis Reis (UDN) ficou com 6.026 votos; e Boulanger Pucci (PSP) conquistou somente 4.819 votos. A título de comparação, nesse pleito Palmério recebeu quase três centenas de votos a mais do que o experiente Tancredo Neves (PSD), que na época não era nenhum desconhecido: depois de atuar como presidente da

284 ANDRÉ AZEVEDO DA FONSECA

Câmara dos Vereadores em São João del Rei (1935-1937) e ter sido líder da oposição na Assembleia Legislativa em Minas Gerais (1947-1950), Tancredo elegera-se à Câmara Federal, em 1950, com 11.515 votos (ibidem, p.140).

Os adversários regionais de Mário Palmério, cuja base eleitoral concentrava-se em Uberlândia, também obtiveram votação expressiva. O deputado estadual Rondon Pacheco (UDN), um dos mais destacados chefes políticos em Uberlândia, conquistou 17.524 votos. O veterano Vasconcelos Costa, amparado pela poderosa estrutura do PSD mineiro, obteve 32,5 mil (ibidem, p.140) votos em sua reeleição à Câmara Federal (ibidem, p.141). Essa popularidade é explicada por inúmeros fatores que não fazem parte de nosso estudo.

Contudo, a eleição de Mário Palmério não deixou de ser uma surpresa entre as tradicionais elites políticas triangulinas. Como recorda o correligionário Luiz Junqueira (apud Fonseca, 2006a, p.68), as lideranças partidárias regionais não acreditavam, de fato, que Palmério fosse um candidato realmente competitivo. O professor nunca fora político, apresentou-se em estágio avançado das especulações eleitorais e jamais montara, anteriormente, uma estrutura sistemática de apoio partidário. Em suma, havia grande ceticismo entre a comunidade política local em relação à viabilidade de sua eleição. Desse modo, como procuramos demonstrar, a vitória de Mário Palmério nas eleições de 1950 não dependeu apenas da estrutura partidária ou de arranjos políticos de lideranças tradicionais, mas também do conjunto de elementos da cultura política regional que Palmério aprendeu a representar com a sua imagem e trajetória.

Conclusões

"Nas três primeiras décadas do século XX a maioria das cidades do Triângulo Mineiro era pequena, de aspecto sertanejo, escassa população que, em sua maioria, residia no campo, parcos recursos econômicos e irrelevante significado político no conjunto do estado de Minas Gerais. Por esse tempo, no Brasil, estavam em curso processos de civilização, impregnados dos valores liberais, que pareciam querer materializar o lema da bandeira nacional – ordem e progresso – vistos em diversos projetos de urbanização e higienização, na positivação do trabalho, no incentivo à industrialização e outros espalhados em diversas partes do país. Nas terras do cerrado mineiro, diferentes grupos sociais, cada um à sua maneira, apropriaram-se das ideias vinculadas à modernização e civilização, lutando por validar suas concepções e seus projetos como dominantes."

(Dantas, 2009, p.188)

Neste livro, procuramos compreender a ascensão profissional, social e política de Mário Palmério, observando os procedimentos simbólicos que esse personagem empreendeu para teatralizar um papel social, conquistar distinção pública, legitimar-se como portador de aspirações populares e consagrar-se como um verdadeiro mito político no cenário regional. Com isso, procuramos também identificar os modos pelos quais as elites de Uberaba e do Triângulo Mineiro exerciam o seu poder simbólico para angariar prestígio, obter legitimidade política e circunscrever os símbolos de poder no imaginário local. Além disso, analisamos as condições histórico-culturais que favoreceram o surgimento de uma mitologia política no Triângulo Mineiro, no contexto das eleições de 1950.

Como ensina Remond (2003, p.40), uma eleição é um indicador interessante do "espírito público" de determinada sociedade, assim como da "opinião pública e de seus movimentos". Desse modo, o interesse historiográfico nas eleições não se restringe apenas à análise dos resultados finais, interessa-nos também o estudo das "correntes e tendências", – ou melhor, dos "temperamentos políticos" que se expressam com toda intensidade também nas campanhas eleitorais. Nessa perspectiva, a consagradora eleição de Mário Palmério e os fatores que sustentaram a sua bem-sucedida trajetória profissional, social e política inspiram hipóteses explicativas mais amplas sobre crenças, valores e anseios mais prementes da massa de eleitores de Uberaba e do Triângulo Mineiro naquele início da década de 1950.

Neste estudo, vimos que, a partir da primeira metade dos anos 1940, as elites de Uberaba começaram a se empenhar de modo categórico para superar o longo período de retrocesso urbano iniciado no final do século XIX. Se até então aquela comunidade girava quase que exclusivamente em torno da economia rural, os novos tempos indicavam o renascimento da área urbana e, consequentemente, de uma série de valores ligados à vida social na cidade. Naquele período, Uberaba já havia perdido grande parte de sua importância econômica, apesar de ainda se manter como o centro urbano mais influente da região (Dantas, 2009, p.188). Conscientes dessa decadência, os discursos grandiloquentes em nome da civilização ficaram ainda mais frequentes, assim como o imaginário de supervalorização do papel daquela cidade no cenário do interior brasileiro.

Empenhadas em conferir legitimidade à sua liderança, as oligarquias buscaram projetar uma autoimagem superestimada de si mesmas, lançando mão da imprensa para encenar todo um ideal de prestígio, elegância, cultura e espírito altruísta. Esse imaginário era retroalimentado por meio de um círculo de elogios recíprocos na imprensa, que, por sua vez, circunscrevia a visibilidade social e as possibilidades de participação política a um grupo bastante restrito de indivíduos. Assim, Mário Palmério aprendeu a transitar com muita desenvoltura na sociedade e, assentado em uma bem-sucedida trajetória profissional, atuou conscientemente para encenar um papel admirável perante grupos de *status*, conquistando visibilidade privilegiada no cenário regional.

Naquele período da história do país, tendo em vista o processo de urbanização e de consequente aquecimento na demanda por qualificação de mão de obra, as famílias passaram a valorizar os ensinos primário e secundário, assim como o profissionalizante e universitário – o que acabou por estimular uma sensível expansão das escolas no decorrer da segunda metade dos anos 1940. Desse modo, naquela pequena cidade empobrecida que passara a sonhar de modo tão exultante com os ideais de civilização e cultura, a escola passou a ser interpretada como uma espécie de matriz que pudesse conceber, por meio da instrução das crianças, o projeto embrionário desse futuro superestimado. Não é surpreendente, portanto, que as instituições de ensino passassem a ser representadas por meio de um vocabulário repleto de referências sagradas e prodigiosas. Nesse contexto, aquele "moço" que vinha se dedicando, havia vários anos, ao magistério secundário, que começara com uma sala de aula para instrução de adultos e, em poucos anos, erguera um conjunto de edifícios suntuosos para abrigar o seu colégio e a sua faculdade foi rapidamente associado aos valores sacerdotais que se atribuíam aos empreendedores da educação na época. Essa impressão seria potencializada pelos louvores endereçados a Mário Palmério na imprensa e também pela intensa propaganda empreendida conscientemente

288 ANDRÉ AZEVEDO DA FONSECA

pelo próprio professor. Com tudo isso, procuramos evidenciar que a linguagem empolada empregada nos jornais – os chamados "nariz de cera", na terminologia jornalística – não se tratava de um mero e inofensivo maneirismo de época, mas correspondia a uma intenção, consciente ou inconsciente, de exercer o poder simbólico.

No contexto da profunda perplexidade que a guerra mundial havia registrado no espírito da época, as crises social, econômica, política e identitária que perturbaram o cotidiano da região no pós-guerra fermentaram uma série de inquietações que se constituiriam em um campo fértil para a efervescência de mitologias políticas. Por tudo isso, ao invocar o poder das forças históricas em nome da união de seu povo, ao apontar com firmeza o caminho "certo" e "seguro" para a superação das crises, e ao anunciar com entusiasmo e convicção a iminente conquista da civilização, da cultura e da prosperidade em sua região, o herói salvador encenado de modo espetacular pelo socialmente consagrado Mário Palmério correspondeu à angústia dos eleitores por um signo de modernidade capaz de suplantar o monopólio da economia agrária que, naquele momento, parecia definitivamente condenada ao fracasso. Em outras palavras, era como se Palmério surgisse como o "filho da terra" que, carregado de dons proféticos advindos de seu espírito ilustrado e empreendedor, parecia designado pelo destino para vencer as "forças do atraso" e conduzir o povo do Triângulo Mineiro à terra prometida da modernidade. Novato na política mas ao mesmo tempo membro de família prestigiada, figura destacada nos grupos de status e simultaneamente representante dos ideais trabalhistas, esse homem que transitava com desenvoltura entre as elites econômicas, políticas e ilustradas do Triângulo Mineiro compreendeu as aspirações de seu tempo e atuou conscientemente no sentido de mobilizar os circuitos de opinião das elites em torno de seu nome e promover uma autopropaganda intensiva para afirmar a vinculação de sua figura com valores, crenças e aspirações profundos da cultura de sua comunidade. A votação expressiva que obteve em todo o Triângulo Mineiro é um dos indícios mais evidentes da ressonância dessa representação no imaginário regional.

A CONSTRUÇÃO DO MITO MÁRIO PALMÉRIO 289

Em seu primeiro mandato, Mário Palmério empenhou-se para corresponder às expectativas em relação à sua atuação. Na Câmara Federal, foi vice-presidente da Comissão de Educação e Cultura durante todo o primeiro mandato (1950-1954). Já em 1951, ele fundaria a sua Faculdade de Direito, em Uberaba. Em 1954, foi um dos responsáveis pela implantação da Faculdade de Medicina do Triangulo Mineiro (FMTM), a atual Universidade Federal do Triângulo Mineiro (UFTM). Palmério também liderou o grupo político que por anos defendeu a separação da região do Triângulo do Estado de Minas Gerais, fundamentando a retórica emancipacionista em considerações políticas, econômicas, históricas, geográficas e culturais. Toda essa atuação fez com que ele fosse facilmente reeleito em 1954, com 18.854 votos (Tribunal Superior Eleitoral, s. d., p.150), integrando, no seu segundo mandato, a Comissão de Orçamento e a Mesa da Câmara. Em 1955, Mário Palmério estudou na Escola Superior de Guerra, onde consolidou suas ideias políticas em defesa da interiorização do desenvolvimento, expressa na sua monografia de conclusão de curso: O núcleo central brasileiro (Região Centro-Oeste).

Em dezembro de 1955, o deputado Mário Palmério já anunciava os preparativos para a criação de mais uma faculdade privada: a Escola de Engenharia, que de fato viria a ser autorizada em 1956. Mas, nesse período, a sua imagem já não era unanimidade no Triângulo Mineiro. Por exemplo, notamos no *Correio de Uberlândia* (20.12.1955, p.1), ligado à UDN, a expressão de um ressentimento que buscava deslegitimar o apoio regional ao petebista:

Uberaba, indiscutivelmente, é a cidade que possui o maior número de escolas superiores no Triângulo Mineiro, pelo fato de as outras cidades não possuírem nenhuma. [...] Com certeza os uberlandenses estão lembrados de um moço simpático, bem falante, acessível que há uns três ou quatro anos andou por aqui falando para todo mundo que mandaria para nós uma faculdade de medicina e com isto conseguindo um ótimo contingente de votos que o levou facilmente ao Palácio Tiradentes.

Pois este moço que nos prometeu faculdade de medicina em praça pública é o mesmo que a obteve para nossa vizinha e centenária Uberaba. Seu nome é Mário Palmério. Que ninguém esqueça dele.

290 ANDRÉ AZEVEDO DA FONSECA

Em 1956, com o lançamento de *Vila dos Confins*, Palmério alcançaria o auge da celebridade. Contudo, como observou Oliveira (1993), o sentimento anti-Mário Palmério em Uberlândia parece ter ficado ainda mais áspero no decorrer dos anos. Em pleno período de campanha eleitoral, o *Correio de Uberlândia* (14.9.1958, p.8) publicou um editorial ainda mais furioso: "De novo contra nós. Inimigo público n° 1 de Uberlândia tenta caçar votos na cidade". O jovem professor que fora bem votado em Uberlândia na campanha de 1950, "justamente pelas promessas de conseguir escolas superiores para a cidade", passou a ser visto como "inimigo dos uberlandenses", na medida em que todos os benefícios eram encaminhados apenas para Uberaba:

> Não ficou só neste engano a ação antiuberlandense de Mário Palmério. Não se contentou ele em mentir e tirar daqui as escolas superiores. Foi mais além, o SAMDU já conseguido para Uberlândia, foi para Uberaba e lá se encontra instalado, graças às suas maquinações no Rio de Janeiro.
>
> Agora, depois de tudo isso, jornais uberlandenses vêm estampando noticiário de que Mário Palmério pretende estender a Uberlândia suas escolas superiores. Mas como? Se ele, o inimigo público n° 1 da cidade Jardim já prometeu isso uma vez e não cumpriu, se ele já nos tomou o SAMDU, melhoramento já autorizado para Uberlândia e o levou para Uberaba? Os uberlandenses têm boa memória. Não esquecerão facilmente os malefícios que Mário Palmério nos causou. [...] Inimigo público n° 1 da cidade terá a resposta que merece, pois nós não iremos mais na "guitarra" das escolas superiores que ele, malandro velho, tentará nos impingir.

Ainda assim, em 1958 Mário Palmério elegeu-se novamente à Câmara Federal com a sua maior votação – 30.115 votos (Tribunal Superior Eleitoral, 1966, p.236), mas iniciou um rápido processo de esgotamento político, de modo que o seu terceiro mandato foi marcado por uma produtividade inexpressiva. Sua carreira parlamentar encerrou-se quando, em setembro de 1962, foi nomeado por João Goulart para o cargo de embaixador do Brasil no Paraguai. Palmério assumiu em outubro daquele ano e só deixou o posto no golpe de 1964.

Desiludido com a política no regime militar, Mário Palmério isolou-se em sua fazenda no Mato Grosso e escreveu *Chapadão do Bugre*,

A CONSTRUÇÃO DO MITO MÁRIO PALMÉRIO 291

o seu segundo romance, lançado em 1965. A obra obteve grande êxito de crítica e de público, de modo que, em 1968, o autor foi eleito para a Academia Brasileira de Letras, ocupando a cadeira de Guimarães Rosa. Com toda essa consagração literária, Mário Palmério decidiu voltar à política em 1970, concorrendo à prefeitura de Uberaba. Contudo, sua candidatura foi um fracasso e ele perdeu as eleições, ficando em terceiro lugar, com 6.001 votos (ibidem, 1970). Os tempos eram outros, a sociedade havia passado por inúmeras transformações, e novos atores políticos correspondiam melhor às aspirações daquela sociedade. Talvez sem que ele tivesse se dado conta, aquela fabulosa mitologia política que o sacralizara vinte anos atrás já havia desmoronado.

REFERÊNCIAS BIBLIOGRÁFICAS

Obras sobre Mário Palmério

AIDAR, M. A. M. *Os confins de Mário Palmério*: história e literatura regional. Uberlândia, 2008. 219f. Dissertação (Mestrado em História) – Universidade Federal de Uberlândia.

ALMEIDA, N. A. de. *Estudos sobre quatro regionalistas*: Bernardo Elis, Carmo Bernardes, Hugo de Carvalho Ramos, Mário Palmério. Goiânia: Imprensa da Universidade Federal de Goiás, 1968.

ALVES, I. M. O vocabulário regional em *Vila dos Confins*. *Linguagem*, Rio de Janeiro, v.4-5-6, p.106-10, 1985.

BAGATTA, M. T. *Os desvios como base do processo criativo da linguagem de Mário Palmério em* Chapadão do Bugre. Brasília, 1981. 79f. Dissertação (Mestrado em Linguística) – Universidade de Brasília.

FONSECA, A. A. da. *Ritos da cultura política do Triângulo Mineiro (1950) na campanha eleitoral de Mário Palmério (PTB)*. Belo Horizonte, 2006a. 89f. Monografia (Especialização) – Pontifícia Universidade Católica de Minas Gerais.

_____. Carta aos triangulinos: elementos da retórica trabalhista de Mário Palmério (1950). In: ENCONTRO REGIONAL DE HISTÓRIA, 15, 2006, São João Del Rey, *Anais...* São João Del Rey: Anpuh, 2006b.

FONTES, J. R. *Pelos caminhos e Vilas do Chapadão*: leitura e análise dos romances de Mário Palmério. Rio de Janeiro, 2000. 132f. Dissertação (Mestrado em Literatura Brasileira) – Universidade Federal do Rio de Janeiro.

294 ANDRÉ AZEVEDO DA FONSECA

HAUILA, A. *Alguns aspectos da expressividade sufixal em* Vila do Confis. Niterói, 1977. 58f. Dissertação (Mestrado em Língua Portuguesa) – Universidade Federal Fluminense.

HOUAISS, A. Sobre a linguagem de "Vila dos Confins". *Revista do Livro*, Rio de Janeiro, v.3. n.9, p.121-53, mar. 1958.

MARTINS, W. O instinto da literatura. In: _____. *Pontos de vista*: crítica literária. São Paulo: T. A. Queiroz, 1994. v.7, p.23-28.

MELO, W. S. de. *Os discursos direto e indireto livres e sua realização na obra de Mário Palmério*. Rio de Janeiro, 1974. 235f. Dissertação (Mestrado em Língua Portuguesa) – Universidade Federal do Rio de Janeiro.

MICALI, D. L. C. *Ficção, história e regionalismo em* Vila dos Confins, *de Mário Palmério*. Araraquara, 2003. 135f. Dissertação (Mestrado em Estudos Literários) – Universidade Estadual Paulista "Júlio de Mesquita Filho".

PADILLA, T. *Discurso de posse*. Rio de Janeiro: Academia Brasileira de Letras, 1997. Disponível em: <http://bit.ly/discurso-padilla>. Acesso em: 7 mar. 2010.

SALLES FILHO, A. *A negação e sua expressão sintática em* Vila dos Confins, *de Mário Palmério*. Rio de Janeiro, 1976. 203f. Tese (Livre-docência em Língua Portuguesa) – Universidade Federal do Rio de Janeiro.

Referências teóricas

AGGIO, A. A emergência de massas na política latino-americana e a teoria do populismo. In: AGGIO, A.; LAHUERTA, M. (Org.). *Pensar o século XX*: problemas políticos e história nacional na América Latina. São Paulo: Editora UNESP, 2003. v.1, p.137-64.

ARRUDA, M. A. do N. *Mitologia da mineiridade*: imaginação na vida política e cultural do Brasil. São Paulo: Brasiliense, 1990.

BACZKO, B. Imaginação social. In: *Enciclopédia Einaudi*. Lisboa: Imprensa Nacional, Casa da Moeda, 1985. v.5.

BALANDIER, G. *O poder em cena*. Brasília: Editora UnB, 1982.

_____. *Antropologia política*. São Paulo: Difusão Europeia do Livro, Edusp, s. d.

BERGER, P. L.; LUCKMANN, T. *A construção social da realidade*: tratado de sociologia do conhecimento. 4.ed. Petrópolis: Vozes, 1978.

BERSTEIN, S. A cultura política. In: RIOUX, J.-P.; SIRINELLI; J.-F. (Dir.) *Para uma História Cultural*. Lisboa: Estampa, 1998. p.349-64.

BLOCH, M. *Apologia da história ou o ofício de historiador*. Rio de Janeiro: Jorge Zahar, 2001

A CONSTRUÇÃO DO MITO MÁRIO PALMÉRIO 295

BOURDIEU, P. *A economia das trocas simbólicas*. Intr., org. e sel. Sérgio Miceli. 5.ed. São Paulo: Perspectiva, 2004.

_____. *O poder simbólico*. 8.ed. Rio de Janeiro: Bertrand Brasil, 2005.

_____. *A produção da crença*: contribuição para uma economia dos bens simbólicos. 3.ed. Porto Alegre: Zouk, 2006.

_____. *A distinção*: crítica social do julgamento. São Paulo: Edusp; Porto Alegre: Zouk, 2007.

CHARTIER, R. *A história cultural*: entre práticas e representações. Rio de Janeiro: Difel, Bertrand Brasil, 1985.

_____. A história hoje: dúvidas, desafios, propostas. *Estudos Históricos*, Rio de Janeiro, v.7, n.13, p.97-113, 1994.

DARNTON, R. *O grande massacre dos gatos*: e outros episódios da história cultural francesa. 2.ed. Rio de Janeiro: Graal, 1986.

ELIAS, N. *O processo civilizador*: uma história dos costumes. Rio de Janeiro: Jorge Zahar Editor, 1994.

_____. *A sociedade de corte*. 2.ed. Lisboa: Estampa, 1995.

GIRARDET, R. *Mitos e mitologias políticas*. São Paulo: Companhia das Letras, 1987.

GOFFMAN, E. *A representação do eu na vida cotidiana*. 7.ed. Petrópolis: Vozes, 1996.

GOLDMAN, M.; SANT'ANNA, R. dos S. Elementos para uma análise antropológica do voto. In: PALMEIRA, M.; GOLDMAN, M. (Org.) *Antropologia, voto e representação política*. Rio de Janeiro: Contra Capa Livraria, 1996.

GOMES, Â. M. de C. Notas sobre uma experiência de trabalho com fontes: arquivos privados e jornais. *Revista Brasileira de História*, São Paulo, v.1, n.2, p.259-83, 1981.

MERGEL, T. Algumas considerações a favor de uma História Cultural da política. *História Unisinos*, São Leopoldo, v.7, n.8, p.11-55, 2003.

PALMEIRA, M.; GOLDMAN, M. (Org.) *Antropologia, voto e representação política*. Rio de Janeiro: Contra Capa Livraria, 1996.

REMOND, R. (Org.) *Por uma história política*. 2.ed. Rio de Janeiro: FGV, 2003.

RIOUX, J.-P.; SIRINELLI, J.-F. (Dir.) *Para uma História Cultural*. Lisboa: Estampa, 1998.

SCHWARTZENBERG, R.-G. *O estado espetáculo*: ensaio sobre e contra o star system em política. São Paulo: Círculo do Livro, 1978.

STAROBINSKI, J. *As máscaras da civilização*. São Paulo: Companhia das Letras, 2001.

296 ANDRÉ AZEVEDO DA FONSECA

THOMPSON, E. P. Folclore, antropologia e história social. In: _____. *As peculiaridades dos ingleses e outros artigos*. Campinas: Editora da Unicamp, 2001. p.227-7.

WEBER, M. *Ciência e política*: duas vocações. 9.ed. São Paulo: Cultrix, 1993.

WINOCK, M. As ideias políticas. In: REMOND, R. (Org.) *Por uma história política*. 2.ed. Rio de Janeiro: FGV, 2003. p.271-94.

História regional

BITTAR, J. E. *Educação religiosa* versus *laicismo*: o *Correio Católico* e as escolas do Triângulo Mineiro 1930-1945. São Carlos, 2005. 89f. Dissertação (Mestrado em História) – Universidade Federal de São Carlos.

COMPANHIA MOGIANA DE ESTRADAS DE FERRO. *História e imagens da Companhia Mogiana de Estradas de Ferro*. Histórico da construção. Disponível em: <http://www.cmef.com.br/pp_construc.htm>. Acesso em: 7 set. 2007.

COUTINHO, P. dos R. *História dos irmãos Maristas em Uberaba*. Uberaba/Belo Horizonte: Arquivo Público de Uberaba/Centro de Estudos Maristas, 2000.

CUNHA FILHO, E. R. da. *O passado e o presente da odontologia de Uberaba*. Uberaba: Vitória, 1983.

DANTAS, S. M. *Veredas do progresso em tons altissonantes* – Uberlândia (1900-1950). Uberlândia, 2001. 167f. Dissertação (Mestrado em História) – Universidade Federal de Uberlândia.

_____. *A fabricação do urbano*: civilidade, modernidade e progresso em Uberabinha/MG (1888-1929). Franca, 2009. 217f. Tese (Doutorado em História) – Universidade Estadual Paulista "Júlio de Mesquita Filho".

FONTOURA, S. M. *A invenção do inimigo*: racismo e xenofobia em Uberaba 1890 a 1942. Franca, 2001. Dissertação (Mestrado em História) – Universidade Estadual Paulista "Júlio de Mesquita Filho".

_____. *Dossiê de tombamento do Palacete Antônio Pedro Naves*. Uberaba: Fundação Cultural de Uberaba, 2003. (Fotocópia).

FURTADO, E. S. *Arquitetura art déco em Uberaba*: uma contribuição à preservação do patrimônio cultural. São Paulo, 2000. 170f. Dissertação (Mestrado em Arquitetura) – Universidade Presbiteriana Mackenzie.

GOMIDE, L. R. S. O Triângulo Mineiro: história e emancipação: um estudo sob a perspectiva da história regional. *Cadernos de História Especial*, Uberlândia, v.4. n.4, p.25-48, jan./dez. 1993.

A CONSTRUÇÃO DO MITO MÁRIO PALMÉRIO **297**

GUIMARÃES, E. N. *Infraestrutura pública e movimento de capitais*: a inserção do Triângulo Mineiro na divisão inter-regional do trabalho. Belo Horizonte, 1990. Dissertação (Mestrado em Economia) – Universidade Federal de Minas Gerais.

_____. A influência paulista na formação econômica e social do Triângulo Mineiro. In: SEMINÁRIO SOBRE A ECONOMIA MINEIRA, 11, 2004, Diamantina. *Anais...* Belo Horizonte: Cedeplar, 2004. Disponível em: <http://www.cedeplar.ufmg.br/diamantina2004/textos/D04A065.pdf>. Acesso em: 8 set. 2008.

JACÓB, A. S. *Eurípedes Barsanulfo*: sob a luz da história. Goiânia: UCG, Kelps, 2006.

LACERDA FILHO, M. *Os caminhos, as pessoas, as ideias*: a trajetória política de Gildo Macedo Lacerda, sua rede de sociabilidades e sua geração. Franca, 2006. 166f. Dissertação (Mestrado em História) – Universidade Estadual Paulista "Júlio de Mesquita Filho".

LONGHI, R. S. D. G. *Unidade e fragmentação*: o movimento separatista do Triângulo Mineiro. São Paulo, 1997. Dissertação (Mestrado em Ciências Sociais) – Pontifícia Universidade Católica de São Paulo.

LOPES, M. A. B.; REZENDE, E. M. M. de. *ABCZ*: 50 anos de história e estórias. 2.ed. Uberaba: ABCZ, 2001.

LOURENÇO, L. A. B. *A oeste das minas*: escravos, índios e homens livres numa fronteira oitocentista: Triângulo Mineiro (1750-1861). Uberlândia: Edufu, 2005.

MENDES, E. H. S. *Uberaba e o fetiche do zebu*: uma paisagem da história de Uberaba e da influência do zebu em sua formação econômica, social, política e cultural. Uberaba, 1999. 221f. Dissertação (Mestrado em Ciências e Valores Humanos) – Universidade de Uberaba.

MENDONÇA, J. *História de Uberaba*. 2.ed. Uberaba: Academia de Letras do Triângulo Mineiro, 2008.

OLIVEIRA, S. F. de. A rivalidade entre Uberaba e Uberlândia. *Cadernos de História Especial*, Uberlândia, v.4, n.4, p.89-97, jan. 1993.

_____. A separação do Triângulo. *Ícone*, Uberlândia, n.5, v.1, p.29-57, jan./ jun. 1997. Disponível em: <http://www.profelipe.pro.br/artigo1.htm>. Acesso em: 30 fev. 2007.

PONTES, H. *História de Uberaba e a civilização no Brasil Central*. 2.ed. Uberaba: Academia de Letras do Triângulo Mineiro, 1978.

REZENDE, E. M. M. de. *Uberaba*: uma trajetória socioeconômica (1811-1910). Goiânia, 1983. 99f. Dissertação (Mestrado em História) – Universidade Federal de Goiás.

298 ANDRÉ AZEVEDO DA FONSECA

RISCHITELI, A. B. S. *Imagens e vozes do Sertão da Farinha Podre na produção historiográfica de Antonio Borges Sampaio (1880-1908)*. Franca, 2005. Dissertação (Mestrado em História) – Universidade Estadual Paulista "Júlio de Mesquita Filho".

SAMPAIO, B. *Uberaba, fatos e homens*. Uberaba: Academia de Letras do Triângulo Mineiro, 1971.

SILVA, H. J. S. e. *Representação e vestígio da (des)vinculação do Triângulo Mineiro*: um estudo da imigração italiana em Uberaba, Sacramento e Conquista (1890-1920). Franca, 1998. 179f. Dissertação (Mestrado em História) – Universidade Estadual Paulista "Júlio de Mesquita Filho".

SILVA, L. M. de O. *Whady José Nassif na prefeitura de Uberaba*: a administração pública municipal no Estado Novo. Uberlândia, 2006. 154f. Dissertação (Mestrado em História) – Universidade Federal de Uberlândia.

SILVA, M. de S. *A lei e a (des)ordem*: criminalidade e práticas da Justiça na Comarca de Uberaba, MG (1890-1920). Franca, 2004. 127f. Dissertação (Mestrado em História) – Universidade Estadual Paulista "Júlio de Mesquita Filho".

TEOBALDO NETO, A. et al. O processo de regionalização e reorganização territorial do Triângulo Mineiro: as origens e causas do movimento emancipacionista. In: SIMPÓSIO REGIONAL DE GEOGRAFIA: PERSPECTIVAS PARA O CERRADO NO SÉCULO XXI, 2, 2003, Uberlândia. *Anais...* Uberlândia: Universidade Federal de Uberlândia, 2003. Disponível em: <http://www.ig.ufu.br/2srg/4/4-164.pdf>. Acesso em: 12 mar. 2007.

WAGNER, R. A. V. *Papel das elites no desenvolvimento político e econômico do município de Uberaba (MG)* – 1910 a 1950. Uberlândia, 2006. 151f. Dissertação (Mestrado em Geografia) – Universidade Federal de Uberlândia.

Obras de referência histórica

CAPELATO, M. H. R. *Multidões em cena*: propaganda política no varguismo e no peronismo. Campinas: Papirus, 1998.

CHACON, V. *Deus é brasileiro:* o imaginário do messianismo político no Brasil. São Paulo: Editora Record, 1990.

CYTRYNOWICZ, R. *Guerra sem guerra*: a mobilização e o cotidiano em São Paulo durante a Segunda Guerra Mundial. São Paulo: Edusp, 2000.

FERREIRA, J. (Org.) *O populismo e sua história*: debate e crítica. Rio de Janeiro: Civilização Brasileira, 2001.

A CONSTRUÇÃO DO MITO MÁRIO PALMÉRIO 299

————. *O imaginário trabalhista*: getulismo, PTB e cultura política popular 1945-1964. Rio de Janeiro: Civilização Brasileira, 2005.

FONSECA, P. C. *Vargas: o capitalismo em construção*: 1906-1954. São Paulo: Brasiliense, 1989.

GOMES, Â. de C. (Org.). *A invenção do trabalhismo*. Rio de Janeiro: Iuperj, Vértice, 1988.

IANNI, O. *Estado e planejamento econômico no Brasil (1930-1970)*. Rio de Janeiro: Civilização Brasileira, 1971.

LEAL, V. N. *Coronelismo, enxada e voto*: o município e o regime representativo no Brasil. 4.ed. São Paulo: Alfa-Ômega, 1978.

LENHARO, A. *Colonização e trabalho no Brasil*: Amazônia, Nordeste e Centro--Oeste. Campinas: Editora da Unicamp, 1985.

LOURENÇO FILHO, M. B. Redução da taxa de analfabetismo no Brasil de 1900 a 1960, descrição e análise. *Revista Brasileira de Estudos Pedagógicos*, Brasília, n.100, p.265, out./dez. 1965.

MELO, M. A. B. C. de. Municipalismo, *nation-building* e a modernização do Estado no Brasil. *Revista Brasileira de Ciências Sociais*, n.23, 1993. Disponível em: < http://www.anpocs.org.br/portal/publicacoes/rbcs_00_23/rbcs23_07.htm>. Acesso em: 20 jan. 2010.

MOURA, T. G. Z. *Uma análise do mercado internacional de açúcar bruto com ênfase no programa americano para o setor*. Recife, 2007. 144f. Dissertação (Mestrado em Economia Aplicada) – Universidade Federal de Pernambuco.

NEVES, L. de A. Trabalhismo, nacionalismo e desenvolvimentismo: um projeto para o Brasil (1945-1964). In: FERREIRA, J. (Org.) *O populismo e sua história*: debate e crítica. Rio de Janeiro: Civilização Brasileira, 2001. p.167-203.

NUNES, C. O "velho" e "bom" ensino secundário: momentos decisivos. *Revista Brasileira de Educação*, Rio de Janeiro, n.14, maio/jun./jul./ago. 2000. Disponível em: <http://www.anped.org.br/rbe/rbedigital/RBDE14/RBDE14_05_CLARICE_NUNES.pdf>. Acesso em: 9 fev. 2009.

OLIVEIRA, M. L. da S. *Morte e vida de pequenas cidades:* espaço urbano e paisagem urbana de uma cidade de pequeno porte (Dores do Indaiá, Minas Gerais). Belo Horizonte, 2008. Dissertação (Mestrado em Ciências Sociais) – Pontifícia Universidade Católica de Minas Gerais.

ROMANELLI, O. *História da educação no Brasil (1930- 1973)*. 8.ed. Petrópolis: Vozes, 1978.

SILVA, C. M. da. A Faculdade de Filosofia, Ciências e Letras da USP e a formação de professores de matemática. In: REUNIÃO ANUAL DA ASSOCIAÇÃO NACIONAL DE PÓS-GRADUAÇÃO E PESQUISA

300 ANDRÉ AZEVEDO DA FONSECA

EM EDUCAÇÃO, 23, 2000, Caxambu. *Anais...* Caxambu: Associação Nacional de Pós-Graduação e Pesquisa em Educação, 2000. Disponível em: <http://www.anped.org.br/reunioes/23/textos/1925p_poster.PDF>. Acesso em: 6 jan. 2009.

SILVA, G. B. *A educação secundária*: perspectiva histórica e teoria. São Paulo: Cia. Editora Nacional, 1969.

SKIDMORE, T. *Brasil*: de Getúlio Vargas a Castelo Branco (1934-1964). 6.ed. São Paulo: Paz e Terra, 1979.

SPOSITO, M. P. *O povo vai à escola*: a luta popular pela expansão do ensino público em São Paulo. 4.ed. São Paulo: Loyola, 2002.

SZMRECSÁNYI, T.; SUZIGAN, W. *História econômica do Brasil contemporâneo*: coletânea de textos apresentados no I Congresso Brasileiro de História Econômica, *campus* da USP, setembro de 1993. 2.ed. São Paulo: Edusp, 2002.

WIRTH, J. D. *O fiel de balança*: Minas Gerais na federação brasileira: 1889-1937. Rio de Janeiro: Paz e Terra, 1982.

Fontes primárias

Livros de depoimentos

CARVALHO, L. B. de. *Roteiro cinza*. Uberaba: Works Editoração, 2006.

FERREIRA, O. *Terra madrasta*: um povo infeliz. Uberaba: O Triângulo, 1927.

CHATEAUBRIAND, A. *O pensamento de Assis Chateaubriand*. Brasília: Fundação Assis Chateaubriand, 1999.

TÁVORA, J. *Uma vida e muitas lutas*. Rio de Janeiro: José Olympio, 1973. v. 1.

Certidões, declarações, atestados, certificados, escrituras, atas

ATA da reunião realizada na Prefeitura Municipal de Uberaba, no dia 29 de agosto de 1941, para se tratar de assuntos de interesse do município. Uberaba: Prefeitura Municipal de Uberaba, 29 ago. 1941, p.7. Ata. Manuscrito. [Arquivo Público de Uberaba].

ATESTADO. Banco Hipotecário e Agrícola do Estado de Minas Gerais S/A. Roberto da Silveira Pinto; Luiz Roberto Lemes. Banco do Estado de Minas

A CONSTRUÇÃO DO MITO MÁRIO PALMÉRIO 301

Gerais S/A. Belo Horizonte, 20 jun. 1968. Atestado. Fotocópia. [Centro de Documentação e Informação Mário Palmério].

ATTO di nascito, Torre de Passeri, 12 fevereiro 1890. [Centro de Documentação e Informação Mário Palmério].

CERTIDÃO. Ministério do Exército, DEP-DFA Academia Militar das Agulhas Negras. Manoel Patrício Barroso: Cap. Secretário da Aj G/AMAN. 4 jun. 1974. Certidão. Fotocópia. [Centro de Documentação Mário Palmério].

CERTIDÃO de casamento, expedida pelo escrivão David Monteiro Aragão, em Rio Novo (MG), 11 abr. 1989. Certidão. Fotocópia. [Centro de Documentação e Informação Mário Palmério].

CERTIDÃO de casamento. Casamento n.3380. Cartório Ricardo Pinto de Oliveira. F. 556. l. B 11. 13 out. 1939. 2ª via retirada em 10 jun. 1966. Certidão. Fotocópia. [Centro de Documentação Mário Palmério].

CERTIDÃO de óbito. Cartório do registro civil das pessoas naturais. Oficial: Yvonne Sallum Machado. Uberaba, 16 set. 1988. folha 227v, livro C27, n.415. Certidão. Fotocópia. [Centro de Documentação e Informação Mário Palmério].

CERTIFICADO. SP-1480/68. Universidade de São Paulo/Escola Politécnica. Benedicto de Moura, secretário; Oswaldo Fadigas Fontes Torres, Diretor. São Paulo, 6 set. 1968. Certificado. Fotocópia. [Centro de Documentação Mário Palmério].

DECLARAÇÃO. Colégio Nossa Senhora das Dores. May dos Santos Oliveira. Uberaba, 22 maio 1974. Declaração. Fotocópia. [Centro de Documentação e Informação Mário Palmério].

ESCRITURA pública de compra e venda de bens imóveis. Cartório do 3º Ofício, Tabelião Fernando Terra, Uberaba, MG. Livro 34, folhas 144. 23 jan. 1942. Escritura. [Centro de Documentação e Informação Mário Palmério].

EXTRACTO da acta da sessão econômica da Loja "Estrela Uberabense", realizada em 5 de outubro de 1943. Estrela Uberabense. Uberaba, 5 out. 1943. [Centro de Documentação e Informação Mário Palmério].

Relatórios escolares

ANAIS do Colégio Diocesano. Uberaba: Arquivo Colégio Marista de Uberaba, 1902-1917.

ATAS DE PROMOÇÃO. Termo de promoção dos alunos da 1ª série do curso ginasial. Ginásio Brasil de Uberaba. Uberaba, 1938. f.1111-6. [Arquivo da SRE de Uberaba].

302 ANDRÉ AZEVEDO DA FONSECA

ATAS DE PROMOÇÃO. Ginásio Brasil de Uberaba. Uberaba, 1939, f. 1129-1181. [Arquivo SRE de Uberaba]

BOLETIM de médias condicionais. Ginásio Brasil. Uberaba, 1940. f.1218-1316. [SRE de Uberaba].

BOLETIM geral da 1ª série do 1º ciclo. Ginásio do Triângulo Mineiro. Uberaba, 1942. f.6-8. Boletim. Datilografado/manuscrito. [Arquivo da SRE de Uberaba].

BOLETIM geral da 1ª, 2ª, 3ª e 4ª séries do 1º ciclo. Ano letivo de 1944. Época primeira. Ginásio do Triângulo Mineiro. Uberaba, 1944. f.23-33. Boletim. Datilografado. [Arquivo da SRE de Uberaba].

DADOS estatísticos referentes ao ano letivo de 1944. Escola Técnica de Comércio do Triângulo Mineiro. Uberaba, 1942. Relatório. Datilografado. [Arquivo da SRE de Uberaba].

FRANGE, J. A. Relatório apresentado pela Comissão de Inspetores Federais de Ensino Secundário designada pelo Departamento Nacional de Educação para proceder à verificação das condições de edifício etc. etc., do Ginásio Triângulo Mineiro, estabelecimento de ensino secundário, em funcionamento na cidade de Uberaba, estado de Minas Gerais para fins de concessão ao mesmo da Inspeção Permanente. Ginásio Triângulo Mineiro e Escola Técnica de Comércio Triângulo Mineiro. Uberaba, 26 dez. 1945. Relatório. Datilografado. [Arquivo da SRE de Uberaba].

_____. Relatório organizado para cumprimento das determinações expressas na Portaria nº 67, de 30 de janeiro de 1946, do Exmo. Sr. Ministro da Educação e Saúde, e apresentado pelo Sr. Dr. Jorge Antônio Frange, Inspetor federal junto ao Ginásio do Triângulo Mineiro, estabelecimento de ensino secundário, sob inspeção preliminar, em funcionamento na cidade de Uberaba, Estado de Minas Gerais. Ginásio Triângulo Mineiro e Escola Técnica de Comércio Triângulo Mineiro. Uberaba, 10 jun. 1946. Relatório. Datilografado. [Arquivo da SRE de Uberaba].

LICEU Triângulo Mineiro: edital de aprovação. *Lavoura e Comércio,* Uberaba, 11 dez. 1942.

REIS, A. Livro de termos de visitas. Escola de Comércio do Triângulo Mineiro. Uberaba. Relatório. Manuscrito. [Arquivo da SRE de Uberaba].

RELAÇÃO dos alunos matriculados: ano letivo de 1943, curso propedêutico. Escola de Comércio do Triângulo Mineiro. Uberaba, 1943. Relatório. Datilografado. [Arquivo da SRE de Uberaba].

RELATÓRIO de inspeção prévia. Liceu Triângulo Mineiro. Uberaba, 1942. Relatório. Datilografado. [Arquivo da SER de Uberaba].

RELATÓRIO dos trabalhos do concurso de habilitação para a matrícula inicial na Faculdade de Odontologia do Triângulo Mineiro – Uberaba – Minas: ano

A CONSTRUÇÃO DO MITO MÁRIO PALMÉRIO **303**

letivo de 1948. Uberaba: Inspetoria Federal da Faculdade de Odontologia do Triângulo Mineiro, 1948. Relatório. Datilografado. [Arquivo Universidade de Uberaba].

RELATÓRIO elucidativo da Escola de Farmácia. [193-]. [Arquivo Público de Uberaba].

RELATÓRIO para a divisão do ensino secundário. Ano letivo de 1942. Inspetor: Dr. Jorge Antônio Frange. Ginásio Triângulo Mineiro. Uberaba, 1942. [Arquivo da SRE de Uberaba].

RELATÓRIO para efeito de autorização da Faculdade de Odontologia do Triângulo Mineiro apresentado pelo técnico de educação Nair Fortes Bau-Merhy em setembro de 1947. Uberaba, MG. Relatório. Datilografado. [Arquivo da Universidade de Uberaba].

Leis e decretos

BRASIL. Decreto nº 20.158, de 30 de junho de 1931. Organiza o ensino comercial, regulamenta a profissão de contador e dá outras providências. Brasília: Senado Federal, 1931. Disponível em: < http://www6.senado.gov.br/legislacao/ListaPublicacoes.action?id=37550>. Acesso em: 19 fev. 2009.

_____. Decreto nº 21.241, de 4 de abril de 1932. Consolida as disposições sobre a organização do ensino secundário e dá outras providências. Brasília: Senado Federal, 1932. Disponível em: <http://www6.senado.gov.br/legislacao/ListaPublicacoes.action?id=32229>. Acesso em: 29 jan. 2009.

_____. Decreto nº 1.003/1936, de 1º de agosto de 1936. Suspende a inspeção preliminar da Escola de Farmácia e Odontologia de Uberaba, Minas Gerais. Brasília: Presidência da República, Casa Civil, 1936. Disponível em: <https://legislacao.planalto.gov.br/LEGISLA/Legislacao.nsf/fraWeb?OpenFrameSet&Frame=frmWeb2&Src=/LEGISLA/Legislacao.nsf/viwTodos/9506d88b942e9282032569fa0043e9e7%3FOpenDocument%26Highlight%3D1,%26AutoFramed>. Acesso em: 3 maio 2009.

_____. *Constituição dos Estados Unidos do Brasil (de 10 de novembro de 1937)*. Brasília: Presidência da República, Casa Civil, 1937. Disponível em: < http://www.planalto.gov.br/CCIVIL/Constituicao/Constitui%C3%A7ao37.htm>. Acesso em: 26 jan. 2009.

_____. Decreto-lei nº 868, de 18 de novembro de 1938. Cria no Ministério da Educação e Saúde a Comissão Nacional de Ensino Primário. Brasília: Senado Federal, DF, 1938. Disponível em: < http://www6.senado.gov.br/legislacao/ListaPublicacoes.action?id=28089>. Acesso em: 29 jan. 2009.

304 ANDRÉ AZEVEDO DA FONSECA

_____. Decreto-lei n. 1.535 de 23 de agosto de 1939. Altera a denominação do Curso de Perito-Contador e dá outras providências. Câmara dos Deputados. Brasília, 1939. Disponível em: < http://www2.camara.gov.br/legin/fed/declei/1930-1939/decreto-lei-1535-23-agosto-1939-411594-publicacaooriginal-1-pe.html>. Acesso em 17 jun. 2012.

_____. Decreto-lei nº 2.028, de 22 de fevereiro de 1940. Institui o registro profissional dos professores e auxiliares da administração escolar, dispõe sobre as condições de trabalho dos empregados em estabelecimentos particulares de ensino e dá outras providências. Brasília: Senado Federal, 1940. Disponível em: < http://www6.senado.gov.br/legislacao/ListaPublicacoes. action?id=40655>. Acesso em 2 fev. 2009.

_____. Decreto-lei nº 4.141, de 28 de fevereiro de 1942. Dispõe sobre o início das aulas nos estabelecimentos de ensino secundário no ano escolar de 1942. Brasília: Senado Federal, 1942a. Disponível em: <http://www6. senado.gov.br/legislacao/ListaPublicacoes.action?id=29346>. Acesso em: 29 jan. 2009.

_____. Decreto-lei nº 4.244, de 9 de abril de 1942. Lei orgânica do ensino secundário. Brasília: Senado Federal, 1942b. Disponível em: <http://www6. senado.gov.br/legislacao/ListaPublicacoes.action?id=7108>. Acesso em: 29 jan. 2009.

_____. Decreto-lei nº 4.245, de 9 de abril de 1942. Disposições transitórias para a execução da lei orgânica do ensino secundário. Brasília: Senado Federal, 1942c. Disponível em: <http://www6.senado.gov.br/legislacao/ListaPublicacoes. action?id=7113>. Acesso em: 29 jan. 2009.

_____. Decreto nº 11.742/1943, de 1º de março de 1943. Autoriza que o Colégio Nossa Senhora das Dores, com sede em Uberaba, no Estado de Minas Gerais, funcione como colégio. Base da legislação federal do Brasil. Brasília: Presidência da República, 1943a. Disponível em: <https://legislacao.planalto.gov.br/LEGISLA/Legislacao.nsf/fraWeb?OpenFrameSet&Frame=frmWeb2&Src=%2FLEGISLA%2FLegislacao.nsf%2FviwTodos%2Fb43e8001abbd8801032569fa004e63d4%3FOpenDocument%26Highlight%3D1%2C%26AutoFramed>. Acesso em: 29 jan. 2009.

_____. Decreto nº 11.752/1943, de 2 de março de 1943. Autoriza que o Ginásio Diocesano, com sede em Uberaba, no Estado de Minas Gerais, funcione como colégio. Base da legislação federal do Brasil. Brasília: Presidência da República, 1943b. Disponível em: <https://legislacao.planalto.gov.br/LEGISLA/Legislacao.nsf/fraWeb?OpenFrameSet&Frame=frmWeb2&Src=%2FLEGISLA%2FLegislacao.nsf%2FviwTodos%2F39fb6eb203c649b4032569fa

004e65f0%3FOpenDocument%26Highlight%3D1%2C%26AutoFramed>. Acesso em: 29 jan. 2009.

_____. Decreto n° 21.901, de 7 de outubro de 1946. Brasília: Senado Federal, 1946. Disponível em: <http://www6.senado.gov.br/legislacao/ListaPublicacoes.action?id=154660>. Acesso em: 29 jan. 2009.

_____. Decreto n° 22.523, de 27 de janeiro de 1947. Brasília: Senado Federal, 1947a. Disponível em: <http://www6.senado.gov.br/legislacao/ListaPublicacoes.action?id=155108>. Acesso em: 29 jan. 2009.

_____. Decreto n° 24.132 de 27 de novembro de 1947. Autoriza o funcionamento da Faculdade de Odontologia do Triângulo. Brasília: Senado Federal, 1947b. Disponível em: <http://www6.senado.gov.br/legislacao/ListaPublicacoes.action?id=156619>. Acesso em: 5 fev. 2009.

_____. Lei n° 1.164, de 24 de julho de 1950. Institui o Código Eleitoral. Brasília: Senado Federal, 1950a. Disponível em: <http://www6.senado.gov.br/legislacao/ListaPublicacoes.action?id=160561> Acesso em: 19 abr. 2010.

_____. Decreto n° 28.416, de 25 de julho de 1950. Concede o requerimento ao curso odontologia da Faculdade de Odontologia do Triângulo Mineiro, em Uberaba. Brasília: Senado Federal, 1950b. Disponível em: <http://www6.senado.gov.br/legislacao/ListaPublicacoes.action?id=160565>. Acesso em: 19 abr. 2010.

Dados estatísticos

INSTITUTO BRASILEIRO DE GEOGRAFIA E ESTATÍSTICA. *Anuário estatístico do Brasil*: 1939/1940. Rio de Janeiro: IBGE, 1941. v.5.

_____. *Anuário estatístico do Brasil*: 1941/1945. Rio de Janeiro: IBGE, 1946. v.6.

_____. *Anuário estatístico do Brasil*: 1947. Rio de Janeiro: IBGE, 1948. v.8.

TRIBUNAL SUPERIOR ELEITORAL. *Dados estatísticos*. Eleições federais e estaduais realizadas no Brasil em 1950. Rio de Janeiro: Tribunal Superior Eleitoral, Departamento de Imprensa Nacional, 1964. v.2.

_____. *Dados estatísticos*. Eleições federais e estaduais realizadas no Brasil em 1958, e em confronto com anteriores: *Referendum* 6.163. Rio de Janeiro: Tribunal Superior Eleitoral. Departamento de Imprensa Nacional, 1966. v.4.

_____. *Dados estatísticos*. Eleições federais e estaduais realizadas em 1954 e 1955. Rio de Janeiro: Tribunal Superior Eleitoral, Departamento de Imprensa Nacional, s. d. v.3.

_____. Eleições Municipais de 15 de novembro de 1970. 269ª Zona – Estado Minas Gerais – Município Uberaba. Uberaba: Tribunal Superior Eleitoral, Poder Judiciário, 1970.

Fontes disponíveis no Arquivo Pessoal do Centro de Documentação Mário Palmério, na Universidade de Uberaba (Uniube)

RECORTES DE JORNAIS, agendas, panfletos, fotografias, correspondências e documentos gerais do acervo pessoal de Mário Palmério.

PALMÉRIO, M. de A. *O núcleo central brasileiro* (Região Centro-Oeste). Monografia apresentada à Escola Superior de Guerra. (Cópia datilografada).

QUINTELLA, A. Mário Palmério em entrevista. Rio de Janeiro, 11 abr. 1970. (Recorte de jornal).

Documentos disponíveis no Arquivo Público de Uberaba

Coleção dos jornais *Correio Católico* e *O Triângulo*.

Documentos disponíveis no Arquivo Público de Uberaba

Coleção do jornal *Correio de Uberlândia*.

Documentos disponíveis no arquivo do jornal Lavoura e Comércio

Coleção do jornal *Lavoura e Comércio*.

Documentos disponíveis no Centro de Documentação da Câmara Federal

Diários da Câmara dos Deputados.

Documentos disponíveis no arquivo pessoal de Amir Salomão Jacób

Coleção do jornal *Cidade do Sacramento*.

SOBRE O LIVRO

Formato: 14 x 21 cm
Mancha: 23,7 x 42,5 paicas
Tipologia: Horley Old Style 10,5/14
Papel: Offset 75 g/m^2 (miolo)
Cartão Supremo 250 g/m^2 (capa)
1ª edição: 2012

EQUIPE DE REALIZAÇÃO

Coordenação Geral
Marcos Keith Takahashi

Impressão e Acabamento:

psi 7

Printing Solutions & Internet 7 S.A